한국연구재단 학술명저번역총서 동양편 340

# 중국어 명사와 동사 2
名词和动词

名词和动词
Copyright © 2016 by The Commercial Press, Ltd.
Korean Translation Copyright © 2025 by The National Research Foundation of Korea (NRF)
This translation is published by arrangement with The Commercial Press, Ltd.
All rights reserved.

이 책의 한국어판 저작권은 The Commercial Press, Ltd.와 독점 계약한
The National Research Foundation of Korea (NRF)에 있습니다.
저작권법에 의해 한국 내에서 보호를 받는 저작물이므로 무단 전재와 복제를 금합니다.

# 중국어
# 명사와 동사 2
名词和动词

한국연구재단 학술명저번역총서 동양편 340

선쟈쉬안(沈家煊) 지음
이선희(李善熙) 옮김

역락

无名天地之始, 有名万物之母.
이름이 없는 것은 모든 것의 근원이고, 이름이 있는 것은 만물의 어머니다.

『도덕경』제1장

## 저자 머리말

    2007년부터 필자는 명사와 동사의 관계에 대한 새로운 견해를 밝히는 일련의 글을 발표해 왔으며, 또 이로부터 다른 견해를 개진하는 등 모두 10여 편의 글을 발표하였다. 이들은 서로 다른 간행물에 분산 게재되어 있는데, 찾아보기도 불편하고 전반적으로 이해하기에도 어려움이 있던 터에 많은 독자들이 한 권의 책으로 엮어 논의하였으면 하는 건의를 하였다. 또한 이 문제에 대한 필자의 인식 역시 지속적으로 심화되어 가는 과정으로, 앞뒤 논의의 중점이 다르고, 심지어 이후의 생각이 기존의 견해 일부를 수정하는 등 논의의 내용을 체계화할 필요가 있었다. 상무인서관(商务印书馆)에 이미 초고를 예약했음에도 불구하고 2년여의 기획과 집필을 거친 후에도 수정과 조정을 거듭한 것은 아무래도 수정과 개선이 필요하다는 생각이 가시지 않았기 때문이다. 이로 인해 원고 제출은 계속 미뤄지게 되었다. 그런데 다시 생각해보면, 이렇게 하다가는 끝이 없을 것이기에 속히 출판해서 독자들과 만나 각 분야의 의견을 좀 더 빨리 듣는 것이 좋을 것이다.

    지난 이러한 새로운 견해에 대해 필자는 지난 7~8년간 수많은 피드백을 받았다. 찬성하는 이도 있고 반대하는 이도 있으며, 이해하는 이도 있고 이해하지 못한 이도 있지만, 보내주신 의견들은 대부분 매우 유용하였다. 필자는 이를 통해 진일보한 사고와 반성을 하고, 논증의 중점과 기술 방식에 대해서도 조정과 개진을 하였으며, 책에서도 청취한 비판 의견에 대해 응분의 대답을 하고자 하였다.

책 제목을 처음에는 『중국어 명사와 동사』로 하려다가 나중에는 그냥 『명사와 동사』로 정하였다. 왜냐하면 중국어의 명동관계에 대한 이 책 전체의 논술은 중국어 품사의 특성만 논하는 것이 아니라 이를 새로운 참고로 하여 다른 언어도 관찰할 수 있기 때문이다.

과거에 발표되었던 관련 글은 마지막 참고문헌에 * 부호로 표기하고 책 안에서는 더 이상 일일이 인용하지 않았으며, 개별적으로 과거의 내용과 불일치하는 부분은 이 책을 기준으로 함을 밝힌다. 본서의 관점과 일치하여, 행문의 'de(的/地)'자는 예문과 인용문을 제외하면 일률적으로 모두 '的'로 적었다. 이는 글의 이해에 영향을 주지 않는 전제 하에 간혹 선택하기 어려운 고민으로부터 벗어나기 위해서이다.

저자

2014년10월21일 베이징 우소(寓所)에서

## 한국어판 저자 머리말

　　중국의 언어 연구는 발달된 음운학, 훈고학, 문자학이 전통적으로 있지만, 문법학은 없다. 문법을 언어의 조직 운영 방법으로 이해하면 문법학이 없다고 해서 문법이 없는 것은 아니다. 서학동점 이래로 중국에서도 전문적인 문법학이 생겨났으며, 현재까지 백여 년의 역사를 가진다. 처음에는 인도유럽어 문법의 개념을 체계적으로 차용하였기 때문에 긍정적인 의미가 있었다. 하지만 그로 인한 부정적인 결과 역시 매우 심각하였다. 선입견의 영향력은 매우 커서 이미 형성된 전통적인 관념을 바꾸는 것은 결코 쉬운 일이 아니다. 뤼수샹(呂叔湘) 선생님은 일찍이 중국어 문법 연구를 획기적으로 발전시켜야 한다고 호소한 바 있다. 단어, 문장, 주어, 동사 등의 용어들은 나중에 다시 주워서 사용하더라도 우선은 모두 잠시 내려놓아야 한다. 이렇게 선입견을 조금만 내려놓으면 이들 명칭과 개념에 대한 우리의 인식은 이전과 크게 달라질 것이다. 이는 우리에게 중국어 문법체계를 재구성하는 과제를 제시했다. 이 책은 명사와 동사라는 한 쌍의 문법 범주에 대해 잠시 내려놓았다가 다시 주워 사용하는 '파기와 습득'의 작업이다. 현행 중국어 문법체계가 직면한 많은 난제와 곤경의 근본 원인은 모두 이 두 범주에 대한 우리의 인식과 중국어의 실제 상황 사이의 큰 편차에서 비롯되었다는 것이 필자의 생각이다. 중국어 문법체계를 재구성하기 위해서는 먼저 돌파구를 찾아야 하는데, 명사와 동사가 바로 필자가 찾은 돌파구이다. 필자는 『명사와 동사』의 후속작으로 『주술구조를 넘어서-중국어 대언문법과 대언격식』이라는 책을 집필하였다(역시 이선희 교수가 한국어로 번역해 주었음에 감사드린다). 주술구조를 넘어서기 위해서는 명사와 동사의 문제를 먼저 해결하고, 중국어에서 명사와 동사의 외연과 내포, 그리고 둘 사이의 관계를 새롭게 인식해야 한다. 명사와 동사의 문제는 그들이 가지는 근본성 때문에 하나를 건드리면 전체가 움직일 수밖에 없다. 이 책은 중국어 문법의 여러 측면과 언어유형론적인 특성, 그리고 방법론과 철학적 기초를 모두 고려하여 쓰여졌기 때문에 내용이 상당히 방대해졌다. 아무쪼록 이 문제에 관심이 있는 한국 동료들이 인내심을 가지고 읽은 후, 전후 내용을 참조하여 비판하기를 바라는 바이다.

2025년 5월 새벽에 베이징에서
沈家煊

· 차례 ·

저자 머리말     5
한국어판 저자 머리말     7

## 제1장    보어 문제와 부사어 문제     19

### 제1절 보어 문제     21
    1.1 목적어 생략과 보어 생략     21
    1.2 보어 문제의 핵심     25
    1.3 2차술어와 후치부사어     29

### 제2절 보어 문제의 해결방안     38

### 제3절 부사어 문제     50
    3.1 바람직하지 않은 두 가지 방법     50
    3.2 준술어성 구조     57

### 제4절 부사어 문제의 해결방안     61
    4.1 동태적인 체언성 구조     61
    4.2 중국어의 부사어는 '동태관형어'     63

### 제5절 중국어 품사의 다기능에 대한 해석     66

## 제2장   '之'와 '都'의 개별 연구 —————— 77

### 제1절 '명사之동사'의 '之'   79
- 1.1 기존 이론 검토   79
- 1.2 식별도를 제고하는 '之'   84

### 제2절 '之'와 '的'의 공통점과 차이점   97

### 제3절 '都'의 양화 방향   104
- 3.1 양화 방향의 문제   104
- 3.2 통일된 '우방향 관할규칙'   110

### 제4절 중국어의 논리   119


## 제3장   중국어, 통가어, 라틴어 —————— 127

### 제1절 언어 간 품사 비교의 공통 기반   129

### 제2절 통가어의 명사와 동사 불구분 상황   133

### 제3절 '타입·토큰'형 언어와 '명사·동사'형 언어   140
- 3.1 두 가지 유형의 품사체계   140
- 3.2 지칭이 서술을 포함하는 통가어   142

### 제4절 중국어는 '타입·토큰 합일, 명동포함'형 언어   147

### 제5절 품사체계의 '문법화' 정도   152

### 제6절 품사 순환모델 가설   155


## 제4장   '是'와 '有'의 주요 구분 —————— 159

### 제1절 영어와 중국어 부정사의 분리와 통합   161
- 1.1 '명사 부정'과 '동사 부정'을 중시하는 영어   161

1.2 '직설 부정'과 '비직설 부정'을 중시하는 중국어　　168
　　　1.3 부정접사　　173
　　제2절 '有의 부정'과 '非有부정'　　174
　　제3절 세 개념의 분합 지도　　180
　　제4절 술어의 분류　　190
　　제5절 '是'와 '有'의 주요 구분　　199
　　　5.1 포괄적인 '是'와 '有'의 구분　　199
　　　5.2 '也'와 '矣'의 차이　　208
　　　5.3 징포어의 '是', '有' 구분　　214
　　제6절 철학적 배경　　216

## 제5장 '단쌍구분'의 지위와 역할　　225

　　제1절 '명동구분'보다 중요한 '단쌍구분'　　227
　　제2절 명사의 '허화'와 쌍음절화의 '충실'　　236
　　제3절 '단어-구 구분'보다 중요한 '단쌍조합'　　244
　　제4절 의미상의 '긴밀성 차이'가 근본　　251
　　제5절 '허실도상성' 원리　　258
　　　5.1 허실도상성의 포괄성　　258
　　　5.2 허실도상성의 상대성　　263
　　제6절 주류 문법이론에 대한 반성　　266

## 제6장 '유표성 역전'과 포함구도　　269

　　제1절 국부적인 유표성 역전 현상　　271
　　제2절 '명동포함'과 '유표성 역전'　　277

| | | |
|---|---|---|
| | 제3절 관형어-중심어 구조의 유표성 역전 | 279 |
| | 3.1 형용사의 특수성 | 279 |
| | 3.2 형용사 관형어의 유표성 역전 | 281 |
| | 제4절 형용사의 재분류 | 289 |
| | 4.1 상태묘사성을 강화시키는 쌍음절화 | 289 |
| | 4.2 형용사의 재분류 | 298 |
| | 제5절 언어표현의 '주관성' | 301 |

| | | |
|---|---|---|
| 결론 | **문법연구의 파괴와 건립** | 305 |
| | 제1절 '파기와 습득' 이후 | 307 |
| | 제2절 중국어 대문법 | 310 |
| | 제3절 범주의 '대립'과 '대응' | 313 |
| | 제4절 언어의 다양성 중시 | 322 |

| | | |
|---|---|---|
| 부록 | 1. 영·일·중 아동의 명사와 동사 습득 | 329 |
| | 2. 명사와 동사 뇌 영상의 영중 비교 | 334 |
| | 3. 코스(Coase)이론의 '거래 원가' | 339 |
| | 4. '천하이론'의 '천하무외' 원칙 | 344 |
| | 5. 양자물리학의 '불확정성 원리' | 348 |

| | |
|---|---|
| 참고문헌 | 355 |
| Abstract | 383 |
| 주제어 색인 | 389 |
| 언어(방언) 색인 | 395 |

· 차례 ·

# 중국어 명사와 동사 1

저자 머리말

한국어판 저자 머리말

## 서론  파기와 습득 사이

제1절 '명동포함 이론'의 요점

제2절 간결성 원칙

제3절 인도유럽어 속박으로부터의 지속적인 탈피

제4절 언어유형론적 시각에서 본 중국어

제5절 '명동포함 이론'의 장점

## 제1장  출구 없는 후퇴

제1절 인도유럽어의 속박에서 벗어나는 중요한 한 걸음

제2절 규명해야 할 문제들

2.1 동사가 주어·목적어가 되는 경우

    2.2 '구 중심'에 관하여
    2.3 '명사-동사' 연속체에 관하여
제3절 형식류의 분리와 통합
    3.1 동형병합 원칙
    3.2 영어 'V-ing 형식'의 분리와 통합
    3.3 중국어 '동명사'의 분리와 통합
제4절 새로운 '3단계'에 관하여
제5절 부정하기가 아닌 포괄하기


## 제2장    현존하는 문제에 대한 직시

제1절 명사의 정의 문제
제2절 명동사 문제
    2.1 범위 확정의 어려움
    2.2 체계의 불일치
제3절 '중심확장 원칙'과 '병렬조건'
    3.1 중심확장 원칙의 위배
    3.2 병렬조건의 위배
제4절 품사무용론 문제
제5절 겸류사 문제
제6절 기타 문제


## 제3장    '명동포함' 구조인 중국어

제1절 중국어와 인도·유럽어와 차이 ABC

제2절 명사와 동사의 비대칭 분포
제3절 두 가지 표지모델 '무표지'와 '미표지'
제4절 '불완전문 이론'에서 '명동포함 이론'으로
제5절 중첩과 '대명사(大名词)'
제6절 '的$_3$'과 이란어의 EZ
제7절 타갈로그어의 동사

## 제4장    '실현관계'와 '구성관계'

제1절 초기 개념인 '지칭'과 '서술'
제2절 '실현관계'와 '구성관계'
   2.1 실현적 은유와 구성적 은유
   2.2 '실현적 / 구성적' 차이의 보편성
   2.3 '有'와 '是'
제3절 중국어와 인도유럽어의 비교
   3.1 영어 noun과 중국어 '名词'
   3.2 문장과 발화
   3.3 주어와 화제
   3.4 통사적 화제
   3.5 '중심확장 원칙' 재고
제4절 중국어의 문법과 화용법
   4.1 문법과 화용법의 종류
   4.2 문답의 문법과 화용법
   4.3 문법을 포함하는 화용법

## 제5장　명사와 동사의 비대칭

제1절 '명사의 동사적 활용'과 '동사의 명사적 활용'

제2절 명사 동사 비대칭의 보편성

    2.1 중국어와 다른 언어의 보편성

    2.2 화용법에서 문법까지

    2.3 명사 술어의 특수성

제3절 문맥표현

제4절 '명사 동사 비대칭'의 인지적 원인

제5절 일반과 특수의 구별

    5.1 중국어는 '사전범주화형' 언어가 아니다

    5.2 명사는 '분류성 동사'가 아니다

제6절 명사의 근원성


## 제6장　술어의 지칭성

제1절 직접 술어가 되는 명사

제2절 판단동사 '是'

    2.1 '구조의 평행성' 원칙

    2.2 인도유럽어 관점1

    2.3 인도유럽어 관점2

제3절 중국어 술어의 지칭성

    3.1 존현동사 '有'

    3.2 '평언'은 다음 부분의 '화제'

    3.3 '무종지문'의 병치성과 지칭성

    3.4 고대중국어 '명사而동사' 구조의 재조명

    3.5 당시의 품사 대우

제4절 형식동사를 통해 본 술어의 지칭성
제5절 영어 술어 재고
   5.1 V-ing 형식은 '준지칭어'
   5.2 V-ed 형식은 '잠재적 지칭어'
제6절 중국어는 '명사중심' 언어

# 제1장

# 보어 문제와
# 부사어 문제

# 제1절 보어 문제

## 1.1 목적어 생략과 보어 생략

'보어 문제'는 보어와 목적어의 갈등을, '부사어 문제'는 부사어와 관형어의 갈등을 말한다. 이 네 가지 문장성분에 주어와 서술어를 더하면 흔히 말하는 여섯 가지 문장성분이 된다. 중국어 문법에서 이 두 문제가 나타난 근본적인 원인은 명사와 동사의 관계에 대한 잘못된 인식 때문이다. 즉, 인도유럽어처럼 중국어 역시 명사와 동사가 분립되어 있는 '명동분립' 언어로 오해하였기 때문이다. 정확한 원인을 찾아야 증상에 맞는 약을 처방할 수 있듯이 근본적인 문제 해결도 가능하다.

먼저 '보어 문제'이다. 현재 통용되는 중국어 문법체계에서 동사 뒤에 나오는 문장성분은 두 가지인데, 하나는 '打扫房间(방을 청소하다)'와 같은 '목적어'이고, 다른 하나는 '打扫干净(깨끗이 청소하다)'와 같은 '보어'이다. '보어'는 원래 외국 문법학의 complement를 번역한 것으로, 좁은 의미의 complement는 연결동사 뒤에 붙어 '보충'의 역할을 하는 성분만을 의미하지만, 넓은 의미의 complement는 술어에서 동사를 제외한 모든 필수성분을 포함한다.(Crystal 1997 참조) 중요한 것은, 서양 언어에서 complement는 He kicked the ball(그는 공을 찼다), He likes reading(그는 독서를 좋아한다), She was in the garden(그녀는 정원에 있었다)과 같이 동사 뒤 명사성 성분과 동사의 비한정형식, 기타 비동사성 성분들인데 반해, 중국어에서 흔히 말하는 '보어'는 '洗干净(깨끗이 씻다)', '等得不耐烦(지겨워서 기다릴 수가 없다)', '嚷得嗓子都哑了(목이 다 쉴 정도로 소리를 질렀다)'와 같이 '명사'와 분리되어 있는 동사 뒤의 동사성 성분들이라는 것이다. 진리신(金立鑫 2009)은 중국어의 '补语(보어)'가 국제 언어학계에서 통용되는 complement의 개념과 일치하지 않음으로 인해 오해를 일으키기 쉽고 논리적으로도 '자기일관성 결여'로 인해 '중국 문법학 연구에 부정적인 경향이 생겼다'고 보고, 보어 문제를 해결하는 방안(이하 '진안(진리신 방안)'으로 약칭)을 제시하였다. 즉, '목적어'는 그대로 둔 채 '보어'라는 모자를 없애고, 흔히 말하는 보어에게는 '보어'라는 모자 대신 다른 두 개의 모자를 씌우는 것이다. 하나는 '2차술어(secondary predication, 次级谓语)'라는 모자로, 영어 John painted the house red(존이 집을 빨간색으로 칠했다)와 John drove the car drunk(존이 음주운전을 했다)의 red와 drunk와 같은 성분이 이에 해당된다. 이는 '주어·목적어 등의 명사적 성분과 의미 선택 관계가 있고, 주요술어 뒤에 위치하는 동사적 단어'로 정의된다. 예는 다음과 같다.

他把衣服洗干净了。(목적어 '衣服(옷)'와 의미 선택 관계)
그는 옷을 깨끗이 빨았다.

他们打得脸色煞白。(주어 '他们(그들)'과 의미 선택 관계)

그들은 얼굴이 하얗게 질릴 정도로 싸웠다.

小王打翻了一桌子菜。(관형어 '桌子(탁자)'와 의미 선택 관계)
샤오왕은 식탁의 요리를 엎었다.

你给多了。(제로목적어와 의미 선택 관계)
많이 주셨네요.

李四喝得满桌子的人都害怕了。(독립적인 표현 기능)
리쓰는 식탁에 있는 사람들이 모두 무서워 할 만큼 술을 마셨다.

다른 하나는 '후치부사어'라는 모자로, 영어 John slept on the floor(존이 바닥에서 잤다)의 on the floor(바닥에서)와 같은 성분이 이에 해당되며, '술어의 핵심동사와 직접적인 통사 의존 관계에 있는 단어'로 정의된다. 이는 주로 술어 뒤에 있는 부사, 전치사구, 시량과 동량성분들이며, '술어 앞으로 이동하여 전치부사어가 될 수도 있다'. 전치와 후치는 의미 표현에서 약간의 차이가 있는데, 이는 '시간순서원칙'으로 설명할 수 있다. 예를 들어 '写在黑板上(칠판에 쓰다)'은 '写(쓰다)'가 먼저이고 다음에 '在黑板上(칠판에(있다))'이라는 것이고, '在黑板上写(칠판에 쓰다)'는 '在黑板上'이 먼저이고 다음에 '写'라는 것이다.

张三走快了。→ 快走
장싼은 걷는 것이 빨랐다. → 빠르게 걷다

李四走得很慢。→ 很慢地走
리쓰는 느리게 걷는다. → 아주 느리게 걷다

李四写在黑板上。 → 在黑板上写
리쓰는 칠판에 썼다. → 칠판에 쓰다

张三干到深夜。 → 深夜干
장싼은 늦은 밤까지 일했다. → 늦은 밤에 일하다

张三干了三个小时。 → 三个小时干下来
장싼은 세 시간 동안 일했다. → 세 시간 만에 다 하다

我去了一次。 → 一次也没去成
나는 한 번 갔다. → 한 번도 가지 못 했다

老师看了我一眼。 → 一眼望去
선생님이 나를 한 번 보셨다. → 한 눈에 보다

   진안은 '보어'라는 모자를 없애는 대신 '2차술어'와 '후치부사어'라는 2개의 모자를 새로 추가하였다.
   중국어의 목적어와 보어의 문제점을 거론하며 뤼수샹(呂叔湘 1979:74-77)이 제시한 방안(이하 뤼안)은 이와 정반대로 '보어'는 그대로 두고 '목적어'라는 모자를 없앤 것이다. 목적어를 없앤 것은 사람들이 흔히 목적어와 주어를 대립시키는 실수를 하기 때문이다(사실 주어는 술어에 대한 것이고, 목적어는 동사에 대한 것이다). 그리고 동사와 목적어의 관계는 동작과 피행위자의 관계에만 국한되지 않기 때문에 목적어 대신 보어라는 모자를 쓰는 것이 적절하다. 이로써 원래 목적어 모자를 쓰는 것이 적절하지 않다고 느꼈던 '学一遍(한 번 배우다)', '学三年(3년 동안 배우다)'과 같은 동량·시량어구에게 '보어'라는 모자를 씌움으로써 문제가 해결되었다.
   그리고 원래의 '보어'는 세 가지 경우로 나뉜다. 하나는 '走不了(걸을 수

없다/갈 수 없다)', '走出来(걸어 나오다)', '提高(향상시키다)', '说清楚(분명하게 말하다)', '打扫干净(깨끗이 청소하다)'과 같이 모자를 쓰는 자격을 없애는 것인데, 이들 동사구는 모두 복합동사로 간주되기에 두 개의 문장성분으로 나누어선 안 된다. 다른 하나('得'를 붙임)는 '好得很(아주 좋다)', '等得不耐烦(지겨워서 기다릴 수가 없다)', '嚷得嗓子都哑了(목이 다 쉴 정도로 소리 질렀다)' 등과 같이 '후치부사어'라는 모자로 바꿔 씌우는 것이다. 마지막 하나(동사 뒤의 형용사이며 구로 확장이 가능)는 '她不算太胖(그 여자는 그다지 뚱뚱한 편은 아니다)', '态度显得很不自然(태도가 대단히 부자연스러워 보인다)', '我去晚了(나는 늦게 갔다)', '路走多了(길을 많이 걸었다)'와 같이 계속 '보어'라는 모자를 쓰고 있는 경우이다. 이때 만약 '보어'를 명사성 단어로 국한시킨다면 이들 형용사는 또 '후치부사어'라는 모자도 쓸 수가 있다.

뤼안은 '목적어'라는 모자를 없애고 '후치부사어'라는 모자를 추가하였는데, 이는 '간결성 원칙'으로 보면 진리신의 방안보다 낫다. 하지만 모두가 '보어'로 생각하는 많은 성분들(走出来, 说清楚, 打扫干净)을 배제한 채, 그것이 복합동사의 일부이므로 모자 착용의 자격을 취소한다고 말하는 것은 설득력이 떨어진다.

## 1.2 보어 문제의 핵심

중국어 '보어'에 관한 주요 문제는 무엇이 있는가? 보어 내부의 하위 부류들 사이에 교차하는 부분이 있다는 것인가? 많은 사람들(가령, 刘勋宁 2006)은 累得掉了一身肉(피곤해서 온몸에 살이 빠졌다)'와 '红得发紫(붉다 못해 자줏빛이다/지나치게 유명해지다)'에서 보듯이 결과보어와 정도보어, 상태보어의 경계 구분이 명확하지 않다고 보았다. 정도보어 앞의 술어는 일반적으로 형용사이기 때문에 흔히 '恨透了他(그를 몹시 미워하다)'의 '透(철저하다)'는 정도보어라고 말한다. 하지만 정도보어 뒤에는 일반적으로 목적어가 올 수 없기 때문에 쉬사오자오(許紹무 1956)는 이를 결과보어라고 주장한다. 사실은 기준이 다르면 이를 근거로 분류한 범주도 다른 것이 정상이다. 경계가 명확하지 않다고 해서 경계가 없는 것은 아니며, 겹치는 부분이 크지만 않다면 이것이 큰 문제가 되는 것도 아니다.

그러나 실제로 큰 부류와 작은 부류 사이의 상하 관계를 작은 부류 간의 평행관계로 보게 되면 문제가 커진다. 문법책에서는 흔히 방향보어와 결과보어, 상태보어, 정도보어를 병렬로 배치하고 있다. 하지만 많은 사람들은 '走進来(걸어 들어오다)'에서 '走(걷다)'의 결과가 '進来(들어오다)'이므로 방향보어 역시 결과를 나타내고, '写得很好(잘 썼다)'에서 '写(쓰다)'의 결과가 '很好(아주 좋다)'라는 정도에 이른 것이므로 상태보어도 결과를 나타내며, '恨透了(몹시 미워하다)'에서 '恨(미워하다)'의 결과가 '透(대단히)'라는 정도에 이른 것이므로 정도보어도 결과를 나타낸다고 주장한다. 적어도 모든 종류의 보어가 공통적이고 추상적인 '결과'의 의미를 나타내며, 바로 이러한 이유로 인해 동사와 보어 구조의 '동보식'과 동사와 결과보어 구조의 '동결식'이라는 이름이 자주 혼용된다는 것을 인정해야 할 것이다. 하지만 '결과'에도 좁은 의미와 넓은 의미의 차이가 있다는 것을 명확히 구분함으로써 이 문제는 쉽게 해결될 수 있다.

진리신(金立鑫 2009)은 '보어' 문제란 문장성분의 '매칭원칙(즉, 주어와 동사의 매칭, 관형어와 명사의 매칭, 부사어와 동사 형용사의 매칭)'에 위배되는 것으로, 보어에는 안정적인 매칭 대상이 없다고 말했다. 그런데 사실 이 역시 큰 문제는 아니다. '보어'도 '목적어'와 마찬가지로 동사에 대한 보충설명이기 때문에 동사가 바로 그것의 매칭 대상인 것이다. 의미지향을 보면, '목적어'도 여러 가지 선택지가 있을 수 있다. 예를 들어, '我怕累(나는 피곤할까 봐 두렵다)'의 '累(피곤하다)'는 '我(나)'를 가리키고 '我怕辣(나는 매울까 봐 두렵다)'의 '辣(맵다)'는 '음식'을 가리키지만, '他不学好(그는 잘 배우지 못한다)'의 '好(좋다)'가 누구를 가리키는지 명확하지 않다. 목적어에 안정적인 의미지향이 없다고 해서 '목적어'를 문제가 있는 범주라고 말할 수는 없다.

중국어의 '보어'는 주로 동사 뒤에 있는 동사성 성분으로, 서양의 complement가 주로 동사 뒤에 있는 명사성 또는 비동사성 성분인 것과 달리 오해를 불러일으키기 쉽다는 점이 오히려 문제가 된다. 그러나 complement라는 범주는 원래 인도유럽어적 색채를 띠고 있다. 중국어의 '보어'에 대한 서양인들의 오해는 아마도 그들이 이러한 인도유럽어적 시각에서 중국어를 바라본 데서 비롯되었을 것이다. 그렇다면 이에 대한 보완책으로 반드시 중국어의 '보어'를 서양의 complement와 최대한 일치시킬 것이 아니라, 서양인들에게 그들의 익숙한 관념을 바꾸게 할 수도 있을 것이다.[01]

문법체계에서 중국어 보어의 '자기일관성 결여'가 문제의 핵심인데, 이는 다음과 같은 엄중한 사실을 가리킨다. 즉, 동사 뒤에서 사물을 나타내는 성분은 동작인 대상이든 동작의 결과든 모두 '목적어'라고 부르면서, 동사 뒤에서 성질과 상태를 나타내는 성분은 둘로 구분하여 동작의 대상을 나타내는 것은 목적어, 동작의 결과를 나타내는 것은 '보어'라고 부르

---

01  저자주: 진리신(金立鑫 2011)은 그의 방안이 언어의 보편성을 드러내기 위한 것이라고 하였다. 하지만 보편성은 특수성 속에 포함되어 있으며, 가설의 보편성은 여러 언어의 사실 검증을 받아야 한다. 방안은 역시 '엄밀성'과 '간결성'으로 평가되어야 한다.

는데, 이는 논리적으로 말이 안 된다는 것이다. 일반적인 문법체계에 따르면 목적어와 보어는 다음과 같이 구분된다.

拆房子(동작 대상―목적어)
집을 허물다
盖房子(동작 결과―목적어)
집을 짓다

怕累(동작 대상―목적어)
피곤한 것을 걱정하다
想累(동작 결과―보어)
생각을 해서 피곤하다

写老师(동작 대상―목적어)
선생님을 쓰다
写论文(동작 결과―목적어)
논문을 쓰다

打假(동작 대상―목적어)
위조품 매매 행위를 단속하다
打死(동작 결과―보어)
때려서 죽이다

换(下)了印度装(동작 대상―목적어)
인도 복장을 갈아입었다
换(上)了印度装(동작 결과―목적어)
인도 복장으로 갈아입었다

不学好, 学坏。(동작 대상―목적어)
좋은 것을 배우지 않고, 나쁜 것을 배우다
没学好, 学坏了。(동작 결과―보어)
배워서 좋아지지 않고, 배워서 나빠졌다

각각 네 개의 항목으로 구성된 그룹에서 오직 오른쪽 하단에 있는 항목만 다른 세 개의 항목과 질적으로 일치하지 않는다. 문제는 중국어의 목적어가 명사성이거나 동사성이라는 것을 인정하고(朱德熙 1982:122), 또 동시에 목적어에 대상목적어와 결과목적어가 모두 포함된다는 것을 인정(朱德熙 1982:110)하면서도, 왜 굳이 동사나 형용사로 이루어진 '결과목적어'만을 목적어와 분리된 '보어'라고 해야 하는가이다. 동사 뒤에서 동작의 결과를 나타내는 것을 따로 떼어내서 '보어'라고 할 수도 있다. 하지만 이러한 보어를 논리적으로 '목적어'와 분립하는 문장성분으로 삼을 수는 없다. 만약 반드시 '보어'와 '목적어'를 분리해야 한다면 '목적어'는 대상목적어만 있고 결과목적어는 없다고 말하거나 명사성 성분만 목적어가 되고 동사성 성분은 목적어가 될 수 없다고 말해야 한다. 하지만 두 주장 모두 중국어의 사실과는 크게 어긋난다.

## 1.3 2차술어와 후치부사어

진리신의 방안에서 정의한 '2차술어(次级谓语)'란 주어·목적어 등의 명사성 성분과 의미 선택 관계(즉 '서술문 속의 한 명사성 성분')가 있으며 주요 술어 뒤에 위치하는 동사성 단어로, 그 예는 위에 보이는 바와 같다. 그 중 예문 '你给多了(많이 주셨어요)' 안의 술어 '多'의 명사성 성분은 숨어서 드러나지 않는 '제로목적어(零宾语)'라고 할 수 있다. 그런데 예문 '李四喝得满桌子的人都害怕了(리쓰는 식탁을 가득 채운 사람들이 모두 두려워할 정도로 마셨다)'에서는 '제로목적어'를 찾을 수가 없으므로 '满桌子的人都害怕了(식탁을 가득 채운 사람들이 모두 두려워했다)'는 '독립적인 표현기능을 가지고 있다'라고 할 수밖에 없는데, 이러한 용례는 매우 흔히 보인다. 그리고 '李四写在黑板上(리쓰는 칠판에 쓴다)'은 왜 '你给多了'와 마찬가지로 '제로목적어'를 포함한다고 말하지 않고, '在黑板上(칠판에)'를 후치부사어로 분류하는 걸까? 또 '字写在黑板上(글씨는 칠판에 쓴다)'는 또 어떻게 분석해야 하는가? 이

'在黑板上'이 2차술어의 정의에 부합한다('字'와 의미 선택의 관계가 있다)면 똑같은 '在黑板上'이 '李四写在黑板上'에서는 후치부사어이고 '字写在黑板上'에서는 2차술어가 되는데, 이러한 차이가 합리적인가?

그 밖에 '走快了(너무 빨리 걸었다)'가 '快走(빨리 가라)'로 바뀌면 '快'가 전치할 때와 후치할 때의 의미 차이가 사실 매우 큰데, 전자는 '走得过快(지나치게 빨리 걷다)'의 의미지만 후자는 이러한 의미가 없다. '李四写在黑板上'이 '李四在黑板上写'로 바뀌는 경우도 '在黑板上'이 전치할 때와 후치할 때의 의미 차이가 매우 크다. 후자는 '李四站在黑板上写(리쓰가 칠판 앞에 서서 쓴다)'는 의미가 있지만 전자는 이 의미가 없다. 반대로 '给多了'가 '多给了'로 바뀌면 의미 표현에 약간의 차이만 있을 뿐인데, '给多了'의 '多'가 오히려 2차술어로 분류된다.

실제로 의미 차이의 크기를 단정하는 것과 어떤 성분과 어떤 성분이 '의미적 선택 관계'를 가지는지를 명확하게 말하는 것은 모두 매우 어려우며 보는 각도에 따라 견해가 다르다. '他说错了一句话(그는 말 한마디를 잘못 말했다)'에서의 '错(틀리다)'는 도대체 어떤 성분과 의미선택 관계를 가지는가? '错'는 의미적으로 '说(말하다)'를 지향하며 전치하여 '他错说了一句话'라고 말할 수 있는데, 이때 '错'는 후치부사어가 된다. 하지만 '错'가 '他'와 '一句话'를 의미적으로 지향한다고 말할 수도 있는데, 이때 '错'는 2차술어가 된다. '李大说得可怜巴巴的(이다는 몹시 가련하게 말한다)'는 '李大可怜巴巴的说(리다는 몹시 가련하게 말한다)'라고 말할 수 있으며 의미 차이도 크지 않는데, 이때 '可怜巴巴的(가련하기 짝이 없다)'는 후치부사어이다. 하지만 진리신의 방안은 전치하는 '可怜巴巴'가 의미적으로 지향하는 것이 '说'가 아닌 '李大'라고 보아 이를 2차술어 분류하였다. 도대체 말하는 사람이 불쌍하다는 것인지, 말하는 모습이 불쌍하다는 것인지 사실은 확실하게 말할 수가 없다. '老王这顶帽子戴得不合适(라오왕은 이 모자를 쓰는 것이 적합하지 않다)'는 도대체 '라오왕'이 적합하지 않은 것인가, 아니면 모자가 적합하지 않는 것인가, 그것도 아니면 모자를 쓰는 것이 적합하지 않은 것인가? 모두 다 적합하지 않다고 할 수 있다. '张三走快了, 李四走得慢(장싼은 너무 빨리 걸었고, 리쓰는 느리게 걸었다)'에서 '快(빠르다)'와 '慢(느리다)'은 일반적으로 '走(걷다)'를 지향한다고 말하지만, 우리는 구어에서 흔히 '张三快, 李四慢(장싼은 빠르고 리쓰는 느리다)'이라고도 말하지 않는가? 따라서 '快'와 '慢'이 '장싼, 리쓰'를 지향한다고 말해도 틀린 것은 아니다. 이러한 사실은 모두 중국어에서 일반적으로 말하는 보어가 명사성 성분을 가리키는지 술어 동사를 가리키는지 사람들은 별로 관심이 없으며, 단지 동사의 보충어이기만 하면 된다는 것을 보여준다.

'후치부사어'의 적용 범위는 진리신의 방안과 뤼수샹의 방안이 서로 다르다. 뤼수샹의 방안에서 '후치부사어'에는 원래부터 '得'를 붙인 보어('好得很', '等得不耐烦', '嚷得嗓子都哑了')만을 포함하였으나, 구로 확장될 수 있는 동사 뒤의 형용사('她不算太胖', '态度显得很不自然', '鞋买小了')도 포함할 수 있다('포함할 수'만 있을 뿐이다). 진리신의 방안은 동사 뒤에서 보충한 전치사구(李四写在黑板上(리쓰는 칠판에 쓴다), 张三干到深夜(장싼은 늦은 밤까지 일한다))와 동량·시량어구(张三干了三个小时(장싼은 세 시간동안 일했다), 我去了一次(나는 한 번 갔다), 老师看了我一眼(선생님은 나를 한번 슬쩍 보셨다))도 포함시켰다. 두 방안을 비교하면 상대적으로 진리신 방안의 문제가 더 크다.

우선 진리신의 방안은 '张三干到深夜(장싼이 늦은 밤까지 일했다)'의 '到深夜(늦은 밤까지)'를 후치부사어로 분류하였는데, 후치된 시점부사어는 반드시 전치사 '到(까지)'를 사용하여 도출해야 하지만, 시점부사어가 전치하게 되면(张三深夜干) 전치사가 도출을 할 필요가 없다는 것이다. 만약 이 주장이 성립한다면 '他把衣服洗干净了(그는 옷을 깨끗이 빨았다)'의 '干净(깨끗하다)' 역시 후치부사어로 분류할 수 있으며, 전치하는 목적부사어는 반드시 전치사 '为'를 사용하여 도출해야 한다(他为干净把衣服洗了)고 말할 수 있다. 전치와 후치의 의미상 미세한 차이는 '시간순서원칙(时间顺序原则)'으로 설명할 수 있다(전치는 목적을 나타내고 후치는 결과를 나타내는 것이 대단히 자연스럽다).

동사 뒤에 보충되어진 전치사구를 후치부사어로 분석하는 것이 고대 중국어에서는 아마 통할 수도 있겠지만(刘丹青 2005), 현대중국어에서는 문법을 논할 때 반드시 중시해야 하는 구조적인 단계를 간과하였다. '写在黑板上'의 의미적 단계는 아마도 '写|在黑板上'이겠지만, 구조적 단계는 '写在|黑板上'이다. 주더시(朱德熙 1985a:54-55)는 '坐在椅子上(의자에 앉다)'의 구조적 단계는 '坐在|椅子上'으로 분석해야 하지만, 실제로 구어에서는 단계가 '坐.de|椅子上'이 라고 지적하였다. '爬到|山顶上(산꼭대기에 오르다)'의 상황은 더욱 뚜렷하여, '爬到(…에 오르다)'는 단독으로 말할 수도 있고(爬到了(…에 올랐다), 没爬到(오르지 않았다), '得'나 '不'를 삽입하여 가능성을 나타내는 술보구조로 변환할 수도 있기 때문에 주더시는 '山顶上(산꼭대기에)'을 술보구조 '爬到'의 목적어로 보는 것이 가장 합리적인 방법이라고 말하였다. 쑹위주(宋玉柱 1980)는 또 시태조사 '了'를 붙이는 곳이 坐(앉다)'의 뒤가 아니라 '坐在(…에 앉다)'의 뒤(他坐在了椅子上(그는 의자에 앉았다) / *他坐了在椅子上)라고 지적하였다. 그는 중국어의 '坐在'와 같은 부류는 영어의 think of, talk about와 같은 '구동사(phrasal verbs, 短语动词)'와 대단히 흡사하여 문장 안에서는 타동사에 상당하는 하나의 단위로 간주하지만, walk along the street의 walk along과는 매우 다르다고 하였다.

   동사 뒤에 보충된 동량·시량어구(洗一次(한번 씻다), 看一眼(한번 보다), 住三天(사흘 동안 묵다))를 후치부사어로 분석하는 것은 문법구조의 평행성원칙을 간과한 것이다(1권 제6장 2.1절). 주더시(朱德熙 1985a:51-53)는 이들을 보어로 분류하는 것에 반대하고 목적어로 분류할 것을 주장하였는데, 그 이유는 '동사+동량·시량'구조가 일반적인 술목구조인 '동사+명량'구조와 구조적으로 평행한 현상이 많기 때문이다. 이 점을 강조하기 위해 여기에서 주더시가 나열한 평행 관계를 다음과 같이 전사한다.

**동사 + 명량**

| | |
|---|---|
| 买一本 | 买了一本 한 권을 샀다 |
| 한 권을 사다 | 买个一两本 한두 권을 사다 |
| | 买他一两本 한두 권을 사다 |
| | 买一本书 책을 한 권 사다 |
| | 一本也没买 한 권도 사지 않았다 |
| 吃一块 | 吃了一块 한 조각을 먹었다 |
| 한 조각 먹다 | 吃个一两块 한두 조각을 먹다 |
| | 吃他一两块 한두 조각을 먹다 |
| | 吃一块糖 사탕을 한 개 먹다 |
| | 一块也没吃 한 조각도 먹지 않았다 |

洗一次　　洗了一次 한 번 씻다
한 번 씻다　洗个一两次 한두 번 씻다
　　　　　　洗他一两次 한두 번 씻다
　　　　　　洗一次头 머리를 한 번 감다
　　　　　　一次也没洗 한 번도 감지 씻지 않았다

**동사+시량 / 동량**

敲一下　　敲了一下 한 번 노크하였다
한 번　　　敲个一两下 한두 번 노크하다
노크하다　敲他一两下 한두 번 노크하다
　　　　　　敲一下门 문을 한 번 노크하다
　　　　　　一下也没敲 한 번도 노크하지 않았다

念一遍　　念了一遍 한 번 읽었다
한 번 읽다　念个一两遍 한두 번 읽다
　　　　　　念他一两遍 한두 번 읽다
　　　　　　念一遍书 책을 한 번 읽다
　　　　　　一遍也没念 한 번도 읽지 않았다

住一天　　住了一天 하루 동안 묵었다
하루 동안　住个一两天 하루 이틀 묵다
묵다　　　住他一两天 하루 이틀 묵다
　　　　　　住一天旅馆 여관에 하루 묵다
　　　　　　一天也没住 하루도 묵지 않았다

　　주더시는 "이러한 형식을 술보구조에 귀속시키는 유일한 이유가 동량과 시량을 나타내는 뒤의 어구가 의미적으로 앞의 동사를 보충하기 때문이라고 하였다. 만약 이 이유가 성립될 수 있다면 우리는 목적어를 보어의 한 종류로 분류할 수도 있는데, 그 이유는 목적어도 앞에 있는 동사를 보충하는 것이라고 할 수 있기 때문"이라고 하였다. 혹자는 여전히 '洗一次头(머리를 한 번 감다)', '敲一下门(문을 한 번 노크하다)', '念一遍书(책을 한 번 읽다)', '住一天旅馆(여관에 하루 묵다)'을 '买一本书(책을 한 권 사다)', '吃一块糖(사탕을 한 개 먹다)'과 평행한 형식으로 보는 것은 타당하지 않다고 여긴다. 왜냐하면 '书(책)'는 '本(권)'으로 말하고 '糖(사탕)'은 '块(덩어리)'로 말하지만, '头(머리)'는 '次(번)'로 말할 수 없고 '门(문)'도 '下(번)'으로 말할 수 없기 때문이다. 또 '一本(한 권)'은 '书'의 관형어이지만 '一次(한 번)'는 '头'의 관형어가 아니며, '一次头'와 '一下门'은 의미적으로 말이 통하지 않는다. 이러한 의문에 대해 주더시는 다음 예를 들면서 "그것이 꼭 그렇지는 않다"고 대답하였다.

　　一次头也没洗
　　한 번의 머리도 감지 않았다

　　一下门也没敲
　　한 번의 문도 두드리지 않았다

　　一天旅馆也没住
　　하루 동안의 여관도 묵지 않았다

　주더시는 또 명량사도 이러한 문장에 올 수 있기 때문에 이 문장 형식이 전혀 특별하지 않다고 말했다.

一本书也没买
한 권의 책도 사지 않았다

一块糖也没吃
한 개의 사탕도 먹지 않았다

그리고 수량사 역시 '一'에만 국한되지 않는다.

两次头一洗, 就感冒了。
머리를 두 번 감았더니 바로 감기에 걸렸다.

三天旅馆住下来, 胃口就没有了。
사흘 동안을 여관에 묵었더니 입맛이 없어졌다.

동사 뒤의 동량어구나 시량어구에게 '보어'라는 모자 대신 '후치부사어'라는 모자를 씌운 진리신의 방안 역시 위에서 언급한 구조적 평행성을 간과하였다. 진리신의 방안은 명사성 성분과 동사성 성분의 구분을 중시하기 때문에(2차술어는 명사성 성분을 지향하고, 후치부사어는 동사성 성분을 지향함), '三个小时(세 시간)', '一次(한 차례)'는 모두 명사(구)로 '洗干净(깨끗이 씻다)', '打翻(뒤엎다)'의 '干净', '翻'과는 거리가 멀다는 점에 유의해야 하며(吕叔湘 1979:75-76), 이들에게 '목적어'라는 모자를 씌우는 것(진리신의 방안은 '목적어'를 삭제하지 않음)이 더 적절하다.

그렇다면 '후치부사어'의 범위를 뤼수샹의 방안대로 그렇게 원래부터 '得'을 붙인 보어만으로 제한할 수 있을까? 이 역시 타당하지 않다. 보어 앞에 붙는 이러한 '得'는 대부분 '个'로 대체될 수도 있고, 또 '得'와 '个'를 연달아 쓸 수도 있는데, 이때도 의미는 여전히 결과와 정도를 나타낸다.

| 玩得痛快 | 玩儿个痛快 | 玩儿得个痛快 |
| 유쾌하게 놀다 | 유쾌하게 놀다 | 유쾌하게 놀다 |
| 跑得飞快 | 跑个飞快 | 跑得个飞快 |
| 쏜살같이 달리다 | 유쾌하게 놀다 | 유쾌하게 놀다 |
| 等得不耐烦 | 等个不耐烦 | 等得个不耐烦 |
| 지겨워서 기다릴 수가 없다 | 지겨워서 기다릴 수가 없다 | 지겨워서 기다릴 수가 없다 |
| 问得明明白白 | 问个明明白白 | 问得个明明白白 |
| 분명하게 묻다 | 분명하게 묻다 | 분명하게 묻다 |
| 打得落花流水 | 打个落花流水 | 打得个落花流水 |
| 무참히 쳐부수다 | 꽃잎이 우수수 떨어져 물위에 떠내려가듯 모조리 쳐부수다 | 꽃잎이 우수수 떨어져 물위에 떠내려가듯 모조리 쳐부수다 |
| 嚷得嗓子都哑了 | 嚷个嗓子都哑了 | 嚷得个嗓子都哑了 |
| 목이 쉬도록 떠들었다 | 목이 쉬도록 떠들었다 | 목이 쉬도록 떠들었다 |

'个'를 붙인 이러한 어구에 대해 혹자는 '个'를 붙인 보어(丁声树 외 1979: 66)로 분석하고, 혹자는 정도목적어(朱德熙 1982: 121)로 보아 부사어로 분석하고자 하는데 모두 납득하기가 어려운 주장이다. 주더시(朱德熙 1985a: 49)는 '好得很(아주 좋다)'과 '很好(아주 좋다)', '走得慢慢儿的(걷는 게 느릿느릿하다)'와 '慢慢儿的走(느릿느릿하게 걷다)'의 의미가 비슷하다고 해서 '得'자 뒤의

'很'과 '慢慢儿的'를 후치된 부사어로 보는 것은 '票买了(표는 샀다)'와 '买了票(표를 샀다)'에서의 '票'가 모두 동작의 대상을 가리키므로 동사 앞의 '票'를 전치된 목적어로 보는 것과 마찬가지로 이치에 맞지 않는다고 하였다.

영어 He drove the car drunk(그는 술에 취해 차를 몰았다) 또는 He pulled the belt tight(把皮带抽紧, 그는 벨트를 세게 당겼다)의 drunk(醉, 취했다)와 tight(紧, 꽉 조이다)는 '2차술어'이고, John slept on the floor(존은 바닥에서 잠을 잤다)의 on the floor(바닥에서)는 '후치부사어'이다. 이렇게 구분하는 데는 나름의 이유가 있다. 왜냐하면 영어의 목적어(보어)는 명사성 성분으로 제한되어 있지만 drunk와 tight는 명사성 성분이 아니고, 전치사구 on the floor는 수식어가 될 수는 있지만 주어가 될 수는 없기 때문이다. 그런데 중국어의 경우는 이와 달리 '醉'와 '紧'이 주어나 목적어가 될 수도 있고, '他躺在床上(그는 침대에 누워있다)'에서 '躺在(~에 누워있다)'는 영어의 '구동사'에 상당하며 전치사구도 주어가 될 수 있다. 만약 영어를 모방해서 원래 '보어'인 중국어 '喝醉了酒(술에 취했다)'의 '醉'와 '躺在床上'의 '在床上(침대에)'에 각각 2차술어와 후치부사어라는 모자를 씌우면, 그 결과는 여전히 논리적으로 자기 일관성이 결여된다. 이것은 '언어의 보편성을 드러내는 것'이 아니라 인도유럽어의 특성을 언어의 보편성으로 착각하는 것이다.

## 제2절 보어 문제의 해결방안

보어 문제의 핵심을 파악한 후 해결 방안은, '보어'는 그대로 남겨두고 '목적어'라는 모자를 없애는 것이다. 원래의 목적어는 '보어'라는 모자로 바꿔 씌우고(뤼수샹의 방안과 같음), 원래의 보어는 그대로 '보어' 모자를 쓸 수 있다(뤼수샹, 진리신의 방향과 모두 다름). 목적어를 버리고 보어를 남겨두는 이유는 위 1.1절 뤼수샹의 설명에 나타나 있다.

이렇게 처리하면 바로 '吃饱(배부르게 먹다)'와 '买菜(찬거리를 사다)'를 같은 부류로, '问明白(분명하게 묻다)'와 '写文章(글을 쓰다)'을 같은 부류로 분류하는 기발한 아이디어 아니냐는 누군가의 반론이 나올 것 같다. 사실 이런 생각은 선인들이 이미 오래전부터 가지고 있던 것이어서 기발한 생각이라고 할 것도 없다. 뤼수샹의 방안은 원래의 목적어를 '보어'로 개칭한 후에 다음과 같이 주장했다. 만약 '보어'를 명사(구)의 범위로 제한하지 않으면, '我去晚了(그는 늦게 갔다)'의 '晚(늦다)', '路走多了(길을 많이 걸었다)'의 '多(많다)', '态度显得很不自然(태도가 매우 부자연스러워 보인다)'의 '很不自然(매우 부자연스럽다)'도 모두 '보어'인 '성질·상태보어'로 분류할 수 있다고 말했다. 주더시(朱德熙 1982: 121-122)는 다른 사람이 "个'를 수반한 보어'라고 분석한 동사(구)('玩儿个**痛快**(유쾌하게 놀다)', '笑个**不停**(쉴 새 없이 웃다)', '打个**落花流水**(꽃잎이 우수수 떨어져 물위에 떠내려가듯 모조리 쳐부수다)')를 '정도목적어'로 분석하였다. 뤼수샹과 주더시 두 선학은 모두 각자의 방식으로 원래의 보어 일부분을 목적어와 같은 부류로 분류하였다. 뤼수샹은 '보어'를 반드시 명사(구)의 범위 내로 제한하지 않는다고 말했으며, 주더시는 '个'가 붙은 보어를 목적어로 분석했는데, 근거는 역시 '구조의 평행성' 원칙이다. 왜냐하면 '问个明白(명쾌한 대답을 요구하다)', '笑个不停(쉴 새 없이 웃다)', '盖个亭子(정자를 한 채 짓다)', '写篇文章(글을 한 편 쓰다)'은 아래 예에서 보듯이 구조적으로 모두 평행하기 때문이다.

    盖了个亭子               问了个明白
    정자를 한 채 지었다          분명하게 물었다

盖一个亭子　　　　　　　　问一个明白
정자를 한 채 짓다　　　　　분명하게 묻다

盖他个亭子　　　　　　　　问他个明白
정자를 짓다　　　　　　　　분명하게 묻다

盖得个亭子　　　　　　　　问得个明白
정자를 지을 수 있다　　　　분명하게 물을 수 있다

盖了个精致亭子　　　　　　问了个彻底明白
정교한 정자를 지었다　　　　꼬치꼬치 분명하게 묻다

盖了些亭亭馆馆　　　　　　问了个明明白白
정자와 식당을 몇 채 지었다　매우 분명하게 물었다

盖得了些亭亭馆馆　　　　　问得了个明明白白
정자와 식당을 몇 개 지을 수 있다　매우 분명하게 물을 수 있다

그 가운데 '盖他个亭子'와 '问他个明白'의 평행관계(모두 허지(虚指)의 '他'를 붙일 수 있음)는 주더시가 이미 지적하였으며, 사오징민(邵敬敏 1984)은 한발 더 나아가 아래의 A그룹과 B그룹이 구조적으로 평행하다는 것을 논증함으로써 B그룹이 술목구조라는 주더시의 관점을 뒷받침하였다.

　　　　　A　　　　　　　　　　B
吃个新鲜　　　　　　　　吃个痛快
신선한 것을 먹다　　　　　통쾌하게 먹다

喜欢个快　　　　　　　　跑个快
빠른 것을 좋아하다　　　　빨리 달리다

比个高低      比个不停
우열을 겨루다      끊임없이 겨루다

得个名扬天下      打个名扬天下
세상에 이름을 떨치게 되다      세상에 이름을 떨치게 싸우다

사오징민(邵敬敏 1984)은 또 한발 더 나아가 B그룹의 목적어는 '결과목적어'로, 주더시가 말한 '정도목적어'는 아니라고 보았는데, 이는 다음 두 문장이 형식과 의미면에서 모두 평행하기 때문이다.

把他骂了个花瓜
그를 묵사발이 되도록 꾸짖었다

(『骆驼祥子』)

把他打了个半死
그를 반쯤 죽도록 때렸다

'花瓜(피투성이가 된 머리나 얼굴)'를 결과목적어로 분석하였으니 '半死(반죽음)'도 이렇게 분석할 수 있다. 사실 아래의 평행하는 예는 더욱 뚜렷하다.

跑了个一身汗      跑了个满身大汗
달려서 온몸이 땀범벅이다      달려서 온 몸이 땀범벅이다

啃了个一嘴泥      啃了个满嘴烂泥
뜯어 먹어서 온 입이 질퍽하다      뜯어 먹어서 온 입이 질퍽하다

| | |
|---|---|
| 吃了个大肚子 | 吃了个大腹便便 |
| 먹어서 배가 불룩하다 | 먹어서 올챙이처럼 배가 불룩하게 나오다 |
| 和他爹长得一个样子 | 和他爹长得一模一样 |
| 그의 아버지와 꼭 닮았다 | 그의 아버지와 꼭 닮았다 |
| 他长得个虎背熊腰 | 他长得个膀粗腰圆 |
| 그는 범의 등과 곰의 허리같이 늠름하게 생겼다 | 그는 어깨가 쩍 벌어지고 허리가 굵다 |

위의 예에서 '一身汗' 등을 결과목적어로, '满身大汗' 등을 정도목적어로 분석할 필요가 전혀 없으며, 특히 맨 마지막 두 예는 모두 '他长得怎么样(그는 어떻게 생겼습니까)'과 '他长得什么样(그는 어떻게 생겼습니까?)'으로 물을 수 있다.

딩성수 외(丁声树等 1979: 67)는 '吃个馒头(만두를 한 개 먹다)/唱个歌(노래를 한 곡 부르다)'와 '吃个饱(한 번 배불리 먹다)/唱个痛快(한 번 통쾌하게 노래 부르다)'는 다르다고 보았다. '吃这个馒头(이 만두를 먹다)'와 '唱这个歌(이 노래를 부르다)'라고 말할 수는 있지만, '吃这个饱'와 '唱这个痛快'라고 말할 수는 없기 때문이라는 것이 그 이유다. 그런데 이는 나무만 보고 숲은 보지 못한 것과 같다. 이 작은 차이에 대해서는 주더시(朱德熙 1982: 122)도 주목하였지만, 그는 구조의 평행이라는 더 큰 틀에서 착안하였다. 하물며 '吃得这个饱(이렇게나 배불리 먹었다)'와 '说得那个好听(그렇게나 듣기 좋게 말했다)'는 심지어 가능한 표현이고, 구어에서 빨리 말하면 '吃这个饱'와 '说那个好听'라고 말할 수도 있다. 한 가지 사실을 덧붙이면, 다음과 같이 일반적으로 말하는 보어들은 모두 뒤에 '的样子(…는 모양)'라는 몇 글자를 붙일 수도 있다.

她哭得个半死不活(的样子)。
그녀는 울어서 반쯤 죽을 지경이었다(모습이었다).

李大说得个可怜巴巴(的样子)。
리다는 몹시 가엾게도(가여운 모습으로) 말하였다.

她打扮得个花枝招展(的样子)。
그녀는 꽃이 활짝 핀 가지가 한들거리는 듯하게(한 모양으로) 치장하였다

또 '盖了个亭子(정자를 지었다)'와 '问了个明白(분명하게 물었다)'는 구조적으로 평행할 뿐만 아니라 의미적으로도 평행하다. 상신(尚新 2009)은 형식의미론의 관점에서 'V个NP'에서 '个'의 기능은 사물을 개체화하는 것이고 'V个VP'에서 '个'의 기능은 사건을 개체화하는 것인데, 사물의 개체화와 사건의 개체화는 결국 평행한 현상이라고 지적하였다.[02]

요컨대, 위의 사실들은 모두 일반적으로 말하는 '보어' 자체가 명사성인지 동사성인지에 대해 중국인들은 별로 관심이 없으며, 그것이 동사에 대한 보충설명이면 된다는 것을 보여준다. 그 밖에, 흔히 말하는 '목적어'가 동작의 대상을 나타내는지 아니면 결과를 나타내는지에 대해서도 중국인들은 별로 관심이 없다. 결과목적어와 대상목적어의 동사는 종종 동형(同形)인 경우가 많은데, 후루카와 히로시(古川裕 2009)가 주목한 예로 '换了印度裝(인도복장으로 갈아입었다)'에서의 '印度裝(인도복장)'은 대상목적어일

---

02  저자주: 스기무라 히로부미(杉村博文 2010)는 심지어 '画出来(그려냈다)'의 보어 '出来'가 동사에 결과목적어를 더한 '画画儿(그림을 그리다)'가 나타내는 창작 행위의 '의미의 일부'로 볼 수 있다고 보았다.

수도 있고 결과목적어일 수도 있다는 점이다. 또 '换了一块牌子(브랜드를/로 교체하였다)'가 만약 '换下(갈아입으려고 벗다)'이면 '一块牌子(하나의 브랜드)'는 대상목적어가 되고, 만약 '换上(갈아입다)'이면 '一块牌子'는 결과목적어가 된다. 마찬가지로 '美元换人民币(미화를 인민폐로 교환하다/미화로 인민폐를 바꾸다)'에서 '人民币(인민폐)'는 교환의 대상일 수도 있고 교환의 결과일 수도 있다. 유사한 예는 또 있다.

  烧了一车炭 한 수레의 숯을 구웠다
  撕了一块衣料 한 조각의 옷감을 찢었다
  挂了一个电话 전화를 한 통 끊었다
  吹了一个气泡 거품을 하나 불었다
  叮了一个疙瘩 뾰루지 한 개가 생겼다
  抹了一道眉毛 눈썹 한 줄을 그렸다
  约(yāo)了两个苹果 두 개의 사과를 (저울로) 달았다
  打了一尊雕像 조각상 하나를 깨뜨렸다
  搞了一个女人 여자를 하나 사귀었다

 중국인의 마음속에 '拆了一间房(방 한 칸을 허물었다)'와 '盖了一间房(방 한 칸을 지었다)'는 모두 '一间房(한 칸의 방)'이고, '图个痛快(한 차례 쾌락을 추구하다)'와 '吃个痛快(한 차례 시원하게 먹다)'는 모두 '个痛快(하나의 통쾌함)'이다. 마침 최근 유행하는 노래가사 '他大舅他二舅都是他舅, 高桌子低板凳都是木头(그의 큰외삼촌과 작은외삼촌은 모두 그의 외삼촌이고, 높은 탁자와 낮은 걸상은 모두 나무다)'[03]와 같이, 중국어에서는 대상을 나타내든 결과를 나타내든 모

---

03 저자주: 이 랩 가사는 호문(互文)과 회문(回文)의 수법을 사용하고 있다. '大舅二舅'가 같고,

두 동사의 목적어이고, 명사가 되었든 동사가 되었든 모두 보어이다. 보어는 곧 '동태결과목적어(动态结果宾语)'인 것이다.

중국어에서 명사와 동사의 대립 및 대상과 결과의 대립을 지나치게 중시하는 것은 목적어와 보어를 대립시킴으로써 중국어 문법체계의 부조화와 불일치를 초래한다. 중국어를 소박한 안목으로 바라봄으로써 '목적어'를 없애고 동사 뒤에 보충한 어구를 모두 '보어'라고 부른다면, 합리적인 구도는 다음과 같을 것이다.

|  | 대상보어 | 결과보어 |
|---|---|---|
| 사물보어 | 拆房子 집을 허물다 | 盖房子 집을 짓다 |
|  | 写老师 선생님을 묘사하다 | 写论文 논문을 쓰다 |
|  | 换了印度装<br>인도 복장을 갈아입다 | 换了印度装<br>인도 복장으로 갈아입다 |
| 성상(性狀)보어 | 怕累 피로를 두려워하다 | 想累 생각해서 피곤하다 |
|  | 打假<br>위조품 매매 행위를 타도하다 | 打死 때려서 죽게 하다 |
|  | 学坏 나쁜 것을 배우다 | 学坏 배워서 나빠지다 |

현재의 중국어 문법체계는 사물과 성상의 차이, 명사와 동사의 대립을 지나치게 중시한다. 후위수(胡裕树)가 중심이 되어 편찬한 『현대한어(现代汉语)』에 따르면, 명사(구)는 목적어만 될 수 있고 보어는 되지 않는다고 규정하고 있다. '想累'·'打死'와 '盖房'·'写字'를 대립시키는 주된 이유는 '累'와

---

'桌子板凳'이 같을 뿐만 아니라 또 '他舅'와 '木头'도 같은데, '一有多种, 二无两般(여러 가지가 있지만 결국은 같은 종류다)'이라는 의미를 나타낸다.

'死'가 명사가 아닌 동사이기 때문이다. 이 규정에 따르면 다음 문장 안에서 동사 뒤에 있는 성분은 모두 목적어가 된다.

我们伫立橘子洲头, 漫步湘江两岸; 回清水塘, 登岳麓山。
우리는 쥐즈저우의 인두상에서 한참 동안 서 있다가 샹강의 양쪽 언덕에서 천천히 거닐고, 칭수이탕으로 돌아가 위에루산에 올랐다.(「我爱韶山红杜鹃」)

그러나 우옌메이(吴延枚 1984)는 '橘子洲头(쥐즈저우의 인두상)'[04]와 '湘江两岸(샹강 양쪽 언덕)'은 명사구이지만 보어로 보아야 한다고 주장했다. 그 이유는 '回什么地方?(어느 곳으로 돌아가느냐?)'고 물을 수는 있지만 '伫立什么地方?'이라고 물을 수는 없고, 오직 '伫立在什么地方? (어디에서 한참 서 있느냐?)'이라고만 물을 수 있는데, 이는 전치사구 '在什么地方(어느 곳에 있다)'이 보어이기 때문이라는 것이다. 그는 고대부터 현대에 이르기까지 같은 부류의 많은 예를 열거하였다.

但见悲鸟号古木, 雄飞雌从绕林间, 又闻子规啼夜月, 愁空山。
단지 보이는 것이라곤 슬픈 새 고목에서 울부짖으며, 수컷은 날고 암컷은 따라서 숲 사이를 도는 모습뿐, 또 달밤에 두견새 울음소리 들으며 빈산에서 시름에 잠긴다.

(李白「蜀道难」)

---

04 역자주: 橘子洲(쥐즈저우)는 후난(湖南)성 창사(长沙)시에 위치한 길쭉한 모양의 섬으로 귤이 많이 난다고 해서 지어진 이름이다. 이 섬의 끝 부분에는 거대한 바위 조각으로 만들어진 높이 32미터의 젊은 시절 마오쩌둥의 두상이 서 있다.

徘徊庭树下, 自挂东南枝。
뜰 나무 아래서 배회하다가, 동남쪽 나무 가지에 스스로 목을 매었네.

(「焦仲卿妻」)

闻名世界
세계에 이름을 떨치다

云集山下
산 아래에 구름처럼 모이다

耸立江面
강 위에 우뚝 솟다

漫步沙滩
모래밭에서 천천히 걷다

倒影水中
물속에 거꾸로 비치다

横亘两大盆地之间
두 개의 커다란 분지 사이에 가로놓여 있다

    사실 이 성분들을 목적어와 대립되는 보어로 분석하는 것이야말로 어색할 뿐만 아니라, '飞机飞上海'라는 말은 차치하고 '飞机飞什么地方(비행기가 어디로 날아가니?)'이라는 질문도 이미 가능한 표현이다. 만약 우리가 처음부터 바로 중국어에서 '명사(구)는 보어가 되지 않는다'라고 규정하지 않고 목적어와 보어를 모두 '보어'라고 불렀다면, 지금의 이러한 복잡한 논쟁은 없었을 것이다.

이렇게 규정한 것은 전적으로 인도유럽어의 관념의 속박에 얽매여 중국어 명사와 동사의 대립을 지나치게 중시하였기 때문이다. 이에 대한 기존의 해결방안이 '2차술어'와 '후치부사어'라는 두 가지 용어를 가져온 것이다. 하지만 이는 인도유럽어의 안목만 바뀌었을 뿐, 여전히 인도유럽어의 관점에서 벗어나지는 못하였다.[05]

이제 합리적인 해결방안을 보다 구체적으로 설명하고자 한다. '목적어'라는 것을 취소하고 동사 뒤에 보충한 어구를 모두 '보어'라고 부르는 큰 구도를 확정하는 것이 첫 번째 순서이다. 그 다음 두 번째 순서로 '보어'에 대해 제1단계의 분류를 진행할 수 있는데, 하나의 각도에서 대상보어, 결과(넓은 의미)보어, 행위자보어, 도구보어 등으로 나눌 수 있고, 또 다른 각도에서는 사물보어와 성상보어 등으로 나눌 수 있다. 세 번째로는, 이에 대해 다시 제2단계의 분류를 진행하는 것인데, 성상을 나타내는 결과보어는 다시 방향, 결과(좁은 의미), 상태, 정도를 나타내는 것 등으로 분류할 수 있다. 이러한 체계야말로 자기일관성이 있는 간결한 체계이다. 자기일관성과 간결성은 하나의 체계에 있어서 똑같이 중요하며, 이 두 가지 특성을 모두 갖춘 체계가 진정으로 언어의 실제에 가까운 체계이다. 혹자는 동사 뒤에 보충하는 어구를 모두 '보어'라고 부르면 '보어'라는 것이 아무런 의미도 없는 명칭이 되어버려서 중요한 차이들을 모호하게 만들 것이라고 보았다(金立鑫 2011). 이 의혹은 주더시가 '今天种树(오늘은 나무를 심는다)'와

---

05 저자주: 뤼수샹의 방안은 이미 보어의 대부분과 목적어를 같은 부류로 분류하고, 단지 일부만을 후치부사어에 귀속시켰기 때문에 인도유럽어의 관점에서 완전히 벗어나지 못했다고 할 수밖에 없다.

'这儿种树(여기에 나무를 심는다)'에서 '今天'과 '这儿'을 모두 '주어'로 분류한 후에, '주어'가 공허한 명칭이 되어버렸다며 일각에서 제기한 의혹과도 같다. 이에 주더시는 복잡한 주술관계에 대해 개괄하는 것은 매우 어려워서 지나치게 구체적이게 되면 필연적으로 보편성이 결여되기 때문에, 보편성을 가지기 위해서는 추상적이고 공허해 보이는 것을 피하기는 어렵다고 말했다. 이것은 원래 피할 수 없는 일이어서 어떤 기준으로 주어를 확정하든 반드시 어려움에 부딪힐 수밖에 없다. 그래서 주어는 화제이고 진술의 대상이라는 부류의 말은 가장 넓은 의미에서 이해해야 한다.(朱德熙 1985a: 35-36) 마찬가지로 보어가 동사의 보충어라고 말하는 것도 가장 넓은 의미에서 이해할 수밖에 없다.[06] 보어로 통합하는 것은 보어 내부를 구분하지 않는다는 것과는 다르다. 보어를 다시 분류하는 것은 두 번째 단계의 일이며, 중요한 것은 대부류와 소부류의 상하관계를 두 부류의 분립관계로 설명해서는 안 된다는 것이다.

큰 틀에서 보면 중국어의 주요한 통사구조는 주술구조(주어는 정태주어와 동태주어를 모두 포함), 술보구조(보어는 정태보어와 동태보어를 모두 포함), 수식구조(수식어 정태수식어와 동태수식어, 즉 관형어와 부사어를 모두 포함), 연합구조(정태적 연합과 동태적 연합을 모두 포함) 등 몇 가지 제한된 유형뿐이다.[07] 중국어의 문장과 구는 구조 원리가 동일해서 모든 문장은 이 몇 가지 구조

---

06  저자주: 사실 이렇게 정의되는 '보어'는 결코 공허하지 않으며, '명동포함 이론'에 따르면 그것은 [지칭]성을 가지고 있다. 이에 대해서는 제3장 3절을 참조할 것.
07  저자주: 논의할 수 있는 가장 기본적인 구조가 몇 개 되지 않는다. 연합구조는 병렬연합과 직렬연합의 두 가지 유형으로 나눌 수 있는데, 전자의 예로는 '北京上海(베이징 상하이)'와 '开车走路(운전 도보)'가 있고, 후자의 예로는 '中国北京(중국 베이징)'과 '开车出发(운전해서 출발하다)'가 있다.

와 그것들의 조합으로 되어있다(赵元任 1968: 136, 朱德熙 1982: 19, 陆俭明 1990, 赵金铭 2010). 주더시(朱德熙 1985a: 55)는 '爬到山顶上(산꼭대기까지 올라가다)'에 대한 가장 합리적인 분석법은 '到(도착하다)'를 '爬(오르다)'의 보어로, '山顶上(산꼭대기)'을 술보구조 '爬到'의 목적어로 보는 것이라고 말했다. 이제 목적어를 보어에 귀속시키게 되면 이는 곧 하나의 술보구조에 또 하나의 술보구조가 겹쳐지는 것이다.[08] '坐. de 椅子上'의 '坐. de'와 '说. de[09]很清楚'의 '说. de'는 술보구조의 어휘화된 형태로, 하나의 단위에 대해서는 내부의 구조 관계를 분석하지 않은 것으로 볼 수 있다.[10]

## 제3절 부사어 문제

### 3.1 바람직하지 않은 두 가지 방법

'부사어 문제'는 부사어가 어떻게 정의되고 관형어와 어떻게 구분되는지를 말한다. 이것이 '문제'가 되는 까닭은 부사어를 정의하는 데 있어 순

---

08 저자주: '给他一本书(그에게 책 한 권을 주다)'와 같은 이른바 '이중목적어 구조'도 술보구조에 술보구조가 겹쳐진 것이다. '象鼻子长(코끼리는 코가 길다)'과 같은 구조는 하나의 주술구조에 또 하나의 주술구조가 겹쳐진 것이다.
09 역자주: 원문에는 '说得清楚'라고 되어 있으나 문맥의 통일성을 고려하여 '得'를 '. de'로 수정하였음을 밝힌다.
10 저자주: '写得完(다 쓸 수 있다)'과 '写不完(다 쓸 수 없다)'처럼 가능성을 나타내는 술보구조는 특별한 부류로 인정해야 한다. 또 '还不起(갚을 수 없다)', '做不来(할 수 없다)', '管不着(관여할 수 없다)', '吃得了(먹을 수 있다)' 등 일부 보어는 실질적인 의미가 없으며, 전체 구조의 중요성이 이미 보어 성분 자체를 초과한다(刘丹青 1983). 따라서 주더시(朱德熙 1985a: 51)는 여기서 '得'는 앞뒤 성분 어디에도 속하지 않으며, 사실은 전체 구조를 두 개의 항목으로 나눌 필요가 없다고 보았다.

환논증과 이론적 모순이 존재하기 때문이다. 초창기의 문법 교재는 관형어와 부사어에 대해 다음과 같이 정의하고 있다.

> 명사 앞에 놓인, '谁的', '什么样的', '多少'와 같은 부류의 질문에 대답하는 명사, 대명사, 형용사, 수량사를 관형어라고 하고, 동사나 형용사 앞에 놓인 형용사, 부사 또는 시간과 장소를 나타내는 단어로, '怎么(어떻게)', '多么(얼마나)'라는 질문에 대답할 수 있는 것을 부사어라고 말한다. (张志公主编 1956)

그런데 이러한 정의는 영어와 같은 인도유럽어에는 적합하지만, 중국어에는 적합하지 않다. 바로 장빈주편(张斌主编 2010: 293)에서 지적한 바와 같이, 이러한 정의에 근거하면 다음의 구는 분석할 수가 없다.

| 刚星期二 | 才十一月 | 最中间 | 只三个人 |
| 이제 막 화요일 | 겨우 11월 | 가장 가운데 | 단지 세 사람 |
| 水平的提高 | 问题的纠正 | 老王的任命 | 狐狸的狡猾 |
| 수준의 향상 | 문제의 시정 | 라오왕의 임명 | 여우의 교활함 |

위의 줄은 분명히 부사어-중심어 구인데 '刚(막)'과 '才(겨우)' 등이 명사 앞에 놓여 있고, 아래 줄은 분명히 관형어-중심어 구인데 '水平的(수준의)'와 '问题的(문제의)' 등이 동사 앞에 놓여 있다. 혹자는 아래 줄의 '提高(향상)', '纠正(시정)', '任命(임명)', '狡猾(교활함)'이 모두 명사성을 겸비한 '명동사(名动词)'라고 말한다. 하지만 실제로 이 형식에 들어가는 동사는 '蚂蚁的搬家(개미의 이사)', '他俩的吵架(그 둘의 싸움)', '广东人的吃(광둥 사람의 식사)',

'他的打和骂(그의 구타와 욕설)' 등과 같이 명사에만 국한되지는 않는다.(제2장 제2절)

'명사화' 또는 '명물화'란 표현은 더욱 취할 바가 못 되는데, 이에 대해 주더시(朱德熙 1985a)는 두 가지 이유를 들어 일찍이 비판한 바 있다. 첫 번째 이유는 순환논증이 된다는 것이다. 명사화 되었기 때문에 관형어의 수식을 받고 주어·목적어가 된다고 주장했는데, 그렇다면 이 동사들이 이미 명사화되었다는 것은 어떻게 알 수 있는지 물으면 또 반대로 관형어의 수식을 받고 주어와 목적어가 되기 때문이라고 말한다는 것이다. 두 번째 이유는 '간결성 원칙'을 위배하였다는 것인데, 이에 대해서는 서론 제2절에서 이미 설명하였다.

부사어 문제의 해결을 시도하는 데 있어 취해서는 안 되는 두 가지 방법이 있다.

첫째는 '刚(是)星期二(이제 막 화요일(이다))', '才(到)十一月(겨우 11월 (되었)다', '最(为)中间(가장 가운데(이다))', '只(有)三个人(겨우 세 개만(있다))'와 같이 명사성 서술어는 모두 하나의 동사를 생략하였기 때문에 부사가 수식하는 것은 여전히 동사라고 말하는 것이다. 그러나 '篮子里一只破碗(바구니 안의 깨진 그릇 하나)'와 같이 많은 명사 술어는 어떤 동사를 보충해야 할지 말하기가 쉽지 않다. '是(이다)', '有(있다)', '放着(놓여 있다)', '装着(담겨 있다)', '藏了(숨겼다)' 등과 같은 여러 개의 동사를 보충할 수 있는데, 도대체 생략된 것이 무엇인가? 또 일부 명사술어문은 '我就这点工资(나는 요까짓 월급뿐)', '那家伙满嘴脏话(그놈은 입 한가득 추잡한 말)', '一个好汉三个帮(한 사나이에 도우미 세 사람)'과 같이 동사를 추가하는 것이 부적절하거나 불가능하다.(陈满华 2008: 55) 만약 이러한 생략이론이 성립한다면 더더욱 동사(구)도 직접 서술어가 되지 않는다고 말할 수 있는 이유가 충분하다. 왜냐하면 동사 술어 앞에는 항상 동사 '是'를 보충할 수가 있고(1권 제6장 제2절), 판단문의 부정 형식에서는 또 반드시 '是'자가 보충되어야 하기 때문이다. 이것은 물론 터무니없는 결론이기 때문에 문제는 여전히 '중심확장 원칙'(1권 제2장 3.1절)에 위배된다는 것이다. 부사어-중심어 구는 동사, 형용사를 중심으로 확장되어야 하고, 관형어-중심어 구는 명사를 중심으로 확장되어야 한다.

취해서는 안 되는 또 하나의 방법은, 명사 또는 일부 명사가 그 자체로 서술성을 가지고 있다고 말하는 것이다. 룽궈푸(龍果夫 1958: 26, 169)는 "중국어에는 계사를 사용하지 않고도 단독으로 술어가 될 수 있는 몇몇 명사(구)가 있는데, 이들은 서술어의 범주에 가깝다"라고 하였으며, 또 특히 수사-양사-명사 구조는 "술어의 성질을 가지고 있다"라고 하였다. 주더시(朱德熙 1961, 1982:103)도 "수량구조와 '수사-양사-명사 구조'는 모두 서술어의 성질을 가지고 있다"라고 하면서, "수량사와 수사-양사-명사 구조는 체언성 성분인 동시에 술어의 성질도 가지고 있어 자유롭게 술어가 될 수 있다"라고 말했다. 천만화(陈满华 2008: 217)는 체언술어문을 종합적으로 고찰한 후에 체언은 "술어의 성질을 가지는데", 일부는 "직접적으로 술어의 성질을 가지고 있고", 일부는 "간접적으로 술어의 성질을 가지고 있다"는 결론을 내렸다. 마칭주(马庆株 1991)는 서술어의 성질을 지닌 명사의 범위를 수사·양사·명사 이외로까지 확장하여 "순서 의미가 있는 체언과 체언성 구조는 지칭의 기능과 진술의 기능을 모두 가지고 있기 때문에, 술어가 될 수 있으며 술어성을 가진다"고 하였다. 그는 주술구조에서 상대시간사(예: 昨天(어제), 今天(오늘), 明天(내일))는 항상 앞에서 주어가 되지만, 절대시간사(예: 春天(봄), 夏天(여름), 一月(1월), 二月(2월))는 항상 뒤에서 술어가 된다고 설명하였다. 절대시간사는 순서 의미가 있기 때문이다. 덩스잉(邓思颖 2002)은 다음과 같은 예를 들면서 지시 역할을 하는 시간사와 한정명사(예: 대명사)에는 순서 의미가 없기 때문에 술어가 될 수 없다고 보충하였다.

今天星期一。　　　　　*星期一今天。
오늘은 월요일이다.

这个月二月。　　　　　*二月这个月。
이 달은 2월이다.

他山东人。　　　　　　*山东人他
그는 산둥 사람이다.

하지만 언어 사실은 결코 그렇지 않다. 명사가 술어가 되는 것의 보편성에 대해서는 제6장 제1절에서 이미 설명한 바 있다. 천만화(陈满华 2008: 60)는 대량의 언어자료에 대한 조사를 통해 술어가 되는 명사(구)는 수사-양사-명사나 수식구조에 국한되지 않으며, 단일명사도 가능하다는 것을 발견하였다.

今天晴天。
오늘은 맑은 날이다.

明天春节。
내일은 설날이다.

你呀笨蛋!
넌 말이야 멍청이야!

谁光棍, 我还没离呢!
누가 솔로야? 나 아직 안 헤어졌어!

他连长, 你指导员。
그 사람은 중대장이고, 넌 지도원이야.

丁先生吗? 我月亭。
딩선생이세요? 저는 위에팅입니다.

头胎男孩, 二胎女孩。
첫째 아이는 아들이고, 둘째 아이는 딸입니다.

喂, 你哪儿?
여보세요, 당신 어디에요?

这个什么呀?
이거 뭐야?

你谁啊? 在这儿指手画脚的。
당신 누구세요? 여기서 이래라저래라 하다니.

这本教材字数多少?
이 교재의 글자 수는 얼마입니까?

'小王了(샤오왕이야(샤오왕 차례야))', '论文呢? (논문은?)'와 같이 특정한 문맥만 있으면 거의 모든 명사가 'X了'와 'X呢?'의 구조에 들어갈 수 있다. 이들 명사(구)는 대부분 순서 의미가 없으며, '今天', '这个月', '他'도 술어가 될 수 있다.

扳指头算算, 初一今天, 初二明天, 初三就是后天了。
  손꼽아 세어 보니 초하루가 오늘, 초이틀이 내일, 초사흘이 바로 모레구나.

开会定稿这个月, 正式发布下个月。
  회의를 열어 원고를 확정하는 것은 이번 달, 공식적으로 발표하는 것은 다음 달이다.

你偏心! 怎么老是吃肉的他, 喝汤的我?
  너 편애하는군! 왜 늘 고기 먹는 건 그 사람이고, 국물 먹는 건 나지?

이 예들은 모두 대구를 사용한 표현으로 화용법에 속한다고 항변하는 사람도 있다. 그러나 문법 규칙은 두말하지 않는 것이어서 되면 되고 안 되면 안 되는 것이다. 지금 이 몇몇 단어조차도 특정한 문맥에서 모두 술어가 될 수 있다는 것은 중국어에서 명사가 술어가 될 수 있는지 여부가 근본적으로 문법의 문제만은 아니며 화용의 문제이기도 하다는 것을 설명한다. 만약 어떤 이가 "나는 문법만 논할 뿐 화용은 상관하지 않는다"라고 선언한다면, 화용을 떠나서 논할 수 있는 순수한 문법을 당신은 도대체 얼마나 가지고 있는가라는 반문을 할 이유가 생긴다.(1권 제4장 제4절)

거의 모든 명사가 일정한 조건하에서는 술어가 될 수 있으므로 모두 술어의 성질을 가지고 있다면 중국어에 여전히 명사와 동사의 차이가 있는가?(제2장 제4절) 합스마이어(何莫邪 1983)는, 선진(先秦) 시대 중국어의 명사는 모두 '분류성 동사'인데, 이는 명사가 술어성을 갖는다고 말하는 것과 같은 의미라고 주장하였다. 이러한 견해의 문제점은 제5장 5.2절에서 이미 설명한 바 있다.

주목할 것은, 양청카이(杨成凯 2003)가 이른바 명사의 '서술(述谓)' 기능에 대해 의문을 제기한 것이다. '今天星期六(오늘은 토요일이다)'와 '小王黄头发(샤오왕은 노랑머리이다)'와 같은 부류의 문장에서 '星期六(토요일)'와 '黄头发(노랑머리)'를 보통 술어라고 말하는 것에 대해, 그는 "이것은 이 두 명사구 자체에 진술 기능이 있는 것으로 오해하게 만들 가능성이 매우 크다. 사실 이들 단어 자체에는 진술 기능이 없으며 진술의 의미를 부여한 것은 구조"라고 주장하였다.

## 3.2 준술어성 구조

주더시(朱德熙 1985a: 43-48)는 다음과 같이 부사어 문제를 해결하려고 시도하였다. 그는 먼저 수식구조 안의 수식어가 관형어인지 부사어인지를 확정할 때 아래 세 가지 요소를 고려해야 한다고 설명하였다.

   (i) 수식어 자체의 성질
   (ii) 중심어의 성질
   (iii) 전체 수식구조의 성질

그런 다음 만약 (i)과 (ii)를 정의의 근거로 삼으면 관형어와 부사어를 구분하는 효과가 떨어지고 소용이 없다고 지적하였다. (i)이 소용이 없는 이유는 형용사 수식어는 관형어일 수도 있고 부사어일 수도 있기 때문이다. (ii)가 소용이 없는 이유는 명사성 중심어를 수식하는 것이 반드시 관형어인 것은 아니고, 동사성 중심어를 수식하는 것도 반드시 부사어는 아니기 때문이다. (i)과 (ii)의 문제는 효과가 떨어지고 쓸모가 없다는 것 외에도 '명백한 순환논증'도 있다.

다시 말해, 부사에 정의를 내릴 때는 부사어로만 쓰일 수 있는 단어를 부사라고 말하고, 또 부사어에 정의를 내릴 때는 부사로 구성되는 수식어를 부사어라고 한다는 것이다. 그래서 주더시는 관형어와 부사어의 구별은 (iii) 전체 수식구조의 성질에 의존할 수밖에 없으며, 이에 따른 관형어와 부사어의 정의는 각각 다음과 같다. 관형어는 명사성 수식구조 안의 수식어이고, 부사어는 술어성 수식구조 안의 수식어이다.

그러나 이 정의 역시 문제가 있다. 어떤 사람은 '这个人黄头发(이 사람은 노랑머리이다)' 안의 '黄头发(노랑머리)'는 술어의 위치를 차지하므로 술어성 수식구조로 보아야하고, 따라서 '黄(노랗다)'은 부사어로 보아야 하는데 이것이 어떻게 말이 되느냐고 묻는다. 위의 정의를 유지하기 위해 주더시는 '这个人黄头发' 안의 '黄头发'를 '준술어성 구조(准谓词性结构)'라고 불렀는데, 그 이유는 '黄头发'가 전형적인 관형어의 수식을 받을 수 있기 때문이다 (예: '一根黄头发(한 가닥의 노랑머리)', '我的黄头发(나의 노랑머리)'). 따라서 '준술어성 구조'는 '술어 위치에 나타나고 명사성 성분이 중심어가 되며, 전형적인 관형어의 수식을 받는 수식구조를 가리킨다. 이렇게 하면 위의 정의에 대해 약간의 수정만 가하면 된다. 즉, 모든 명사성 수식구조와 준술어성 수식구조 안의 수식어는 관형어이고, 모든 진정한 술어성 수식구조 안의 수식어는 부사어라고만 수정하면 된다. 이 수정된 정의에 따르면, '黄头发'의 '黄'은 부사어가 아닌 관형어가 된다.

그런데도 여전히 해결되지 않은 문제가 있다. 질문자는 '他弟弟也黄头发(그의 남동생도 노랑머리이다)'와 '他早就黄头发了(그는 진작에 노랑머리였다)'

와 같이 준술어성 수식구조가 부사의 수식을 받으면 그 안의 부사 '也(~도)'와 '早就(훨씬 전에, 진작)'도 관형어로 보느냐고 추궁한다. 이 추궁에 대한 주 더시의 대답은 술어성 수식구조 앞에 부사를 붙이게 되면 더 이상 준술어성 수식구조가 아니라 진정한 술어성 수식구조가 된다는 것이다. 왜냐하면 '一根也黄头发'와 '我的早就黄头发'라는 표현이 없듯이 부사를 붙인 후에는 더 이상 관형어의 수식을 받을 수 없기 때문이다. 이제는 질문자도 더 이상 제기할 문제가 없을 터인데, "그래도 좀 더 곰곰이 생각해봐야 할 것"이라고 말한다.

　논의가 여기까지 진행되었으니 정말로 문제가 없어진 것인가? 생각해보니 여전히 문제가 있다. 명사성 구조인 '黄头发'가 '술어 자리에 출현'하면 '준술어성 구조'로 된다는 주장은 사실 '문장에 의거한 품사 판별(依句辨品)'[11]의 복제판이다. 그런데 이는 바로 주더시가 일관되게 반대해 온 것이다. 다음으로, '준술어성 수식구조 앞에 부사를 붙인 뒤에는 진정한 술어성 수식구조가 된다'는 주장은 (iii)을 버리고 다시 '효과가 떨어지고 소용이 없는' 기준인 (i) '수식어 자체의 성질'로 되돌아가는 것이어서, '관형어와 부사어의 구분은 오직 (iii)에만 의거해야 한다'는 견해와 상호모순이 된다. 더욱 심각한 것은, '也黄头发'라는 진정한 술어성 수식구조보다 더 '진정한' 술어성 수식구조가 전형적인 관형어의 수식을 받을 수 있다는 것이다. '不去(가지 않는다)'를 예로 들어보자.

---

[11] 역자주: '依句辨品, 离句无品(문장에 근거하여 품사를 구분하고, 문장을 떠나면 품사가 없다)'은 리진시(黎錦熙)의 주장으로, 많은 비판을 받아왔다. 이는 문장성분에 따라 단어의 품사를 정할 수 있다는 것인데, 예를 들어 주어와 목적어 자리에 있는 단어는 명사가 되고, 술어 자리에 있는 단어는 동사가 된다.

三次不去是有道理的。
세 번 가지 않은 것은 일리가 있는 것이다.

上回的不去是有道理的。
지난번에 가지 않은 것은 일리가 있는 것이다.

他的不去是有道理的。
그의 가지 않음은 일리가 있는 것이다.

他的暂时不去是有道理的。
그의 잠시 가지 않음은 일리가 있는 것이다.

주더시는 이들 예문에서 '三次(세 번)'와 같은 동량어구를 포함하여, '不去'의 수식어는 모두 관형어라고 인정하였다(위 1.3절). 따라서 '也黄头发'가 진정한 술어성 수식구조라는 것을 판정하는데 있어서 '더 이상 관형어의 수식을 받을 수 없다'는 조항은 **근본적으로 사용할 수가 없다**.

요컨대, 관형어와 부사어에 대한 주더시의 정의가 '这个人黄头发'와 '他弟弟也黄头发'와 같은 부류의 명사술어문에서 어려움에 봉착하자, '준술어성 구조'라는 하나의 범주를 추가하였지만, 여전히 문제를 해결하지 못하고 순환논증과 이론적 모순이 존재한다. 자오위안런(赵元任 1968:56)은 중국어의 술어는 구조 형식이 "다양하고 형식이 많으며" "제약을 받지 않아" 동사성 성분, 주술구조, 명사성 성분이 모두 술어가 될 수 있다고 말하였다. 따라서 이 문제는 관형어, 부사어와 관련될 뿐 아니라 중심어, 술어와도 관련되며, 중국어 문법체계 전체와도 관련되는 커다란 문제이기 때문에 중시하지 않을 수가 없다. 그러나 한 가지 명확한 것은, 부사어 문제를 해결하고자 할 때 관건이 되는 것은 명사가 왜 술어가 될 수 있는지, 명사성 술어가 왜 부사의 수식을 받을 수 있는지를 분명하게 이해해야 한다는 점이다.

## 제4절 부사어 문제의 해결방안

### 4.1 동태적인 체언성 구조

이상의 어려움을 야기하는 원인은 역시 인도유럽어 '명동분립' 관념의 속박에서 완전히 벗어나지 못했기 때문이다. 어떤 사람이 '这个人黄头发'에서의 '黄头发'는 술어의 위치를 차지하고 있기 때문에 '술어성' 수식구조라고 말하였을 때, 주더시는 자신이 일관되게 반대해 온 '문장에 의거한 품사 판별'의 견해를 수용하였다. '黄头发'가 여전히 명사성 수식구조임을 고수하지는 못하고, '술어성'을 '준술어성'으로만 바꾸었을 뿐이다. 이렇게 한 데에는 물론 주더시 나름의 곤혹스러운 점이 있다. 왜냐하면 주더시의 문법체계 안에서 부사의 정의는 '술어성 구조만 수식할 수 있는 단어'인데, '黄头发'는 오히려 부사 '也'나 '早就'의 수식을 받을 수 있기 때문이다. 문제의 원인을 분명하게 알게 되었고, 해결방법은 바로 '명동포함 이론(名动包含说)'이다. '这个人黄头发'에서 술어가 되는 '黄头发'를 '준술어성 구조'라고 할 것이 아니라, '这个人染过头发(이 사람은 머리를 염색한 적이 있다)'의 술어 '染过头发(머리를 염색한 적이 있다)'는 '동태적인 체언성 구조(动态体词性结构)', 술어 '黄头发'는 '정태적인 체언성 구조(静态体词性结构)'라고 해야 한다. '명동포함 이론'과 일치하는 '동태적인 체언성 구조'의 정의는, 주어·목적어도 될 수 있지만 흔히 술어가 되는 체언성 구조이다. 다시 말해, 중국어에서 일반적으로 말하는 술어성 구조는 사실 모두 다 '동태적인 체언성 구조'라는 것이다.(1권 제 6장 제3절 참조) '黄头发'는 물론이고 '染过头发'도 '체언성 구조'여서 '染过头发又怎样(머리를 염색하는 게 뭐 어때서)'나 '他被发现染过头发(그는 머리를 염색한 적이 있는 것으로 밝혀졌다)'와 같이 주어·목적어도 될 수 있다. '黄头发'와 '染过头发'의 차이는 단지 '染过头发' 등은 여전히 동태성을 지니고 있어 술어가 되는 기회가 많다는 데 있다.

이제 '他弟弟也黄头发'와 '他早就黄头发了'의 술어인 '也黄头发'와 '早就黄头发了'가 어떻게 된 일인지 이해할 수 있을 것이다. 명사성 성분인 '黄头发'가 어떻게 부사의 수식을 받을 수 있는가? 부사 '也(도)'와 '早就(일찌감치)'는 관형어인가 부사어인가? 간결한 설명은 이러하다.

중국어의 술어는 근본적으로 지칭성을 가지고 있어서 흔히 '동태적인 체언성 구조'가 술어로 사용되기 때문에 '黄头发'도 역시 술어로 사용될 수 있었던 것이다. 술어가 지칭성을 가지고 있기 때문에 명사가 서술성을 가지고 있다고 가정할 필요가 전혀 없다. 따라서 명사가 술어가 될 수 있다는 것은 이미 이해할 수 있는 일인 것이다. 근본적으로 지칭성을 가진 술어는 명사를 배척하지 않으므로 명사도 술어가 될 수 있고, 명사 술어는 또 부사의 수식을 배척하지 않는다. 이는 또한 중국어의 부사어(부사로 구성되는 것 포함)가 사실은 '동태관형어(动态定语)'라는 것을 의미하기도 한다. (아래 참조)

이러한 해결 방식은 '명사와 동사를 구분하지 않는 것(명동불분, 名动不分)'과 '문장에 의거한 품사 판별(依句辨品)'이라는 바람직하지 않은 결과를 초래하지 않으며, 순환논증과 이론적 모순도 피할 수가 있다. 또 '중심확장 원칙(中心扩展规约)'을 그대로 유지하고 문법체계도 간결하게 변화시킬 수 있다. 동일한 언어 사실을 설명하기 위해 원래의 문법체계는 체언성 구조(黃头发), 술어성 구조(染过头发, 也黄头发), 준술어성 구조(这个人黃头发)라는 세 가지 범주를 필요로 하였다. 그런데 이제는 두 가지 범주만 있으면 되는데, 그것은 체언성 구조(黃头发, 染过头发, 也黄头发)와 동태적인 체언성 구조(染过头发, 也黃头发)이다. 그리고 '체언성 구조'에는 '동태적인 체언성 구조'가 포함된다. 따라서 이것이 가장 바람직한 방안이다.

## 4.2 중국어의 부사어는 '동태관형어'

중국어의 술어성 구조가 '동태적인 체언성 구조'이기 때문에, 이제는 관형어와 부사어를 대립시켰던 이전의 관념을 바꾸어 중국어의 부사어는 일종의 '동태관형어'로 보아야 한다. 예를 들면, '慢性子(느림보)'의 '慢(느리다)'과 '黃头发'의 '黃'은 일반적인 관형어이고, '慢走(천천히 걷다/살펴 가세요)'의 '慢'과 '也去(…도/역시 가다)'의 '也'는 동태관형어라는 것이다. '慢性子'·'黃头发'와 마찬가지로 '慢走'·'也去'도 모두 체언성 구조이다. 또한 '慢走对身体好, 我喜欢慢走(천천히 걷는 것이 몸에 좋아서, 나는 천천히 걷는 것을 좋아한다)'와 '他想也去, 也去没关系(그는 가고 싶기도 한데, 가도 상관없다)'와 같이 주어·목적어가 될 수 있다. 차이점은 단지 그 중 하나는 동태적인 것이어서 항상 술어가 된다는 것뿐이다. 만약 '관형어'와 '부사어'라는 한 쌍의 용어를 유지한다면 이들의 정의는 각각 다음과 같다. 관형어는 체언성 수식구조 안의 수식어이고, 부사어는 동태적인 체언성 수식구조 안의 수식어이다. 체언성 수식구조의 중심어는 체언성 성분이고, 동태적인 체언성 수식구조의 중심어도 체언성 성분이지만, 일반적으로는 동태적인 것이다. '也'가 '黃头发'를 수식하는 것은 동태관형어가 정태적인 체언성 성분을 수식하는 것으로 느슨한 수식인 '관식(宽饰)'에 속한다. 이는 바로 율시의 대우에서 동태명사가 정태명사와 대를 이루는 것(世人皆欲杀, 吾意独怜才(세상 사람 모두가 그를 죽이려 하지만, 내 생각은 유독 그의 재능을 아까워한다))이 느슨한 대우, 즉 '관대(宽对)'에 속하는 것과 같다.(1권 제6장 3.5절)

다음은 부사어-중심어 구조가 일반 관형어의 수식을 받는 예인데, 부사어가 동태관형어라는 점을 통해서만 설명이 가능하다.

他的暂时不去是有道理的。
그가 잠시 가지 않는 것은 일리가 있는 것이다.(주더시(朱德熙)의 예)

科总理迪亚拉……要求科治安部门采取措施, 制止任何形式的肆意搜捕和监禁。
코트디부아르 총리 디아라는…코트디부아르 치안 부서에 모든 형태의 무차별적인 수사 체포 및 감금을 중단하는 조치를 취할 것을 요구하였다.

这是一座文化超级市场, 新奇货色的不时出现对在寻求知识的顾客带有强烈的诱惑。
이것은 문화 슈퍼마켓으로, 신기한 물건들이 수시로 나타나 지식을 탐구하는 고객에게 강한 유혹을 한다.

对于女单的两名主力的先后失利, 中国队总教练表示这对打造女单领军人物没有影响。
여자 싱글 두 주전의 잇따른 패배에 대해 중국 총감독은 이것이 여자 싱글의 리더를 만드는 데는 영향을 미치지 않을 것이라고 말했다.

侯赛因常常通过更换首相来表明国策的稍许转变。[12]

후세인은 종종 총리 교체를 통해 국가 정책의 일부 변화를 보여주었다.

혹자는 '的'와 '地'의 역할 분담을 통해 관형어와 부사어의 대립을 증명한다. 다시 말해 '的'는 관형어의 표지이고, '地'는 부사어의 표지라는 것이다(张斌주편 2010: 295−299). 하지만 3장 2절에서 이미 설명하였듯이, 이러한 역할 분담은 순전히 문법학자들이 인도유럽어 문법을 모방하여 내놓은 인위적인 규정이다. 중국어의 실제 사실을 보면, '地'는 단지 부사어 표지일 뿐이지만 '的'는 관형어표지이자 부사어표지이다. 뤼수샹(吕叔湘 1984a)은 모두 '的'를 쓰자고 주장하였는데, 이렇게 하면 일반적으로 글을 쓰는 사람들에게 어려움을 주지는 않을 것이라고 보았다. 이에 대해서는 1권 제3장 2절을 참조할 수 있다.

뤼수샹(吕叔湘 1984b)은 또 하나의 현상을 지적하였는데, 그것은 아래 좌우 두 예에서 관형어와 부사어의 '구조가 서로 같다(모두가 형용사+명사 구조)'는 것이다.

| 비술어형용사 관형어 | 형용사-명사구 부사어 |
|---|---|
| 高层(建筑) | 大面积(丰收) |
| 고층 (건물) | 대면적 (풍작) |

---

12 저자주: 이 예들은 모두 정쩬(曾骞)이 수집하고 제공하였다.

| 高速(公路) | 高速度(建设) |
| 고속(도로) | 고속 (건설) |
| 大型(文艺刊物) | 大规模(展开) |
| 대형 (문예 간행물) | 대규모 (전개) |
| 长期(贷款) | 长时间(鼓掌) |
| 장기 (대출) | 장시간 (박수) |
| 远程(导弹) | 远距离(操纵) |
| 원거리 (유도탄) | 원거리 (조종) |
| 多头(政治)13 | 多渠道(流通) |
| 다두 (정치) | 다채널 (유통) |

'高速(前进)(고속(전진))', '长期(积压)(장기간 (적체))', 远程(控制)(원격(제어))', '多头(领导)(다두(지도자))'와 같이 일부 비술어형용사도 부사어가 될 수 있다. 만약 우리가 오른쪽 그룹의 '大面积丰收' 등을 '동태적인 체언성 구조'라고 보고 부사어는 '동태관형어'라고 하면, 좌우 수식어의 구조평행성을 잘 설명할 수가 있다.

## 제5절 중국어 품사의 다기능에 대한 해석

중국어 품사의 다기능 현상에 대해서는 설명이 필요하다. 현상이 그러하다는 것과 함께 왜 그러한지를 알아야 하는데, 이에 대해서는 1권 제2

---

13 역자주: 다두 정치는 최고 지배자가 둘 이상인 정치 체제를 말한다. 출처: 네이버 국어사전

장 5절을 참조할 수 있다. 주더시(朱德熙1985a: 5)는 중국어 품사의 다기능적 특징을 서술하면서 다음 4가지를 중점적으로 설명하였는데, 이는 모두 인도유럽어에는 없는 것들이다.

(1) 동사와 형용사가 주어·목적어가 될 수 있다.
(2) 명사가 관형어가 될 수 있다.
(3) 형용사가 술어와 부사어가 될 수 있다.
(4) 명사가 특정한 조건하에서는 술어가 될 수 있다.

이들 네 가지는 어떤 내재적 관계를 가지고 있는가? 과거에는 이 문제에 대해서 규명한 적이 없었지만, 이제는 이 네 가지 특징을 만들어낸 근원이 모두 중국어가 '명동포함' 구도라는 데 있다고 대답할 수 있다. 동사와 형용사가 모두 주어·목적어가 될 수 있는 것은 동사와 형용사가 명사로 변하기 때문이 아니라 원래 명사에 속해 있어서 지칭성을 가지고 있기 때문이다. 형용사가 관형어 외에 부사어도 될 수 있는 것 역시 중국어의 술어성 구조는 '동태적인 체언성 구조'이고, 부사어는 '동태관형어'이기 때문이다. 명사가 조건부로 술어가 될 수 있고 부사의 수식을 받을 수 있는 것은 두 가지 측면에서 설명이 가능하다. 술어의 측면에서 말하면, 술어는 근본적으로 지칭을 가지고 있으므로 당연히 명사가 술어가 되는 것을 수용할 수 있다. 그리고 명사의 측면에서 말하면, 하나의 명사가 '소명사(小名词)'를 지칭하기도 하고 '대명사(大名词)'를 지칭하기도 하는 경우를 배제할 수가 없다(바로 영어 dog라는 하나의 단어가 수캐를 지칭하기도 하고 개를 총칭하기도 하는 경우를 배제할 수 없는 것과 같다. 1권 제3장 제3절 참조). 따라서 한 명사가 '대명사를 지칭하기도' 하기 때문에 부사의 수식을 받을 가능성도 배제하지는 않는다. 술어와 명사라는 두 측면에서의 해석은 각도만 다를 뿐, 서로 일치한다.

　명사는 관형어가 될 수 있으며, 또 흔히 관형어가 된다는 것에 대해서는 1권 제1장에서 주더시의 공헌을 서술할 때 미처 강조하지 못하였다. 주더시는 '我的眼镜(나의 안경)', '他写的诗(그가 쓴 시)', '富的爸爸(부유한 아빠)'에서 관형어 '的'자구조는 모두 명사성이며, '的'는 '명사성 문법단위의 후접성분'으로 보았다. 즉, 영어 단어와 비교해 보건대, '我的'는 my가 아니라 mine과 같고, '他写的'는 관계종속절 that he wrote가 아니라 what he wrote와 같으며, '富的'는 rich가 아니라 the rich와 같다는 것이다. 과거에 우리는 주더시의 이러한 견해를 깊이 이해하지 못하고 충분히 중시하지 않았는데, 이제 마음을 가라앉히고 체득해보니 그것은 순박한 안목으로 중국어를 관찰하여 얻은 독창적인 견해였다. 중국어 명사의 근본성을 깨달은 후, 이제 반성하고 이른 바 언어의 보편성을 의도적으로 '현저하게 나타내려고' 하다가는 생각이 상투적인 틀 속으로 빠지기가 쉽다.[14] 사실 중국어의 이러한 특징은 중국어 명사의 근본성 및 병치구조의 근본성과 내재적인 관련이 있다. 수식관계는 주술관계와 마찬가지로 중국어에서 모두 형식상의 병치구조(일반적으로 병렬접속사를 사용하지 않음)로부터 도출된 것으로, 병치된 두 성분은 모두 지칭성을 가진다(1권 제6장 3.3절). 따라서 중국어의 관형어는 본래부터 지칭어로 이루어졌다. '广东人和吃(광동 사람과 식사)', '买房和风水(주택 구매와 풍수)'로부터 '广东人的吃(광동 사람의 식

---

14　저자주: 선쟈쉬안(沈家煊 1999a: 11장)은 언어의 '보편성'을 지나치게 강조한 나머지, 주더시의 이러한 창의적인 견해를 중시하지 못하였다.

사)', '买房的风水(주택 구매의 풍수)'를 도출해 낼 수 있는데, 이 두 가지 표현은 '我来谈谈广东人和吃(제가 광둥사람과 먹는 것을 얘기해 보겠습니다) ↔ 我来谈谈广东人的吃(제가 광둥사람의 식사를 얘기해 보겠습니다)'와 같이 항상 호환이 가능하다. 이러한 도출의 파생은 실제 대화 과정에서 '실시간으로 생성된 것'이다(刘探宙·张伯江 2014 참조). 병치구조에서 파생된 주술구조도 관형어-중심어 구조를 파생시킬 수 있으며, 두 구조는 '老张孱头(라오장은 겁쟁이다) ↔ 孱头老张(겁쟁이 라오장)', '书刚买的(책은 방금 산 것이다) ↔ 刚买的书(방금 산 책)', '这个人脾气犟(이 사람은 고집이 세다) ↔ 这个人犟脾气(이 사람 고집쟁이다)'와 같이 상호전환(관형어는 2차술어로 볼 수 있음)할 수 있다. 중국어는 인도유럽어와 같은 단어의 형태변화가 없기 때문에 이러한 변환은 매우 쉽다. 일부 병치구조에는 중의현상도 있는데, 예를 들어 '击鼓前进'은 북을 친 다음 전진한다는 순접의 연동관계로 이해할 수도 있고, 북을 치는 것은 전진을 의미한다는 주술관계로 이해할 수도 있으며, 또 북을 치면서 전진한다(단지 중간의 휴지만 취소)는 수식관계로 이해할 수도 있다. 또 예를 들면, '医院重地(병원은 요충지이다/병원이라는 요충지)' 같은 경우 수식관계인지 아니면 주술관계인지는 실제 의사소통에서 청자의 인지상태에 대한 화자의 평가에 의해 결정된다. 만약 청자가 병원이 요충지라는 것을 모른다고 화자가 판단하면, '医院重地'는 주술관계로 '重地(요충지)'는 '医院(병원)'에 대한 설명이 된다. 그런데 만약 청자가 병원이 요충지라는 것을 안다고 화자가 판단하면, '医院重地'는 수식 또는 동격 관계로, '医院这个重地(병원이라는 이 요충지)'를 의미한다. 청자에게 병원이 요충지임을 여러 번 알려준 후에는 쌍방의 머릿속에 '医院这个重地'라는 개념이 형성될 것이므로 주술관계는 수식관계로 바뀌게 된다. '三层网吧(3층은 PC방이다/3층 PC방)', '楼

上雅座(위층은 귀빈실이다/위층 이 귀빈실)', '中秋佳节(추석은 좋은 명절이다/추석이 좋은 명절)', '他写的小说(그가 쓴 것은 소설이다/그가 쓴 이 소설)' 등등도 모두 마찬가지로 이러한 두 가지 의미가 있다. 이러한 의미의 '실시간 생성'은 중국어가 화용형 언어라는 것을 다시 한 번 증명한다.(1권 제4장 제4절)

그 외에 중국어에는 또 명사가 부사어가 되는 현상도 있는데, 이 역시 인도유럽어와 구별되는 중요한 특징이다. 예를 들면 '电话联系(전화로 연락하다)', '集体参加(단체로 참가하다)', '现场办公(현장에서 업무를 보다)', '掌声欢迎(박수로 환영하다)', '友情出演(우정으로 출연하다)', '荣誉出品(명예로 출품하다)'[15], '直线上升(수직으로 상승하다)', '巴掌大(손바닥만 하게 크다)' 등등이다. 과거에는 '汽车出租(자동차 렌트)'의 '汽车(자동차)'는 관형어, '电话联系'의 '电话(전화)'는 부사어로, 관형어와 부사어가 분립한다고 말하였는데, 이는 사실 문제가 있다. 이렇게 나누는 이유는 분명히 의미에서 착안하였기 때문인데, '汽车'는 렌트한 대상을 가리키고 '电话'는 연락하는 방식을 가리키지만, 형식적으로는 둘이 차이가 없다. '汽车促销(자동차 판촉)'의 경우, '汽车'가 만약 판촉의 대상을 가리키면 그것을 관형어라고 말할 수 있고, 판촉의 수단을 가리키면(예를 들어 자동차를 이용하여 거리를 돌아다니며 어떤 상품을 판촉하는 것) 그것은 부사어라고 말할 수 있다. 그런데 이 이분법에 따르면, '汽车医院(자동차 병원)', '水果医院(과일 병원)' 등도 이렇게 이분해야 하므로, '汽车'와 '水果(과일)'가 만약 병원에서 치료하는 대상을 가리키면 그것을 관형어라고 말하지만, 만약 병원에서 치료하는 수단을 가리키면(이동하는

---

15 역자주: 명예 출품은 회사가 특정 제품의 생산권을 취득하는 것을 말하며, 이를 통해 해당 제품의 브랜드 신뢰도를 높일 수 있다. 명예 출품은 종종 다른 회사의 제품을 구매하는 데 사용되기 때문에 유사 제품에 비해 더 신뢰할 수 있고 우월하다.

자동차를 병원으로 삼고, 과일로 병을 치료하는 것) 그것을 관형어라고 말할 수가 없다. 하지만 이는 분명히 불합리하다. 왜냐하면 관형어와 중심어의 의미 관계는 원래 다양할 수 있기 때문이다. 따라서 '电话联系'의 '电话'도 일종의 관형어(동태관형어)이고, '汽车促销'의 '汽车'는 대상이든 수단이든 상관없이 모두 관형어라고 말해야 한다. 이른바 명사가 부사어가 되는 현상은 다음과 같이 설명할 수 있다. 수식관계의 근원은 두 지칭어의 병치인데, 부사어는 '동태관형어'가 되고 부사어-중심어 구조는 '동태적인 관형어-중심어 구조'가 된다. '电话联系'와 '集体参加'는 모두 두 명사의 병치('联系'와 '参加'는 동태명사임)로부터 하나의 관형어-중심어 관계를 나타내는 명사구 또는 복합명사를 도출하여 파생시킨 것이다. 술어가 명사성 성분을 배제하지 않지만, 단지 명사성 성분이 술어가 될 때는 일정한 제약을 받으며 목적어를 수반하는 것이 자유롭지 않을 뿐이다(1권 제5장 2.3절). 예를 들어, 일반적으로 '我集体参加了三青团'이라고는 말하지 않고, '三青团我是集体参加的(삼민주의청년단에 나는 단체로 참가한 것이다)'라고 말한다. '大家掌声欢迎李教授' 역시 매끄럽지 않은 표현으로, '(这是)李教授, 大家掌声欢迎((이 분은)이 교수님이세요. 모두 박수로 환영합시다)'이라고 말하는 것이 좋다. '电话联系我(전화로 제게 연락주세요)'라고만 말할 뿐, '电话联系你'라고는 그다지 잘 말하지 않으며, 흔히 말하는 것은 '咱们电话联系(우리 전화로 연락합시다)'이다. 그 외에 동사가 부사어가 되는 현상(예: '迂回前进(우회하여 전진하다)', '盘旋侦察(선회하여 정찰하다)', '交叉搭配(번갈아 가며 호흡을 맞추다)', '站着看(서서 보다)' 등)도 유사한 해석을 할 수 있으며, 그 근원도 역시 모두 동태명사의 병치이다. 요컨대, 1권 제2장 4절에서 제기한 중국어 품사의 다기능 문제에 대해 '명동포함 이론'은 명사와 동사의 차이를 인정한다는 전제 하에 간결하면서도 통일된 해석을 내놓았다.

　명사, 동사, 형용사, 부사 4대 품사의 '분립'이라는 전통적 관념의 지배 하에서, 사람들의 생각은 필연적으로 두 품사성을 모두 가진 겸류(兼类) 쪽으로 쏠리게 되었다. 겸류사에는 명사와 동사 겸류사(이른바 '명동사(名动词)'), 형용사와 동사의 겸류사, 부사와 비술어형용사(구별사)의 겸류사 등이 있다. 1권 제2장 2절과 5절에서 중국어에서 겸류이론(兼类说)이 가지고 있는 문제에 대해 분석하였다. 만약 이러한 분립 관념을 깨뜨리고 '명동포함'의 구도를 따르면 명사와 동사 겸류사는 존재하지 않게 된다. 또 만약 형용사를 동사의 한 하위 부류로 간주하면 형용사가 직접 술어가 되는 현상을 설명할 수 있으며, 동사와 형용사의 겸류사도 있을 리가 없다. 과거에는 형용사와 부사가 분립하였기 때문에 '必然'이라는 단어는 부사와 비술어형용사의 겸류사(必然失败(필연적으로 실패하다)/必然结果(필연적 결과))로 확정하였고, 그 결과 논리적 오류가 나타났다(1권 제2장 5절). 이제 '명동포함'의 구도가 등장하였고 동사가 명사에 속하기 때문에 부사와 형용사도 분립관계가 아니다. 만약 '대명사(大名词)'를 수식하는 단어를 통일하여 '수식사(饰词)' 또는 '일반수식사(通用饰词)'(정태명사와 동태명사 모두 수식받을 수 있음)라고 부른다면, 부사는 **일반적으로** 동태명사를 수식하는 일종의 '부수식사(副饰词)'가 된다.(부사를 '**술어만 수식할 수 있다**'고 하는 정의는 사실과 부합하지 않는다). '必然'은 (일반)수식사인데, 이는 영어 adjective와 adverb라는 두 단어의 본래 의미에 부합한다. adjective는 고대프랑스어 adjectif > -ive에서 유래하였고, adverb는 라틴어 adject- < adjicere '부가', '수식'에서 유래하였는데, 이 역시 일반수식사의 의미이다. adverb는 동사를 수식하는 수식사이다. 다만 인도유럽어는 명사와 동사가 이미 분립하기 때문에

adjective와 adverb가 비로소 두 개의 분립하는 범주가 된 것이다. 총체적으로 보면 중국어와 영어의 품사 구도는 아래와 같은 차이를 보인다.

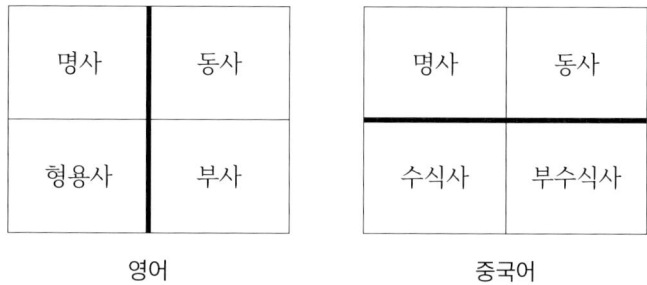

영어는 명사와 동사가 주요한 구분(굵은 선)이며, 형용사와 부사의 구분은 이 주요 구분에 따라 결정된다. 반면, 중국어는 명사(대명사(大名词))와 수식사(일반수식사)가 주요한 구분(굵은 선)이며, 명사와 동사의 구분 그리고 수식사와 부수식사의 구분은 모두 제한적이다. 왜냐하면 명사는 동사(동명사)를 포함하고, 수식사는 부수식사를 포함하기 때문이다. 2권 제6장에서는 또 단음절과 쌍음절의 조합 방식(중국어의 일종의 형태 수단)이 구조유형을 구분한다는 점에서 중국어 형용사와 명사(동사 포함)의 구분이 명사와 동사의 구분보다 중요함을 입증할 것이다.[16] 이러한 관점에서 보면, 과거에 단지 형용사가 직접 술어가 될 수 있다는 점을 근거로 형용사를 동사의 한 하위 부류라고 보았던 견해가 일리가 전혀 없는 것은 아니지만,

---

16 저자주: 이러한 관념은 뿌리가 매우 깊은데, 선쟈쉬안(沈家煊 2009a)도 아직 이 문제를 충분히 인식하지는 못하였다. 그런데 위의 그림에도 단점이 있는데, 중국어의 속성수식사(성질형용사)도 대명사에 속한다는 것을 나타내지 못한다. 그림으로 나타내는 데는 항상 한계가 있다.

그래도 인도유럽어 '동사중심론'의 영향을 지나치게 많이 받았다고 할 수 있다.

부수식사, 즉 일반적으로 말하는 부사는 그 내부의 차이가 매우 크다는 것을 인정해야 한다 (呂叔湘 1979: 36). 언어유형론자들이 서로 다른 언어의 부사를 비교할 때 범위를 일반적으로 방식부사(manner adverb)만으로 제한하는데, 그 이유는 이 유형의 부사만이 동작의 양태에 대해 묘사와 서술을 하기 때문이다.(Hengeveld 1992) 영어의 generally, frankly, surprisingly, however 등과 같이 어기를 나타내는 부사들 중에는 화자의 어떤 태도를 표현하는 것도 있고, 위아래 문장을 지향하며 텍스트의 응집성(Cohesion) 및 일관성(Coherence)의 기능을 하는 것도 있다. 이들 대부분은 술어의 내부성분이 아니라 술어 위에 덧붙여져 있다(蔡維天 2010 참조).[17] 그런데 어기부사를 가진 술어나 절 역시 위에서 정의한 '동태적인 체언성 구조'에 속하는데, 이는 중국어 무종지문의 지칭성(1권 제6장 3.3절)에 의해 결정된 것이다.

---

17 저자주: 어기조사를 가진 술어는 앞에 '是'를 넣어서 '是'의 목적어로 만들 수는 없다. 비교해보자.
   1) '都'는 일반부사, '총괄'을 나타냄.
      他们都大学生了。그들은 모두 대학생이 되었다.
      他们是都大学生了。그들은 모두 대학생이 되었다.
   2) '都'는 어기부사
      他都大学生了你还管! 그는 이미 대학생이 되었는데, 네가 아직도 간섭하다니!
      *他是都大学生了你还管!
   3) '才'는 일반부사, '실현이 늦음'을 나타냄
      他才十一岁。그는 겨우 11살이다.
      他是才十一岁。그는 겨우 11살인 것이다.
   4) '才'는 어기부사
      你才傻瓜呢! 너야말로 바보라고!
      *你是才傻瓜呢!

중국어 품사 구도의 특성을 밝히는 것은 품사유형론에 대해 어떤 구체적인 의미를 가지는가? 중국어에서 부사는 부사어로만 쓰이지만(이는 인도유럽어와 동일), 형용사는 관형어도 될 수 있고 부사어도 될 수 있다. 이는 중국어와 인도유럽어의 중요한 차이점으로 전체 문법체계와도 관련이 있는데, 그 심층적인 원인은 중국어의 술어성 구조가 사실은 '동태적인 체언성 구조'이기 때문이다. 이에 근거하여 필자는 지속적인 연구를 위한 가설을 제안하고자 하는데, 이를 '단일방향 함축식(单向蕴含式)'을 사용하여 표현하면 다음과 같다.

한 언어에 만약 체언성 구조를 수식하기도 하고 술어성 구조를 수식하기도 하는 한 부류의 단어가 있다면, 마찬가지로 체언성 구조의 중심도 되고 술어성 구조의 중심도 되는 한 부류의 단어도 있다. 앞 부류의 단어가 바로 중국어의 형용사이고, 뒤 부류의 단어가 바로 중국어의 동사이다. 중국어와 같은 형용사도 있고, 또 그와 같은 동사도 있다. 중국어와 같은 형용사-부사 관계도 있고, 또 그와 같은 명사-동사 관계도 있다. 이것이 바로 중국어 형용사가 관형어도 되고 부사어도 된다는 사실이 언어유형론에서 갖는 의미이다.

중국어 품사의 다기능에 대한 보다 심층적인 해석은 중국과 서양의 '범주관'의 차이다. 서양의 범주관은 '갑을분립'을 정상적인 상태로 간주하지만, 중국의 범주관은 이와 반대로 '갑을포함'을 정상적인 상태로 간주한다. 이 차이에 대해서는 결론 부분 제3절에서 다시 서술하고자 한다.

## 제2장

## '之'와 '都'의 개별 연구

## 제1절 '명사之동사'의 '之'

### 1.1 기존 이론 검토

'之'는 고대 중국어에서 가장 일반적으로 사용되는 허자(虛字) 가운데 하나이다. '명동분립'이라는 전통적인 관념의 지배를 받아 '명사之동사' 구조와 '之'자의 문법적 기능에 대한 연구가 많은 시행착오를 겪게 되었고, 이로 인해 간단한 문제가 오히려 복잡하게 변해버렸다. 선진(先秦)시기 중국어의 '명사+之+동사' 구조는 '之자구조'라고도 불리는데, '鸟之将死, 其鸣也哀(새가 장차 죽으려 할 때에는 그 울음소리가 슬프다)'(『论语·卫灵公』), '知柳下惠之贤(류하혜의 어짊을 안다)'(『论语·泰伯』)와 같이 주로 문장의 주어와 목적어로 쓰였다. 그리고 '鸟将死(새는 죽을 것이다)'와 '柳下惠贤(류혜하는 어질다)'처럼 '之'자를 붙이지 않은 '명사+동사' 구조를 주술구조라고 한다. 이미 많은 연구에서 이러한 구조와 '之'자의 성질, 그리고 기능에 대해 다루었는데, 검토하면 주로 아래 몇몇 이론으로 정리할 수 있다.

### (1) 삼화이론

'삼화(三化)'란 구화(词组化), 명사화(名词化), 지칭화(指称化)를 말한다. 뤼수샹(吕叔湘 1942, 1982: 84)과 왕리(王力 1980: 395)는 모두 '之'의 역할에 대해 문장을 구(phrase)로 만들어 문장의 독립성을 없애는 것이라고 보았다. 주더시(朱德熙 1983)는 중국어의 진정한 '명사화'는 모두 형식표지가 있으며, '之'의 역할은 술어성의 주술구조를 명사성의 수식구조로 바꾸는 것이기 때문에 '之'를 명사화표지라고 보았다. 왕리(王力 1989: 232)는 원래의 '구화'이론을 부정하고 방향을 바꾸어 '명사화'이론을 인정하였다. 숭사오녠(宋绍年 1998)과 장옌(张雁 2001)에 따르면, '之'는 자기지시화(自指化)의 형식표지이고 '之'자구조는 자기지시화의 주술구조이며, '자기지시(自指)'라는 것은 바로 동사성 구조가 그 자신이 가리키는 사건 자체를 지칭하는 것으로 전환된 것이다. 리쭤펑(李佐丰 2004: 265)도 '지칭화'라는 표현을 사용하였다. 그러나 장스루(张世禄 1959)부터 시작하여 '之'를 뺀 주술구조도 문장의 주어와 목적어가 될 수 있다고 주장하는 지적이 끊이지 않았다.

 a. <u>民之望之</u>, 若大旱之望雨也。
  백성들이 그(탕임금)에게 기대하는 것이 마치 큰 가뭄에 구름과 무지개를 바라는 듯하였다.(『孟子·滕文公下』)

 b. <u>民望之</u>, 若大旱之望云霓也。
  백성들이 그(탕임금)에게 기대하는 것이 마치 큰 가뭄에 구름과 무지개를 바라는 듯하였다.(『孟子·梁惠王下』)

 a. <u>是故愿大王之孰计之</u>。
  그러므로 대왕께서는 깊이 헤아려 보시기를 바랍니다.(『史记·张

仪列传』)

b. 是故愿大王孰计之。
   그러므로 대왕께서는 깊이 헤아려 보시기를 바랍니다.(『史记·苏秦列传』)

같은 단락 안에서 '之'자구조와 주술구조가 앞뒤로 병렬될 수도 있다.

戎之生心, 民慢其政, 国之患也。
융적(戎狄)이 야심을 발동시키고 백성들이 국가의 정책을 무시하는 것은 국가의 근심거리입니다.(『左传·庄公二十八年』)

人之爱人, 求利之也; 今吾我子爱人, 则以政。
사람이 남을 사랑하는 것은 그에게 이익을 구하기 위해서인데, 지금 당신께서는 사람을 사랑하시면 그에게 다스리는 일을 맡기려 하시군요.(『左传·襄公三十一年』)

子曰: "不患人之不己知, 患不知人也。"
남이 자기를 알아주지 않는 것을 걱정하지 말고, 내가 남을 제대로 알지 못하는 것을 걱정해야 한다.(『论语·学而』)

'之'를 제거한 주술구조가 원래부터 구로서 주어·목적어와 지칭어가 되므로 더 이상 구화, 명사화 및 지칭화는 불필요하다. 만약 '~화(化)' 이전에는 동사성 또는 술어성 문장이며, '~화' 이후에는 명사성 또는 지칭성 구라는 것을 인정한다면, 구와 문장, 명사구와 동사구, 지칭어와 서술어가 또 어떻게 병렬할 수 있는가? 병렬한 두 성분은 반드시 성질이 서로 같아야 하기 때문이다.(제2장 3.2절).

### (2) 유착이론

'삼화이론'이 통하지 않자 일부 학자들(何乐士 1989, 刘宋川·刘子瑜 2006, 宋文辉 2006 등)은 '之'자구조는 여전히 동사성인 '주어+술어' 구조이고, '之'는 주어와 술어를 긴밀하게 연결시키는 역할만 할 뿐이라고 주장한다. 그런데 '之'가 없는 주어와 술어도 서로 긴밀하게 연결된다. '民望之'의 내부 유착(粘连) 정도는 '民之望之'보다 더 높은 것 같다. '之'자구조가 동사성 구조라는 견해도 성립하기가 매우 어렵다. 왜냐하면 '之'자구조가 문장의 술어로 사용되는 경우는 매우 적고 주어·목적어가 되는 것이 일반적인 용법이기 때문이다.[01]

### (3) 관형어표지이론

위아이친(余霭芹, Yue 1998)은 '之'를 관형어표지로 보았다. 그는 '명사之동사' 속의 '之'만이 진정한 관형어표지로 여겼고, 중심어가 명사인 관형어-중심어 구조(예: '王之诸臣(왕의 여러 신하)', '侮夺人之君(남을 멸시하고 그의 물건을 빼앗는 임금)', '贤圣之君(어질고 성스러운 임금)) 안의 '之'는 지시사로 간주할 수 있다고 여겼다. 이 견해에 대한 장민(张敏 2003)의 평론은 이러하다. '명사之동사'는 전국시대 금문(金文)과 『상서(尚書)』, 『시경(詩經)』에 출현하였는데, 이는 곧 춘추전국시대에 이미 존재하였다는 것이다. 그런데 '之'

---

01 저자주: 야오전우(姚振武 1995)는 '之'에 대해 주술구조가 비독립적이고 지칭의 상태에 있는 비강제적 형식표지라는 주장은 수용하였으나, 이 표지의 역할이 무엇인지에 대해서는 설명하지 않았다.

자가 생겨나서 널리 쓰이기 시작한 그 시대에 일반적인 사례인 관형어표지 '之'가 오히려 아직 성숙되지 않아서 여전히 지시어였다고 말하는 것은 '상당히 이해하기 어렵다'는 것이다.

### (4) 어기문체이론

『마씨문통(马氏文通)』에서는 '之'에 대해 '말의 기세를 완화시키는 말투(缓其辞气)'(马建忠 1898/1983: 248)를 나타내는 기능이 있다고 하였다. 그런데 허러스(何乐士 1989)는 '之'자가 주어와 술어를 연결시키는 동시에 '강조'의 기능도 있다고 보았다. 강조와 완화는 서로 상반되는 말이지만, 설령 양립할 수 있다고 해도 무엇을 강조하고 무엇을 완화시킨다는 것인가? 리우쑹촨·리우쯔위(刘宋川·刘子瑜 2006)는 '之'가 연결의 역할을 할 뿐만 아니라, 음절을 조정하는 역할도 하여 문장의 리듬이 대칭성과 정연성(整饬性)(앞뒤 문단의 음절수가 서로 같거나 홀짝대응을 함)을 가지게 만든다고 보았다. 그러나 실제로는 이렇게 해석하기 어려운 예도 매우 많으며, 특히 반대되는 경우도 적지 않다. 예를 들어 다음 몇 문장에 '之'를 더하면 오히려 앞뒤 문단 음절수의 홀짝대응을 잃게 된다.

德之不修, 学之不讲, 闻义不能徙, 不善不能改, 是吾忧也。
덕이 닦이지 못함과 학문이 강습되지 못함과 의를 듣고도 옮겨가지 못함과 선하지 못함을 고치지 못함이 바로 나의 걱정거리이다.

(『论语·述而』)

丹朱之不肖, 舜之子亦不肖。
(요임금의 아들) 단주도 못났고, 순임금의 아들도 못났다.

『孟子·万章上』

众之为福也, 大; 其为祸也, 亦大。
많은 것이 복이 되는 것이 크지만, 그것이 화가 되는 것 또한 크다.

『吕氏春秋·决胜』

왕홍쥔(王洪君 1987)은 '之'자구조와 주술구조는 문체상의 차이이며, 특히 한(汉)나라 이후에 '之'를 사용한 것은 우아한 풍격을 표현한 것으로 보았다. 하지만 같은 시대, 같은 텍스트에 나타난 두 가지 구조의 호문과 병렬 현상은 문체의 차이로는 설명이 불가능하다.

#### (5) 문장핵심이론

덩둔(邓盾 2015)은 '생성문법' 이론을 사용하여 '之'를 영어의 '절 도입어(引句词)' that과 유사한 주술문의 핵심으로 정의하였다. 그러나 '절 도입어'는 말 그대로 문장의 첫머리에 있어야 하지만, '之'는 문장 속에 있다. 그렇다면 일련의 위치이동 작업을 가정해야 하는데, 이러한 복잡한 위치이동은 저자가 말한 '이론적, 기술적 문제가 없다'는 것과는 거리가 멀다.

### 1.2 식별도를 제고하는 '之'

'之'의 문제가 좀처럼 해결되지 못하는 이유는 '명동분립'의 관점으로 중국어를 관찰함으로써 중국어에서 명사와 동사의 구분을 지나치게 중시하기 때문이다.

>The bird is going to die.
>鸟将死
>새는 죽을 것이다.
>
>the bird's coming death
>鸟之将死
>새의 임박한 죽음

위의 두 영어 표현의 문법적 성질은 매우 다르다. 전자는 문장이고 후자는 구인데, 후자는 전자가 구로 바뀐, 즉 구화된 결과이다. 다시 말해, die는 동사이고 death는 명사이므로 death는 die가 명사화 또는 지칭화된 결과인 것이다. 중국어 문법을 말할 때 흔히 영어에 억지로 갖다 붙이는 경우가 많아서 '鸟将死'와 '鸟之将死'도 영어와 똑같은 차이라고 여긴다. 따라서 이때 '之'의 역할도 구화, 명사화, 지칭화를 표기하기 위해 사용되었다는 견해들이 나왔다. 그런데 사실 중국어에서 '鸟将死'는 문장이자 구이며, '死'는 동사(die에 상당함)이자 명사(death에 상당함)이고 서술어이자 지칭어여서 구화, 명사화, 지칭화와 같은 것들은 일어나지 않았다. 이것은 중국어에서 명사와 동사를 나눌 수 없거나 나눌 필요가 없다고 말하는 것이 아니라 이러한 구분이 상대적으로 중요하지 않다는 것을 말한다. 우리는 '鸟之将死'에서의 '死'가 도대체 명사성인지 동사성인지에 매달릴 필요가 없으며, 중요한 것은 '之'의 성질과 기능을 명확히 이해하는 것이다.

인도유럽어의 '명동분립' 관념에서 벗어나서 꾸밈없는 단순한 시선으로 중국어를 바라보면, '鸟之将死(새의 임박한 죽음)'와 '鸟之双翼(새의 두 날개)'의 '之'는 동일한 '之'이고, 그 기능은 그것이 가리키는 대상이 사물이든 사건이든 상관없이 지칭어구의 식별도(指別度)를 높이는 것임을 알 수 있다. 이에 대한 상세한 내용은 선쟈쉬안·완취안(沈家煊·完权 2009)을 참조할 수 있다. 텍스트에 대해 세밀한 고찰 결과, 이 연구는 동일한 조건에서 '之'자가 '앞에서는 쓰이고 뒤에서는 쓰이지 않은' 세 가지 상황을 발견하였다.

(1) 병렬의 경우에 일반적인 경향은 '之'자구조가 앞쪽에 있고 주술구조가 뒤쪽에 있는 것이다.
(2) 먼저 나온 문헌과 나중에 나온 문헌에서 동일한 사건을 지칭하는 두 어구의 형식은, 일반적으로 '之'자구조가 앞의 문헌에, 주술구조는 뒤의 문헌에 나오는 경향이 있다.
(3) 동일한 텍스트에서 동일한 사건을 지칭하는 두 어구의 형식은 일반적으로 '之'자구조가 앞에, 주술구조가 뒤에 나온다.

첫 번째, 위의 예들 이외에 '之'자구조를 앞에서는 쓰고 뒤에서는 쓰지 않은 예는 다음과 같다.

尔之许我, 我其以璧与珪, 归俟尔命; 尔不许我, 我乃屏璧与珪。
당신이 나의 청을 허락한다면 나는 벽과 규를 가지고 돌아가 당신의 명을 기다리겠지만, 당신이 나의 청을 허락하지 않는다면 나는 벽과 규를 감출 것입니다.

(『尚书·金縢』)

伯有闻郑人之盟己也, 怒; 闻子皮之甲不与攻己也, 喜。

백유는 정나라 사람들이 이미 자기를 배척하기로 결맹하였다는 말을 듣고는 노하였다가, 자피의 갑옷을 입은 무장한 군대가 자기를 공격하는 데 참여하지 않았다는 말을 듣고는 기뻐하였다.

(『左传·襄公三十年』)

君之视臣如手足, 则臣视君如腹心。君之视臣如犬马, 则臣视君如国人。君之视臣如土芥, 则臣视君如寇雠。

임금이 신하를 손과 발처럼 보면 신하는 군주를 배와 심장처럼 여기고, 군주가 신하를 개와 말처럼 보면 신하는 군주를 일반 백성처럼 여기고, 군주가 신하를 흙이나 지푸라기처럼 보면 신하는 군주를 원수와 같이 여기는 법입니다.

(『孟子·离娄下』)

子曰: "政之不行也, 教之不成也, 爵禄不足劝也, 刑罚不足耻也, 故上不可以亵刑而轻爵。"

정치가 행해지지 않고 교화가 이루어지지 않는 것은 작위와 봉록으로 권면할 만하지 못하고 형벌로 부끄럽게 할 만하지 못하기 때문이다. 그러므로 윗사람은 형벌을 업신여기고 작위와 봉록을 경솔하게 시행해서는 안 된다.

(『礼记·缁衣』)

战势不过奇正, 奇正之变, 不可胜穷也。奇正相生, 如环之无端, 孰能穷之哉?

전쟁에서 형세를 결정하는 요소는 적을 기습하는 기병과 정면으로 싸우는 정병에 불과하지만 그 기병과 정병이 어우러져 만들어내는 변화는 끝이 보이지 않는다. 기병과 정병이 어우러져 만들어내는 변화는 둥근 고리와 같이 맞물려 그 시작과 끝이 없는 것과 같으니 누구도 능히 헤아릴 수 없다.

『孙子兵法·兵势篇』

<u>仁人之得饴也</u>, 以养疾待老也; <u>跖与企足得饴</u>, 以开闭取楗也。
어진 사람은 물엿을 얻으면 병든 사람을 보양하고 늙은이를 대접 하는 데 쓰지만 도적질을 일삼는 도척과 장교는 그것으로써 뇌물로 주어 잠긴 곳을 열거나 문빗장을 따는 데 쓴다.

『吕氏春秋·异用』

<u>德之不修</u>, <u>学之不讲</u>, <u>闻义不能徙</u>, <u>不善不能改</u>, 是吾忧也。
덕이 닦이지 못함과 학문이 강습되지 못함과 의를 듣고도 옮겨가지 못함과 선하지 못함을 고치지 못함이 바로 나의 걱정거리이다.

『论语·述而』

반례로 보이지만 사실은 그렇지 않은 경우도 있다.

周颇曰: "固欲<u>天下之从也</u>, <u>天下从</u>, 则秦利也。" 路说应之曰: "然则公欲<u>秦之利夫</u>?"
주파가 "진실로 천하가 따르기를 원하오며, 천하가 따르면 진나라에 이로울 것입니다"라고 하였다. 노열이 그에게 응대하여 "그렇다면, 진나라가 이롭게 되기를 바라십니까?"라고 하였다.

『吕氏春秋·应言』

이러한 예는 사실 '之'자구조와 주술구조의 병렬이 아니며, '天下从'은 복지를 나타내는 말로 앞의 '天下之从'을 다른 말로 지칭하며 의미의 무게 중심이 아니다. 그러나 '秦之利'는 직접지시를 나타내는 말(직시어)'로, 노열(路说)이 주파(周颇)가 한 말 '秦利'를 가져와서 진술하면서 주파가 그 의미에 주의를 기울이도록 함과 동시에 이러한 말에 대한 자신의 반대 태도를 나타내는 것으로, 의미의 중심이 있는 곳이다.[02] 반례처럼 보이지만 사실은 '之'를 쓰는 이유가 모두 지칭어구의 식별도를 높이기 위해서이다(아래 참조).

두 번째, '之'자구조를 앞에서는 쓰이고 뒤에서는 쓰이지 않은 예는 주로 『좌전(左传)』과 『사기(史记)』를 비교한 것이다. 예문을 보자.

> 秦穆之不为盟主也, 宜哉!
> 진 목공이 맹주가 되지 못한 것은 마땅하다.
>
> (『左传·文公六年』)
>
> 秦缪公……不为诸侯盟主, 亦宜哉!
> 진 목공이……맹주가 되지 못한 것은 또한 마땅하다.
>
> (『史记·秦本纪』)
>
> 夫差! 而忘越王之杀而父乎?
> 부차야, 너는 월나라 왕이 너의 부친을 죽인 것을 잊었느냐?
>
> (『左传·定公十四年』)

---

02  저자주: 복지어(anaphora, 复指语)와 직시어(deixis, 直指语)의 구분에 관해서는 선쟈쉬안·완취안(沈家煊·完权 2009)을 참조할 수 있다.

阖庐使立太子夫差, 谓曰: "尔而忘句践杀汝父乎?"
합려는 사자를 파견하여 태자 부차를 왕으로 세우고는 일러 말했다. "너는 구천이 너의 부친을 죽인 것을 잊겠느냐?"

『史记·吴太伯世家』

君子是以知秦之不复东征也。
군자는 이로써 진나라가 다시 동쪽으로 정벌하러 가지 못할 줄 알았다.

『左传·文公六年』

是以知秦不能复东征也。
이로써 진나라가 다시 동쪽으로 정벌하러 갈 수 없을 것으로 알았다.

『史记·秦本纪』

惠公之在梁也, 梁伯妻之。
진 혜공이 양나라에 있을 때 양백이 그에게 시집보냈다.

『左传·僖公十七年』

初, 惠公亡在梁, 梁伯以其女妻之。
처음에 혜공이 양나라에 도망 와 있을 때 양백이 자신의 딸을 그에게 시집보냈다.

『史记·晋世家』

寡君之使婢子侍执巾栉, 以固子也。
우리 임금께서 이 계집으로 하여금 수건과 빗을 들고 모시게 한 것은, 당신을 편안하게 지내도록하기 위해서입니다.

『左传·僖公二十二年』

秦使婢子侍, 以固子之心。
진나라가 이 계집으로 하여금 당신을 모시게 한 것은 당신의 마음을 굳건하게 하도록 하기 위해서입니다.

『史记·晋世家』

郑之如秦也, 言于秦伯曰:
비정이 진나라에 갔을 적에 진백에게 말하였다.

『左传·僖公十年』

邳郑使秦, 闻里克诛, 乃说秦缪公曰:
비정이 진나라에 사신으로 갔을 때 이극이 주살 당한다는 말을 듣고는 곧바로 진 무공께 말하였다.

『史记·晋世家』

楚子问鼎之大小, 轻重焉。
초자가 정(鼎)의 대소와 경중을 물었다.

『左传·宣公三年』

楚王问鼎小大轻重。
초나라 왕이 정(鼎)이 큰지 작은지, 가벼운지 무거운지를 물었다.

『史记·楚世家』

父母之爱子, 则为之计深远。
부모가 자녀를 사랑하는 것은, 그들을 위하여 장구하고 광범위한 것을 고려하는 것입니다.

『战国策·赵策』

父母爱子, 则为之计深远。

부모가 자식을 사랑하는 것은 그를 위해 심원한 것을 계획한다.

『史记·赵世家』

세 번째, '之'자구조가 앞에서는 쓰이고 뒤에서는 쓰이지 않은 예는 다음과 같다. (모두 같은 텍스트에 나온 것들이며, 앞의 문장은 뒤 문장의 앞에 나온다)

国之将兴, 明神降之, 监其德也。将亡, 神又降之, 观其恶也。
나라가 장차 흥하려고 할 때는 밝은 신이 강림하여 그 나라의 덕을 살피고, 나라가 장차 망하려고 때 신이 또 강림하여 그 악을 본다.

『左传·庄公三十二年』

国将兴, 听于民。将亡, 听于神。
나라가 장차 흥하려면 사람에게서 듣고, 나라가 장차 망하려 하면 신에게서 듣는다.

(위와 같음)

善人之赏, 而暴人之罚, 则家必治矣。
선량한 사람이 상을 받고 포악한 사람이 벌을 받으면, 집안은 반드시 잘 다스려질 것이다.

『墨子·尚同下』

善人赏而暴人罚, 则国必治矣。
선량한 사람이 상을 받고 포악한 사람이 벌을 받으면, 나라는 반드시 잘 다스려질 것이다.

(위와 같음)

(刘邦)日:"吾入关, 秋毫不敢有所近, 籍吏民, 封府库, 而待将军。所以遣将守关者, 备他盗之出入与非常也。"

(유방이) 말했다. "저는 관중에 들어와 감히 터럭만큼도 가까이 한 것이 없었으며, 관리와 백성들을 호적조사하고, 관청의 창고를 봉하고 장군을 기다리고 있었습니다. 장수를 파견하여 함곡관을 지키게 한 까닭은 다른 도둑의 출입과 비상사태에 대비하기 위해서입니다."

(『史记·项羽本纪』)

(樊哙)曰: ……"今沛公先破秦入咸阳, 毫毛不敢有所近, 封闭宫室, 还军霸上, 以待大王来。故遣将守关者, 备他盗出入与非常也。"

(번쾌가) 말했다. ……"지금 패공께서는 먼저 진나라를 쳐부수고 함양에 들어갔지만, 감히 터럭만큼도 가까이 한 것이 없었으며, 궁실을 밀봉하여 잠그고는 돌아와 패상에서 군대를 주둔하며 장군께서 오시기를 기다렸습니다. 장수를 파견하여 함곡관을 지키게 한 까닭은 다른 도둑의 출입과 비상사태에 대비하기 위해서 입니다."

(위와 같음)

是故愿大王之孰计之。

그러므로 대왕께서는 깊이 헤아려 보시기를 바랍니다.

(『史记·张仪列传』)

愿大王孰计之。

대왕께서는 깊이 헤아려 보시기를 바랍니다.

(위와 같음)

다음 한 쌍의 예는 반대되는 사례인 것 같이 보이지만, 사실 또 다른 각도에서 위의 규칙을 증명한다.

(沛公)曰: ……"愿伯具言臣之不敢倍(背)德也。"
(패공이) 말했다. ……"원컨대 항백께서 신이 감히 은덕을 저버리지 않을 것임을 자세히 말해 주시오."

(『史记·项羽本纪』)

张良曰: "请往谓项伯, 言沛公不敢背项王也。"
장량이 말했다. "항백에게 가서 패공은 감히 항왕을 배신하지 못합니다라고 말씀하십시오."

(위와 같음)

아래 문장에서는 장량이 패공에게 한 말이 앞에 있고, 위 문장에서는 패공이 항백에게 한 말이 뒤에 있으며, 기술한 선후도 이와 같아서 규칙을 어긴 것 같지만 사실은 그렇지 않다. 왜냐하면 말을 한 문맥이 다르기 때문이다. 장량이 패공으로 하여금 항백에게 "沛公不敢背项王(패공은 감히 항왕을 배신하지 못합니다)"라고 말하라고 하자, 패공이 이를 듣고 나서 왜 그렇게 말해야 하는지 물은 것이 아니라, "君安与项伯有故?(자네는 어찌 항백과 친분이 있는가?)"라고 물은 것이다. 이로써 "沛公不敢背项王(패공은 감히 항왕을 배신하지 못합니다)"라는 표현은 패공이 예상한 것이어서 패공의 입장에서 보면 그 식별도가 높기 때문에 '之'를 넣지 않았다. 그런데 패공이 항백에게 한 말은 같은 말이지만 항백의 입장에서 보면 예상 밖일 가능성이 높아서 접근성이 낮기 때문에 '之'를 추가한 것이다.

사실들을 이렇게 정리해 놓고 보니 이치가 내포되어 있다. '之'의 역할은 지칭어구의 '식별도'를 높이는 것인데, 지칭어구의 '식별도'의 정의는 다음과 같다.

화자가 제공하는 지칭어구는 두뇌 기억이나 주위 환경으로부터 대상 사물 또는 사건의 지시강도를 수색해서 찾아내도록 청자에게 지시한다. 지시 강도가 높은 것은 식별도가 높고, 지시 강도가 낮은 것은 식별도가 낮다. 화자가 지칭어구의 식별도를 높이면 지시하는 사물이나 사건에 대한 청자의 접근성이 높아진다.[03]

식별도의 높고 낮음은 지칭어구의 형식이 결정한다. 예를 들어, 식별도는 지시어구를 가진 것이 그렇지 않은 것보다 높고, 인칭대명사가 일반명사보다 높으며, 한정하는 단어가 많은 것이 적은 것보다 높고, 강세가 있는 것이 없는 것보다 높다. 이에 대해서는 이미 1권 제6장 4절에서 예를 들어 설명하였다. 지시사 '这'가 손가락으로 목표물을 가리켜서(수화의 지시어) 사물의 식별도를 높이는 작용을 하듯이 '之'자의 작용도 마찬가지다. '鸟之双翼'는 가리키는 사물의 접근성을 높인 것이고, '鸟之将死'은 가리키는 사건의 식별도를 높인 것이다.[04] 주술구조가 가리키는 사건의 접근성이 낮다고 생각할 경우, 화자는 '之'를 추가하여 지명어의 식별도를 높이는데, 이리하여 '之'자구조를 형성한다.[05] 예를 들어보자.

---

03  저자주: 식별도는 지칭어구에 대해 말하는 것이고, 접근성은 지시 대상에 대해 말하는 것이다.
04  저자주: 일찍이 쑹줘인(宋作胤 1964)은 '之'가 지시대명사의 허화로, 사물을 나타낼 수도 있고 활동과 성질, 상태를 나타낼 수도 있다.
05  저자주: 아오징하오(敖镜浩 1998)는 '之'는 청자에게 앞뒤 말에 주의를 기울이고 그 속에서 '之'와 연결된 대상을 이해하도록 지시한다고 이미 지적한 바 있다.

子曰: "禄之去公室五世矣, 政逮於大夫四世矣, 故夫三桓之子孫微矣。"

봉록을 내리는 권한이 왕실을 떠난 지 오대가 되었고, 정권이 대부에게 들어간 지가 사대가 되었으니, 저 삼환씨의 자손들도 쇠약해지는 것이다.

(『论语·季氏』)

어떤 물건을 찾는 경우에, 방금 전에 하나의 목표물을 찾았고 이어서 다른 목표물을 찾아야 하는데, 그 목표물이 방금 전에 찾은 것과 비슷하면 그것을 쉽게 찾을 수 있는 것이 일반적인 법칙이다. 이 문장은 먼저 봉록이 공실을 떠난 사건을 지칭하였는데, 화자가 느끼기에 이 사건의 접근성을 높일 필요가 있다고 생각하여 '之'를 추가하였다. 그런데 이어서 수색할 대상 사건인 '政逮於大夫'가 바로 조금 전 그것과 유사해서 쉽게 검색할 수 있었기 때문에 화자는 더 이상 '之'를 추가할 필요가 없다고 생각한 것이다.[06] 이렇게 하면 이 병렬구조의 사용 사례는 문헌이 전사되면서 생긴 오류라고 가정할 필요가 없게 된다(洪波 2008, 2010). 어기의 각도에서 식별도를 높이는 것은 '강조'의 기능을 하는데 반해, '之'를 추가하는 것은 동시에 목표물의 식별을 지연시키는 것이어서 '어기를 완화시키는' 기능을

---

[06] 저자주: 여기에는 심리학적 증거가 있다. 심리학에는 스트룹 색채 단어 검사(Stroop color word test)가 있는데, 이는 피험자에게 초록색으로 쓴 '红'자와 붉은 색으로 쓴 '绿'자를 보여주며 글자와 그 색을 말하게 하는 실험이다. 이 실험에서 피험자는 글자를 읽을 때는 간섭을 받지 않지만, 글자의 색깔을 말할 때는 '红'자는 붉은색으로, '绿'자는 초록색으로 쉽게 말함으로써 간섭을 받는다. (Posner 1973) 이는 '붉다'라는 개념이 활성화될 때는 '푸르다'라는 개념도 쉽게 활성화되어 간섭을 일으킬 수 있음을 나타낸다. 따라서 병렬구조에서 '之'자를 앞에는 사용하고 뒤에는 사용하지 않는 현상은 사실 일종의 스트룹 효과이다.

한다. '之'자구조와 주술구조가 병렬이 아닌 말 속에서 의미의 무게중심이 있는 곳은 '之'를 사용해서 식별도를 높이기에 적합하다(위의 두 가지 이른 바 '반례' 참조).[07]

## 제2절 '之'와 '的'의 공통점과 차이점

선진중국어 '之'자구조에서 '之'에 대해 단지 '지시어의 흔적'을 가지고 있을 뿐이라고 말하는 것은 '之'의 입장에서는 억울하며, 지시어의 성격과 기능도 상당히 많이 가지고 있다고 말해야 한다. 또 왕위안졔(王远杰 2008), 완취안(完权 2010a)의 논증에 따르면, 현대중국어 '명사的동사' 구조에서 '的' 역시 '식별도를 높이는' 기능을 가지고 있다. '之'와 '的'의 차이점은 다음과 같다. '之'는 직접적으로 목표를 가리키므로 목표의 접근성을 직접적으로 높인다. 따라서 '之'자구조 내부는 [A + (之+B)]가 된다. 여기서 B는 지시 목표이고, A는 도와주는 참조체이다. 반면, '的'는 간접적으로 목표를 가리키므로 하나의 참조체를 가리킴으로써 목표의 접근성을 높인다. 따라서 '명사的동사'구조의 내부는 [(A+的)+B]가 된다. 이러한 관점에

---

07 저자주: '之'의 기능을 명확히 하는 것은 '식별도를 높이는 것'이며, 또한 오랫동안 논란이 되어 온 '作之君', '作之师'(《伪古文尚书·泰誓》)와 같은 '동사之명사'구조의 성질을 확실히 이해하는 데도 도움이 된다. 이 구조는 한때 동사-이중목적어 구조(为之立君, 为之立师)로 여겨졌으나, 셰쉬화(谢序华 2014)는 '作之君', '作之师'에 대해 누구를 위해 세웠다는 것을 강조하는 것이 아니라 하늘이 임금을 세우고, 스승을 세운 목적을 강조하는 구조라고 지적했다. 따라서 이 구조는 이중목적어 구조가 아닌 단일목적어 구조이다. 이러한 '之'는 현대중국어로 번역하면, '上天爱抚百姓, 设立这个君主, 设立这个官师, 是希望……(하늘이 백성을 아껴 이 군주를 세우고, 이 스승을 세운 것은 ……기를 바란 것이다.)'에서 보듯이 지칭을 강조하는 '这个'에 해당한다.

서 말하면, '之'의 식별 기능은 강하고 '的'의 식별 기능은 약하다. 통사적으로 나타나는 '之'와 '的'의 공통점과 차이점은 모두 이것으로부터 설명이 가능하다. 예를 들면 다음과 같다.

  白的(衣冠)  *白之(衣冠)
  흰 것(복장)

현대중국어에서는 식별도가 높아진 참조체 '白的(흰 것)'가 목표인 '衣冠(복장)'을 전환지시할 수 있지만, 고대중국어에는 이와 유사한 표현이 없다. '명사之동사'에서 명사는 대부분 행위자이다. 왕훙쥔(王洪君 1987)이 수집한 예문 708개 중에서 명사가 피행위자인 것은 14개뿐이지만, 현대중국어의 '명사的동사'에서 명사가 피행위자가 되는 경우는 상당히 보편적이다. 예를 들면 '桥梁的破坏(교량의 파괴)', '普通话的推广(보통화의 보급)', '这本书的出版(이 책의 출판)' 등이 그러하다. 이는 피행위자가 행위자보다 눈에 잘 띄지 않기 때문에 피행위자가 목표 동작의 참조체가 될 때는 식별도가 높지 않은데, 마침 이때 '的'가 참조체의 식별도를 높이는 역할을 하는 것이다.

 다음 예는 '的'의 식별 기능이 강하지 않기 때문에 식별 기능이 강한 '这(이)'와 '那(그/저)'의 사용이 필요함을 나타낸다.

  狂童<u>之</u>狂也且! 미친 아이의 미친 짓이로구나!
  *狂童<u>的</u>狂啊!
  狂童<u>这个</u>狂啊! 미친 아이 이 미친 짓!

'的'가 여전히 식별 기능을 가지고 있다는 것을 인식하게 되면, '的'를 반드시 추가해야 하는 경우와 '的'를 추가해서는 안 되는 경우에 대해서도 설명이 가능하다. 예를 들어보자.

红脸 붉은 얼굴 　　　　　红的脸 붉은 얼굴
*红通通脸　　　　　　　红通通的脸 시뻘건 얼굴
三条鱼 물고기 세 마리　　*三条的鱼
三斤鱼 물고기 세 근　　　三斤的鱼 세 근의 물고기

성질형용사 '红(붉다)'은 '的'을 추가하지 않고도 명사를 수식할 수 있지만, 상태형용사 '红通通(새빨갛다)'은 반드시 '的'를 추가해야 된다. 사실 '형용사(的)명사'도 단지 사물의 특정한 성질과 상태를 참조체로 삼아서 목표 사물을 가리키는 것일 뿐, 역시 일종의 '참조체-목표' 구조이다. 참조체는 상대적으로 고정되어 있다. 그런데 사물의 성질은 고정되어 있지만 상태는 고정되어 있지 않아서 성질의 접근성은 높지만 상태의 접근성은 낮다. 따라서 후자를 지칭하는 단어는 '的'를 추가하여 식별도을 높여야 한다는 것이다. 마찬가지로, 셀 수 있는 사물(鱼(물고기))을 가리킬 때 참조체로 '수'(三条(세 마리))를 사용한 것은 접근성이 높은데, 그 이유는 셀 수 있는 사물은 '셀' 수 있기 때문이다. 그런데 사물의 '양'(三斤(세 근))을 참조체로 사용하는 것은 접근성이 낮기 때문에 양을 지칭하는 단어에 '的'를 추가하여 식별도를 높일 수 있다.

류단칭(刘丹青 2008)은 중국어 명사구에 다음과 같은 두 가지 특징이 있다고 보았다.

첫째, 외연(外延)관형어('这书(이 책)'의 '这'처럼 '的'를 추가할 수 없음)와 내포(内涵)관형어('好书(좋은 책)'의 '好(좋다)'처럼 '的'를 추가할 수 있음)를 구분해야 하는데, 외연관형어는 그 자체가 식별의 기능을 하기 때문에 식별표지를 추가할 수 없다. 둘째, '这'와 '那'에는 이동성(漂移性)이 있다는 것이다. 예를 들어, '他这脾气(그 사람 그 성질머리)'의 '这'와 같은 것은 대명사 뒤로 '이동'할 수 있는데, 이는 중국어 표현의 정상적인 양태이다. 그런데 영어로는 * his the temper라고 말할 수는 없고 the temper of his라고 말해야 한다. 첫 번째 특징은 중국어의 '지시(指)'와 '비지시(非指)'의 차이가 중요하고, 외연관형어는 식별의 기능을 하지만 내포관형어는 식별의 기능을 하지 않는다는 것을 보여준다. 명사와 동사의 이분(二分)을 중시하지 않는 언어가 중시하는 것은 '지시'와 '비지시'의 차이인데, 이러한 상황은 통가어에도 존재한다(2권 제3장 참조). 두 번째 특징은 중국어는 식별을 강화할 필요가 있을 때 언제든지 식별표지를 추가할 수 있고, 이것이 '这'와 '那'의 이동성을 만든다는 것을 보여준다. '这'와 '那'는 '他这脾气(그의 이 성격)' → '他的脾气(그의 성격)'와 같이 '的'로 대체할 수 있기에 '的'는 준식별표지(准指别标记)이다. 이는 영어와는 다른데, 영어의 경우 of는 off에서 나왔기에 지시어 this와는 무관하다.

요컨대, '鸟之将死'와 '鸟之双翼', '这本书的出版'과 '这本书的封面'은 모두 동일한 '참조체-목표'의 구조로 볼 수 있다. 이러한 구조는 인류의 보편적인 인지모형이기에 중국어와 영어 모두 이를 잘 활용해야 한다. 다음 영어의 예를 살펴보자(Taylor 1994).

    the death of the bird      the bird's death
    그 새의 그 죽음      그 새의 죽음

| the wings of the bird | the bird's wings |
| 그 새의 그 날개들 | 그 새의 날개들 |

오른쪽의 the bird's death도 역시 the bird's wings와 마찬가지로 '참조체-목표' 구조이다. 후접전치사 -'s는 단지 소유(왼쪽 of의 역할을 함)를 나타내며 목표의 접근성을 높이는 기능을 가지고 있는데, 이는 왼쪽의 death와 wings 앞에 있는 정관사 the(지시어 that이 허화하여 이루어짐)의 기능과 같다. 이것은 매우 자연스러운 현상이다. 왜냐하면 현대영어의 -'s가 중세영어에서 복지 역할을 하는 인칭대명사 his에서 유래했다는 증거, 다시 말해 *þe king his cnihtes* → the king's knights(그 왕의 기사들)라는 증거가 있기 때문이다.(张敏 2003 참조)

식별도를 높인다는 주장이 앞서 언급한 장민(张敏)의 곤혹을 해소할 수는 있지만, '명사之동사'의 '之'는 관형어표지로, '명사之명사'의 '之'는 지시어로 판단하는 것은 설득력이 떨어진다.

이러한 판단은 중국어에서 명사와 동사의 차이를 지나치게 중시한 것이다. 그런데 사실 더 중요한 것은 '명사之명사'와 '명사之동사' 두 구조 모두 '之'로 식별도를 높이는 '참조체-목표' 구조라는 공통점이다. 차이점은 단지 한 목표는 사물이고, 다른 한 목표는 동작 또는 사건이라는 것뿐이다. '之'를 '지시어'와 '관형어표지'로 구분하면 사람들은 관형어표지가 더 이상 지시의 기능을 하지 못하거나 지시 기능이 거의 없는 것으로 오인하게 된다. 사실 '관형어'는 다른 관점에서 '위치지정어(定位语)'로 일컬을 수도 있는데, 이는 지시하려는 목표에 위치를 정해준다는 의미이다.

| 사물의 성질을 빌려 사물을 가리키고, 사물에 위치를 정해준다. | 白的马 흰 말<br>木头的马 나무로 된 말 |
|---|---|
| 사물의 소유자를 빌려 사물을 가리키고, 사물에 위치를 정해준다 | 爸爸的马 아빠의 말 |
| 사물의 양을 빌려 사물을 가리키고, 사물에 위치를 정해준다 | 三斤的鱼 세 근의 물고기 |
| 사건의 참여자를 빌려서 사건을 가리키고, 사건에 위치를 정해준다 | 马的死 말의 죽음<br>马的掉毛 말의 탈모 |

이런 의미에서 말하면, 지시어 '之'는 위치 결정을 돕는 표지이자 전형적인 위치지정어표지이다.

'之'와 '的'의 역할 및 이들의 흥성과 쇠락을 통해 언어의 사용은 시종 '명확한 표현'과 '경제적 표현'이라는 두 가지 원칙의 지배를 받는다는 것을 알 수 있다. 사람들이 지칭어구를 말할 때 손가락으로 그것을 가리키는 것과 같은 효과가 있는 '之'를 추가하였는데, 그 결과 사물의 식별도를 높여 목표를 명확하게 만듦으로써 청자가 접근 가능하게 만든다는 것을 발견하였다. 그 후에는 말을 할 때 '之'를 추가하는 경우가 늘어났고, 점점 더 많은 사람들이 따라서 '之'를 추가하였다. 그런데 항상 '之'를 추가한 결과, 이제는 식별도를 높이는 기능이 점차 마모되어 쇠퇴하게 되었고, '之'를 추가하지 않은 주술구조는 원래부터 지칭하는 것으로 쓰일 었으므로 '之'의 추가 여부의 차이는 점점 줄어들게 되었다. 그러자 사람들은 '之'가 쓸데없는 군더더기라고 생각하게 되어 수고를 덜기 위해 사용하지 않게 된다. 그러나 사용하지 않으면 또 가리키는 목표가 불명확해지는 문제를 초래하게 되면서 또 식별도를 높이는 새로운 수단을 찾아서 사용할 필요가 대두된다. 이것이 바로 '之'가 소멸하고 '的'가 흥성하게 된 원인이다. 그런데 현대중국어에서의 '的'의 지시 기능도 이미 심하게 마모되고 허화 정도가 더욱 높아지게 되었다. 그 결과 구어에서는 '这', '那'가 '的'를 대체하게 되었고, 문어에서는 다시 '之'가 기사회생하여 지칭하는 단어의 식별도 높이게 되었다.

中国的梨, 品种**那个**多, 分布**那个**广, 产量**那个**大, 都是世界第一。
중국의 배는 품종이 그렇게 많고, 분포가 그토록 넓고 생산량도 그렇게 많아 모두 세계 1위이다.

郑晓京却卖了个小小的关子, 为的是显示她这个导演物色演员的标准<u>之</u>高、工作<u>之</u>难、权威<u>之</u>大。
정사오징은 약간의 뜸을 들였는데, 그것은 감독인 그녀가 배우를 스카우트하는 기준의 높고 일이 어려우며 권위가 높다는 것을 보여주기 위해서이다.

(霍达『穆斯林的葬礼』)

虽然裘委员的威风**如此**<u>之</u>大, 可是在抗战中他也受了不少委屈。
치우위원의 위세가 이토록 대단하지만, 항일전쟁에서는 그도 많은 억울함을 삼켰다.

(老舍『民主世界』)

마지막 사례는 '之'만으로는 충분하지 않아 지시대명사 '如此'도 추가하였다.

'명확성'과 '경제성'의 경쟁은 언어 사용의 개인적 차이, 지역적 차이, 시대적 차이를 초래하지만, 주된 결론에는 결코 영향을 미치지 않는다. 지시 대상을 말할 때 습관적으로 손가락으로 가리키는 행동을 추가하는 사람도 있고, 그렇지 않고 말로만 하는 사람도 있다. 하지만 동일한 상황이라면 가리키는 행동을 추가하는 것이 그렇지 않은 것보다는 항상 식별도가 높다.

## 제3절 '都'의 양화 방향

### 3.1 양화 방향의 문제

'都'는 현대중국어에서 가장 흔히 사용되는 부사 중 하나이다. '都'의 의미는 '총괄(总括)'인데, 형식의미론에서는 '전칭양화'라는 명칭을 사용한다. 총괄의 대상은 '양화역'이라 하며, '都'는 '양화연산자(quantitative operators, 量化算子)'라고 부른다.[08] '都'의 양화 방향, 즉 총괄의 대상이 '都'의 왼쪽인지 오른쪽인지를 논하는 많은 연구도 역시 '명동분립'이라는 통념에 지배되어 많은 시행착오를 겪었고 간단한 문제를 복잡하게 만들어버렸다.

뤼수샹(呂叔湘 1981)은 "묻는 말을 제외하고 총괄하는 대상은 반드시

---

08 저자주: 사실 의미적으로 '都'는 '전칭양화 연산자'에 가까운데, 이에 관해서는 쉬례종(徐烈 炯 2014)과 류단칭(刘丹青 2013)을 참조할 수 있다. 이 책에서 논의하는 초점은 '都'의 총괄 방향이다.

'都' 앞에 놓아야 한다"고 하였다. 묻는 말일 경우에는 총괄하는 대상(의문대명사)이 '都' 뒤에 온다. 그러나 마전(马真 1983)은 일찍감치 '都' 오른쪽의 총괄 대상이 의문대명사에 국한되지 않는다는 것을 발견하였다.

这几天你都干了些什么?
요 며칠 동안 당신은 온통 무엇을 했습니까?

小李都买呢子的衣服。
샤오리는 모두 모직 옷을 샀다.

我都通知他们了。
나는 그들 모두에게 알렸다.

의문대명사가 질문의 정보초점인데, 만약 그것이 총괄 대상이라면 의문대명사에 대한 대답(예: '呢子的衣服(모직물의 옷)')도 정보초점이며 총괄 대상이 되어야 한다. 다음 오른쪽 줄의 대답 문장에는 복수를 나타내는 단어가 '都'의 왼쪽에 있는데, 보통은 '都'의 총괄 대상은 왼쪽에 있다고 생각하지만 의문대명사에 답하는 단어는 모두 '都'의 오른쪽에 있다.

| 大伙儿都什么意见? | 大伙儿都同意。 |
|---|---|
| 모두들 다 어떤 의견을 가지고 있습니까? | 모두가 다 동의합니다. |
| 怎么都不能苦了谁? | 怎么都不能苦了孩子(们)。 |
| 어떻게 해도 괴롭혀서는 안 되는 사람은 누구입니까? | 어떻게 해도 괴롭혀서는 안 되는 사람은 아이(들)입니다. |

> 不论谁都不能进哪里?　　不论谁都不能进这两间屋子。
> 어느 누구도 들어가서는 안 되　누구를 막론하고 모두 이 두
> 는 곳은 어디인가요?　　　　　방에는 들어갈 수 없습니다.

이 모순을 해결하기 위해 '都'는 오른쪽의 관련 성분을 총괄하거나 양화할 수 없다는 의견을 제기하는 사람들이 끊이지 않았다(蔣严 1998, 袁毓林 2005b, 潘海华 2006). 그들의 공통된 접근 방식은 '都'의 왼쪽에서 복수로 이해할 수 있는 성분을 찾을 수 없으면 복수 의미의 전제(预设)나 화제를 하나 보완하는 것이다. 예를 들어 '我都通知他们了(그들 모두에게 알렸다)'는 '小王、小李、小赵, 我都通知他们了(샤오왕, 샤오리, 샤오자오, 나는 그들 모두에게 알렸다)'로 보완할 수 있다. '小李都买呢子的衣服'라는 문장에 대해, 위안위린(袁毓林)이 보충한 복수 의미의 화제는 사건 성격의 화제이다.

　　[买衣服] 小李[每次] 都买呢子的衣服。
　　[옷을 살 때] 샤오리는 [매번] 모두 모직 옷을 산다.

그런데 장징중·판하이화(蔣静忠·潘海华 2013)는 여전히 우방향 양화를 인정해야 한다고 생각한다. 왜냐하면 이 문장에서 '呢子的衣服(모직의 옷)'는 배타성이 없기 때문에 의미적으로 '呢子的衣服' 외에도 다른 것을 샀을 가능성도 있기 때문이다. 하지만 '小李都买的呢子衣服'라는 문장은 이와 다르다. 여기서 '的'는 '呢子衣服'가 배타성의 의미 초점이므로 '呢子的衣服'만 사고 다른 것은 사지 않았음을 나타낸다. 이러한 배티적 의미는 우방향 양화로 설명해야 한다. 그런데 문제는 이 문장의 왼쪽에 [买衣服]小李[每

次]都买的呢子衣服(옷을 살 때 샤오리는 매번 모두 모직의 옷을 샀다)'처럼 여전히 복수 의미의 사건을 나타내는 화제를 보충할 수 있다는 것이다. 따라서 그들은 이러한 문장은 좌방향 양화규칙을 사용한 후에, 다시 이어서 우방향 양화규칙을 사용해야 한다고 여겼다. 만약 '这一次小李都买的呢子衣服(이번에 샤오리는 모두 모직의 옷을 샀다)'라는 문장에서 왼쪽의 '这一次(이번)'가 단수라면 우방향 양화규칙만 사용한다. 그런데 문제는 이 문장 역시 왼쪽에 복수를 나타내는 단어를 보충할 수 있다는 것이다. 예를 들어보자.

这一次小李[在每个服装店]都买的呢子衣服。
이번에는 샤오리가 [옷가게마다] 모두 모직의 옷을 샀다.

这一次在这个服装店小李[在每个柜台]都买的呢子衣服。
이번에 이 옷가게에서 샤오리는 [모든 계산대에서] 다 모직의 옷을 샀다.

这一次在这个服装店这个柜台小李[付了好几回钱]都买的呢子衣服。
이번에 이 옷가게의 이 계산대에서 샤오리는 [몇 번이나 돈을 지불하고서] 다 모직의 옷을 샀다.

이것은 특정한 문맥만 있으면 항상 왼쪽에 하나의 총괄 대상을 보충할 수 있는데, 우방향 양화로 결정된 문장은 모두 이러한 방식으로 보충이 가능하다.

그런데 왼쪽에 총괄 대상을 보충하는 것의 문제는 가능한 단어가 불확실하다는 것이다. '他都穿呢子衣服(그는 모두 모직의 옷을 입는다)'('他都穿的呢子

衣服(그가 항상 입는 것은 모직 옷이다)'도 마찬가지임)는 '他[每次]都穿呢子衣服'로 보충할 수도 있고, 또 다음과 같이 보충할 수도 있다.

> 他上上下下都穿呢子衣服。
> 그는 위아래로 모두 모직의 옷을 입었다.
>
> 他从小到大都穿呢子衣服。
> 그는 어릴 때부터 성인이 될 때까지 줄곧 모직물의 옷을 입었다.
>
> 他春夏秋冬都穿呢子衣服。
> 그는 봄·여름·가을·겨울 모두 모직의 옷을 입는다.

또 예를 들어 '他呀, 都是名牌(저 사람 말이야, 온통 명품이야)'는 총괄 대상을 보충하여 '他穿的都是名牌(그가 입은 것은 모두 명품이다)', '他买的都是名牌(그가 산 것은 모두 명품이다)', '他卖的都是名牌(그가 파는 것은 모두 명품이다)', '他送的都是名牌(그가 선물한 것은 모두 명품이다)' 등등으로 만들 수 있으며, 심지어 '他买的、穿的、卖的、送的都是名牌(그가 사는 것, 입는 것, 파는 것, 선물하는 것 모두 명품이다)'도 가능한 문장이다. 문맥이 무궁무진하면 보충할 수 있는 단어도 무궁무진하다. 혹자는 다음 문장에서 '都'는 왼쪽에 각각 a, b, c라고 하는 세 개의 지향 목표(가리키는 대상)가 있다고 주장한다.

> 这两个故事(a), 他们(b)给张三和李四(c)都讲了一遍。
> 이 두 이야기(a)는, 그들(b)이 장싼과 리쓰(c)에게 모두 들려주었다.

사실 지향 목표 역시 동시에 abc일 수도 있고, ab일 수도 있으며, bc 또는 ac일 수도 있다. 그런데 같은 복수라고 해도 '他们'이 단독으로 중앙의 b를 지향하는 것은 좀 무리가 있다(吴长安 2013: 281).

*这个故事, 他们给张三都讲了一遍。

사실 이것은 모두 문맥과 담화 요소에 의해서 결정되는데, 결국 왼쪽의 어느 것을 지향하는지는 상관이 없으며 중요한 것은 '都讲了一遍(모두 한 번 말했다)'이다. 동일한 상황은 또 있다.

*他把一张纸都撕碎了。
这小孩儿可真厉害, 把这么大一张纸都给撕碎了。
이 아이는 정말 대단해, 이렇게 큰 종이 한 장을 다 찢어 버렸어.

*一分钟里, 我都在搞这项研究。
一分钟里, 我都忍受着这巨大的痛苦。
1분 동안, 나는 모두 이 엄청난 고통을 참고 있다.

'一张纸(종이 한 장)'와 '一分钟(1분간)'이 복수 개념인지 여부에 상관없이 중요한 것은 '都做了某件事情(모두 어떤 일을 하였다)'이다. 왼쪽에 억지로 복수 의미의 화제를 보충하면 매우 어색한 경우도 있는데, 예를 들면 다음과 같다.

一锅饭都煮糊了。밥 한 솥이 다 타버렸다.
? 一锅饭的每一部分都煮糊了。
? 一锅饭的每个米粒都煮糊了。

사실 아무리 보충해도 다음과 같은 대립은 여전히 존재한다.

你都读过哪些书?
당신은 모두 어떤 책을 읽었니?
*你都读过哪本书?

이 대립은 '都'의 우방향 양화를 통해서만 설명이 가능하다.

현재 존재하는 문제는 다음과 같이 귀납할 수 있다. 좌방향 양화규칙이 적용되는 문장은 거의 모두 '都'의 오른쪽에서 의문대명사에 대응하는 의미 초점을 찾을 수 있으므로 모두 우방향 양화규칙도 적용되는데, 이러면 좌방향과 우방향 두 가지 규칙의 사용으로 모순이 생긴다. 만약 좌방향 규칙을 먼저 사용하도록 규정하면 전부 우방향 규칙을 이어서 사용할 수 있다. 그런데 우방향 규칙이 적용되는 문장은 항상 '都'의 왼쪽에 전칭양화 화제를 보충할 수 있다. 따라서 모두 우방향 규칙을 사용하기 전에 좌방향 규칙을 먼저 사용하였는데, 이는 두 규칙 중 하나는 군더더기임을 나타낸다. 또 보충할 수 있는 단어 또한 지극히 불확정적인데, 이러한 모순과 군더더기, 불확실성으로 인해 '都'의 양화 방향은 잘못된 길로 빠져 방향을 찾을 수 없게 되었다.

## 3.2 통일된 '우방향 관할규칙'

사실 베이징 '차오양구에서 하이뎬구로 가려면 알프스산으로 우회하지 않고 지하철 10호선을 타면 된다(从朝阳区到海淀区, 是可以不绕道阿尔比斯山

的, 坐地铁10号线就行)'.[09][10] 간결하면서도 모순되지 않는 해결 방안은, 문장 본래의 화제-초점 구조를 준수하여 원래 오른쪽에 있던 초점을 왼쪽으로 옮기지 않고, 왼쪽에 임의로 화제를 보충하여 총괄 대상으로 삼지 않으며, 좌방향 양화와 우방향 양화 두 가지 규칙을 하나의 '우방향 관할규칙(右向管辖规则)'으로 통합하는 것이다. 이로써 '都'의 의미 한정영역(양화역)과 그것의 통사 관할역이 서로 일치하게 된다.

이에 대해 아마도 혹자는 바로 다음과 같은 가장 흔히 보이는 문장에서 '都'의 통사적 관할구역은 오른쪽에 있지만 의미적 한정구역은 왼쪽에 있는데, 어떻게 '일치'시킬 수 있느냐는 의문을 제기할 것이다.

    a. 他们都是老师。 그들은 모두 선생님이다.
    b. 大伙儿都同意。 모두가 동의한다.

과거 통용되던 관점에 따르면, 이 두 문장의 '都'가 포괄하는 대상은 왼쪽의 복수 성분인 '他们(그들)'과 '大伙儿(모두)'이며, 좌방향 양화규칙을 사용하면 의미 해석이 가능하다.

    a. 모든 x에 대해, x가 그들의 일원이면, x는 선생님이다.
    b. 모든 x에 대해, x가 모두의 일원이면, x는 동의한다.

---

09  저자주: 류위(刘瑜)의 「오늘 당신은 슈미트했습니까(今天您施密特了吗)」에서 재인용.
10  역자주: 저자 류위는 반드시 서양의 논술을 인용하는 중국 학계의 나쁜 습관에 대해 슈미트 팬들에게 비유를 통해 비판하고 있다.

그런데 곰곰이 생각해 보면, 이러한 해석은 집합 '他们(그들)'과 집합 '大伙儿(모두)'의 내부 구성원 차이를 무시하고 내부 구성원을 총괄하여 모두가 '老师(선생님)'와 '同意(동의하다)'의 특성을 가지고 있는 동일한 것으로 본 것에 불과하다. 하지만 사실 우리는 老师'와 '同意'의 내부 구성원 차이를 무시했다는 반대 방향의 해석을 선택할 수도 있다. 예를 들어, 초등학교든, 중고등학교든, 대학교든 학생을 가르치는 사람은 모두 '老师'이고, 가르치는 과목이 국어든, 영어든, 수학이든 역시 가르치는 사람은 모두 '老师'이다. 이는 학교와 과목의 차이를 모두 무시한 것이다. 그리고 또 억지로 동의하든, 기본적으로 동의하든, 완전히 동의하든, 가장 먼저 동의하든, 이어서 동의하든, 마지막으로 동의하든, 어쨌든 모두가 '同意'이다. 이는 태도와 시간의 차이를 무시한 것이다.

후자의 해석과 전자의 해석은 사실 대등하며 상호의존적이다. 왜냐하면 '老师'의 내부 차이를 무시하는 것은 곧 '他们'의 내부 차이를 무시하는 것이고, '同意'의 내부 차이를 무시하는 것은 곧 '大伙儿'의 내부 차이를 무시하는 것이며, 또 심지어 '老师'의 내부 차이를 무시하지 않으면 '他们'의 내부 차이도 무시할 수 없고, '同意'의 내부 차이를 무시하지 않으면 '大伙儿'의 내부 차이도 무시할 수 없기 때문이다. 이는 단순하면서도 중요한 이치이다. 후자의 해석이 바로 '都'의 통사 관할구역에 따라 '都'의 의미 한정영역을 결정하는 것으로, 문장 본래의 초점 구조를 준수하는 것이다. 왜냐하면 오른쪽의 '老师'와 '同意'는 모두 문장의 자연초점(강세가 불필요함)이기 때문이다. 위의 두 문장의 의미는 우방향 양화규칙을 사용하면 다음과 같이 설명할 수 있다.

a. 모든 x에 대해, x가 집합 '老师'의 일원이면, x는 '他们'이다.
b. 모든 x에 대해, x가 집합 '同意'의 일원이면, x는 '大伙儿'이다.[11]

혹자는 왼쪽 성분인 '他们'과 '大伙儿'를 강조 강세를 주어서 읽었을 때에도 '都'가 여전히 우방향 양화냐고 물을 것이다. 대답은 역시 그렇다는 것이다. 오른쪽의 '老师'와 '大伙儿'도 강조 강세를 주어서 읽을 수 있는데, 왼쪽이든 오른쪽이든 강조 강세가 있으면 당연히 의미 변화를 일으킨다. 하지만 이는 '都'의 양화 방향과는 무관하다. 왜냐하면 문장에서 '都'자를 제거한 후 강조 강세를 주어서 읽어도 동일한 의미 변화가 나타날 것이기 때문이다. 또 혹자는 '他们都是老师(그들은 모두 선생님이다)'는 이렇게 처리해도 되지만, '他们都教语文(그들은 모두 국어를 가르친다)' 역시 같은 방식으로 처리할 수 있느냐고 물을 것이다. 이에 대한 대답도 그렇다는 것이다. 갑, 을, 병 세 사람이 모두 국어를 가르치는데, 만약 갑의 '教语文(국어를 가르치는 것)'과 을의 '教语文', 그리고 병의 '教语文' 간의 차이를 무시하지 않는다면 어떻게 이들 세 사람의 차이를 무시하고 세 가지 교육을 총괄할 수 있겠는가? 마찬가지로 '这三起案件都是一人所为(이 세 사건은 모두 한 사람의 소행이다)'에서 만약 사건 1의 '一人所为(한 사람의 소행)', 사건 2의 '一人所为', 사건 3의 '一人所为'의 차이를 무시하지 않고서는 어떻게 세 사건의 차이를 모두 무시하고 그것들은 총괄할 수 있겠는가?

이미 '사건 양화'의 관점에서 '都'를 논의한 연구들(胡建华 2009, 尚新 2011, 黃瓒辉 2013, 李强·袁毓林 2013)이 있는데, 모두 '都'의 우방향 관할과 일치하는 경향이 있다.

---

11 저자주: '他们', '大伙儿'처럼 집합의 일원 그 자체가 또 집합이 될 수도 있다.

他都喝青岛啤酒。 그는 모두 칭다오 맥주를 마신다.
*他都喝过青岛啤酒。
*他都喝了青岛啤酒。

위의 한 그룹의 문장에 대해 리치앙·위안위린(李强·袁毓林)의 해석은 이러하다. '都'의 역할은 총괄이 아니라 한 그룹의 사건을 더해서 합치는 것인데, '喝(마시다)'는 합칠 수가 있는 반복 동작이지만 '喝过(마신 적 있다)'와 '喝了(마셨다)'는 그렇지 않다. 그러나 사실 이는 쉬례종(徐烈炯 2014)의 지적과 같이, 특정한 문맥(예를 들면, 세 편의 TV드라마에 모두 똑같은 에피소드가 나온 경우)만 있다면 뒤의 문장은 그대로 말할 수가 있기 때문에 별도로 '더해서 합친다'는 해석 없이도 통일된 우방향 관할규칙을 적용할 수 있다.

일부 문장은 '좌방향 양화규칙'을 사용하여 해석하면 매우 부자연스럽지만, 우방향 관할규칙으로 해석하면 매우 자연스럽다. '一锅饭都煮糊了(밥 한 솥이 모두 타버렸다)'를 예로 들면, 왼쪽에 전칭양화역을 추가하는 것이 매우 부자연스러운데, 그 이유는 '一锅饭(한 솥의 밥)'은 원래 하나의 총체로 이해되므로 총괄할 필요가 없지만, 각종 '煮糊(태우다)'의 정도는 총괄이 필요하기 때문이다. '他呀, 都是名牌'는 왼쪽에 보충할 수 있는 단어가 무궁무진할 수 있지만, 이 문장이 나타내고자 하는 의미는 '他哪些都是名牌(저 사람은 모든 부분이 다 명품이다)'가 아니라 '他都是什么(저 사람은 온통 뭐지)'이며, 술어는 주어 '他'에 대한 진술이다. 중국어 문장의 주어는 사실상 화제로, 술어와의 연결이 원래부터 매우 느슨할 수도 있어서 주어가 꼭 술어의 논항일 필요는 없다. 따라서 좌방향 규칙을 사용하기 위해서 '都'의 왼쪽에 하나의 양화역을 추가하는 것은 정말로 화사첨족처럼 불필요한 것이다. 통일된 '우방향 관할규칙'은 또 다음과 같은 현상에 대해서도 설명할 수 있다.

两个题目相同。　　　　　*两个题目都相同。(글자 하나하나가
　　　　　　　　　　　　　　　　　　 같은 경우는 제외)
두 제목이 서로 같다.

三个题目相同。　　　　　三个题目都相同。
세 제목이 서로 같다.　　세 제목이 모두 같다.

两个题目一样。　　　　　两个题目都一样。
두 제목이 똑같다.　　　　두 제목이 모두 똑같다.

왜 '两个(두 개)'와 '三个(세 개)', '相同(서로 같다)'과 '一样(같다)'에 '都'를 추가하는지 여부에 따라 이러한 차이가 날 수 있는가? 이유는 갑·을·병 세 개가 있어야 비로소 '갑과 을의 상호 동일', '을과 병의 상호 동일', '병과 갑의 상호 동일' 사이의 차이를 무시한다는 말을 할 수가 있기 때문이다. 그런데 갑·을 두 개만 있을 경우에는, '갑과 을의 상호 동일'과 '을과 갑의 상호 동일' 사이에는 무시한다고 말할 수 있는 차이가 없는 반면, '갑의 한 (가지) 모습'과 '을의 한 (가지) 모습' 사이에는 무시한다고 말할 수 있는 차이가 오히려 있기 때문이다.[12] 위에서 언급한 한 쌍의 문장으로 다시 돌아가 보자.

---

12 저자주: 중국어의 '一个' 자체에는 '동일하다'의 개념이 포함되어 있지 않다. 예를 들어, 2008 베이징 올림픽 슬로건인 'One World, One Dream'의 중국어 번역은 '同一个世界, 同一个梦想(동일한 세계, 동일한 꿈)'이다.

a. 他都买呢子的衣服。 그는 모두 모직 옷을 산다.
　　b. 他都买的呢子衣服。 그가 모두 산 것은 모직 옷이다.

　통일된 '우방향 관할규칙'은 이 두 문장의 의미 차이에 대해 간결하고 정확한 해석을 할 수 있다. a문장에서 '都'의 관할구역은 넓은 것도 있고 좁은 것도 있다. '他都干什么(그 사람 뭐해?)'라는 질문에 대답할 때는 문장의 초점이 '买呢子的衣服(모직 옷을 사다)'인데, 이는 '都'가 관할하는 넓은 구역이다. 그런데 '他都买什么(그 사람 다 뭐 사?)'라는 질문에 대답할 때는 초점이 '呢子衣服(모직 옷)'인데, 이는 '都'가 관할하는 좁은 구역이다.[13] a문장과 달리 b문장은 '他都干什么'에 대한 대답으로 사용할 수가 없다. 그 이유는 '买的呢子衣服(산 것은 모직 옷)'라는 형식(화제 '买的'+평언 '呢子衣服')이 그가 한 일은 물건을 산 일이라는 것을 전제로 하고 있어서 '呢子衣服'에만 초점이 있기 때문이다. b문장은 그가 산 물건에만 초점이 있기 때문에 산 것은 모직 옷뿐이라고 이해하기가 쉽지만, a문장은 그가 한 일에도 초점이 있을 수 있으므로 산 것은 모직 옷뿐이라고 이해하기가 쉽지 않다. '呢子衣服'의 '배타성' 유무를 가지고 두 문장의 의미 차이를 구분하는 것은 정확하지 않다. b문장은 다른 것을 산 경우를 절대적으로 배제하지는 않고, 산 것이 단지 모직 옷일 '가능성이 매우 높다(很可能)'는 것을 나타낸다. 이를 증명할 수 있는 예가 있다.

---

13　저자주: 또 이보다 더 좁은 구역이 있는데, 그것은 '他都买什么样的衣服(그가 모두 어떤 옷을 사?)'라는 질문에 대답할 때이다. 이때 문장의 초점은 '呢子的(모직의 것)'이다.

他都买的呢子衣服, 除了一件纯棉的。

그가 모두 산 것은 모직 옷이다. 순면으로 된 것 한 벌을 제외하면.

'买的只是(呢子衣服)(산 것은 단지 (모직 옷)뿐이다)'라는 배타적 의미는 대화협력의 원리 가운데 '양의 격률'(Grice 1975))에 의해 도출된 대화 함축(conversational implicature, 会话隐涵义)이다. 이는 화용적 특성으로 문맥이나 앞뒤 문장에 의해 제거가 가능(defeasible)한데, 뒷 절 '除了一件纯棉的(순면으로 된 것 한 벌을 제외하면)'가 바로 이 대화 함축을 직접 제거한 문맥이다.[14] 통일된 '우방향 관할규칙'은 또한 다음 한 쌍의 문장의 의미 차이도 정확하고 자연스럽게 설명할 수 있다.

a. 他连房子都买了。 그는 집까지 다 샀다.
b. 他都买了房子了。 그는 집을 다 샀다.

장징중·판하이화(蔣静忠·潘海华 2013)는 a, b 두 문장에 대해 각각 좌방향 양화규칙과 우방향 양화규칙을 사용하여 해석하였다. 이렇게 다른 양화규칙을 사용한 이유는 a문장은 배타성이 없어서 자동차나 컴퓨터 등도 샀다는 것을 유추할 수 있지만, b문장은 배타성이 있어서 그것들을 유추할 수 없기 때문이다. 이는 뒤에 절을 보충하는 방식을 통해 증명이 가능하다.

---

14 저자주: '양의 격률(Maxim of Quantity)'은 '협력의 원리에서 출발하여 대화는 많지도 적지도 않은 적정량의 정보를 제공해야 한다'는 것을 의미한다. 제공된 정보는 충분해야 하므로 '라오왕은 아이가 셋 있다'라는 말을 들으면 '라오왕은 아이가 셋뿐이다'라는 함축 의미를 도출할 수 있다. 하지만 이 함축 의미는 '라오왕은 아이가 셋 있지만, 사실은 셋뿐만이 아니다'에서 보듯이 문맥을 통해 제거가 가능하다.

a. 他连房子都买了, 就别说电脑了。
그는 집까지 다 샀으니, 컴퓨터는 말할 필요도 없지.

b. 他都买了房子了, 真没想到。
그가 집을 다 샀다니, 정말 생각지도 못했다.

사실 두 문장의 의미 차이는 배타성 유무에 있지 않아서 두 문장의 뒤 부분에 보충한 절을 서로 바꾸어도 문장은 여전히 성립한다.

a. 他连房子都买了, 真没想到。
그가 집까지 다 샀다니, 정말 생각지도 못했다.

b. 他都买了房子了, 就别说电脑了。
그가 집을 다 샀는데, 컴퓨터는 말할 것도 없지.

이 두 문장의 의미 차이는 사실 아주 간단하다. 두 문장은 본래의 화제-초점 구조가 다른데, a문장의 '房子(집)'는 초점이자 화제(부화제副話題)인 반면, b문장의 '房子'는 초점일 뿐 화제는 아니다. 통일된 '우방향 관할규칙'에 따르면, a문장 '都'의 관할구역은 오른쪽의 '(他)买了((그는) 샀다)', '房子买了, 车子买了, 电脑买了(집 샀고, 차 샀고, 컴퓨터 샀다)'에서 '买了(샀다)'를 자세히 따져보면 다 다른 '买了'(적어도 지출한 돈이 다르다)지만, '都'의 수식은 이러한 차이를 무시하고 '买了'로 총괄했다. 문장의 의미는, '모든 x에 대해 x가 집합 '他买了'의 일원이면, x는 한 대조 후보항의 집합 속에서 심지어 '房子'일 수도 있다'이다. 집은 '그가 샀다'라는 십합 속에서 가능성이 가장 적은 것이다. 왜냐하면 집을 샀다면 차와 컴퓨터도 모두 샀을 가능성이 매우 크기 때문이다. b문장은 사실 넓은 영역과 좁은 영역의 두 가지 해석이 있는데, '都'가 수식하는 넓은 영역은 '买了房子了(집을 샀다)'이고 좁은 영역은 '房子'뿐이다. 현재 논의하고 있는 것은 좁은 영역이기 때문에 문장의 의미는, '모든 x에 대해 만약 x가 대조 후보항의 집합 속에서 심지어 '房子'의 일원이라면, 그는 x를 샀다'가 된다. b문장과 a문장이 배타성의 정도(단지 정도에 불과)에서 차이가 있다고 하면, 그 역시 문장 본래의 화제-초점 구조에서 초래된 것이다. b문장은 '房子'가 화제일 가능성을 배제하였기에 '房子'는 단지 관심의 초점일 뿐이므로 산 것은 집뿐인 것으로 이해하기가 쉽다.[15]

다음 절에서는 '都'의 양화 방향이 미궁으로 빠지는 이유를 분석하고자 한다.

## 제4절 중국어의 논리

양화 방향에 따라 좌방향의 '都'와 우방향의 '都'로 구분하는 것은 불필요하며 오히려 모순과 중복, 불확실성을 초래하여 '都'의 양화 미궁에 빠지게 된다. 그 이유는 역시 인도유럽어 안목의 지배를 받아 중국어 '都'를

---

15 저자주: 선쟈쉬안(沈家煊 2015b)는 또 통일된 '우방향 관할규칙'을 사용해서 아래 그룹의 의미 차이에 대해 간결하면서도 정확한 해석을 하였다.
   a. 什么他都喜欢吃。뭐든지 그는 다 잘 먹는다.
   b. 他都喜欢吃什么? 그는 다 무엇을 잘 먹나요?
   a. 这话说都说了, 要收回也晚了。이 말은 말하기도 다 말했으니, 주워 담기에는 이미 늦었다.
   b. 连这话都说了, 还有什么话说不出口! 이 말까지 다 했는데, 또 무슨 못할 말이 있어?

영어의 all과 억지로 비교하기 때문이다.

첫째, 영어의 all은 형용사 또는 대명사인데, 형용사는 명사를 한정하고 대명사는 명사를 대체한다. all은 I am all for adopting the new technique(나는 새로운 기술을 채택하는 것에 전적으로 동의한다)와 같이 강조 어기를 나타낼 때만 부사로 사용된다. 따라서 all이 포괄하는 것은 명사가 나타내는 사물이다. 많은 사람들은 '都' 역시 명사가 나타내는 사물을 총괄하는 것이라고 보아 무의식적으로 왼쪽의 명사성 단어를 찾아 총괄대상으로 삼으며, 또 찾지 못해도 명사성 화제를 보충할 방법을 강구한다. 그런데 사실은 오른쪽의 술어야말로 '都'의 자연스러운 총괄 양화 영역이다. 서술어가 일반적으로 동작이나 성질 또는 상태를 나타내지만, 이것은 '명사는 명사, 동사는 동사'라고 하는 명사와 동사의 극명한 이분법적 고정관념에 지나치게 얽매인 것이다.

자오위안런(赵元任, Chao 1955, 1959b)은 중국어에는 영어의 all에 대응하는 형용사가 없을 뿐만 아니라 some에 상당하는 형용사도 없다고 지적하였다. 그에 따르면, Some men tell truth는 중국어로 번역하면 '有(的)人说真话(사람이 있는데(어떤 사람은) 진실을 말한다)'라고 표현하며, '有的人(있는 사람(어떤 사람))'은 men that there are의 의미이다. 중국어에서 사물에 대한 전칭양화와 부분양화는 '부사+동사'와 동사 '有'에 대한 긍정을 통해 실현되며, 명사 자체는 이러한 양화를 받지 않는다. 중국어에는 아직 영어 no에 해당하는 형용사가 없어서 No one comes는 중국어로 하면 '没有人来(오는 사람이 없다)'가 된다. 이 역시 부사 '没'가 동사 '有'를 부정하는 방식을 통해 명사를 부정하므로 명사 자체는 부정되지 않는다. 2권 제4장에서 중국어의 실사는 모두 명사로 일 또는 물건을 가리키며, 중국인의 마음속에는 태어나면서부터 사물이 존재하므로 '존재 여부'의 문제가 없기 때문에 중국어의 명사 자체는 부정되지 않는다는 것을 진일보 설명할 것이다. 또 중국어의 명사 그 자체는 전칭양화와 부분양화의 수식을 받지 않는데, 이는 중국어의 명사가 모두 물질명사(mass noun)[16]로 가산, 불가산의 구분이 없으므로 수량사를 추가해야 비로소 개체성이 표현되기 때문이다(戴浩一 2002). 중국인의 마음속에서 사물의 존재는 자연적으로 물질적 존재이다.

요컨대 중국어는 '사물(物)'과 관련된 '사건(事)'을 부정하고 양화하는 방법을 통해 사물을 부정하기 때문에 '사건'도 일종의 '동태적인 사물'이다.

둘째, 영어의 all은 관할 방향의 중의성을 가지고 있는데, 특히 부정사 또는 다른 양화성분과 같이 출현할 때 그러하다. 전형적인 예는 다음과 같다.

> All that glitters is not gold.
> 发亮的不都是金子。/ 发亮的都不是金子。
> 반짝이는 것이 모두 금은 아니다 / 반짝이는 것은 모두 금이 아니다.

자오위안런(赵元任, Chao 1955, 1959b)에 따르면, 논리학 교재는 많은 지면을 할애하여 서양 언어에서 all을 포함한 중의문의 의미 표현방식을 토

---

16 저자주: 영어 mass noun은 중국어로 번역하기가 어려운데, 그 이유는 '가산명사'에 대립하는 초기 개념이 중국어에 없기 때문이다. mass noun을 '물질명사'로 번역하는 것이 오히려 '사물이 자연적으로 존재한다'는 우리의 개념에 부합한다. 『현대한어사전』에 수록된 '物质(물질)'에 대한 정의는 "인간의 의식 밖에 독립적으로 존재하는 객관적 실재"인데, 참조할 수 있겠다. 선진시기 중국어는 '一帛、二玉(비단 하나, 옥 둘)'라고 말했고, 또 '一牛、二马(소 하나, 말 둘)'라고도 말했는데, 여기서 '牛(소)'와 '马(말)'는 '帛(비단)'와 '玉(옥)와 같이 물질명사이므로 양사가 발전되어 '一头牛、一匹马(소 한 마리, 말 한 필)'라 말했다.

론하면서 all이 not의 왼쪽에 있는지 아니면 오른쪽에 있는지를 구분한다. 하지만 all이 중국어에서 이는 모두 부사어로 표현되는데, 현대중국어에서는 '都'나 '全'을 사용하고 고대중국어에서는 '皆'를 사용한다. 수식어는 항상 피수식어보다 앞에 있기 때문에 자오위안런은 '不都(모두가 ~은 아니다)'와 '都不(모두 ~가 아니다)'의 논리적 함의를 구분하는 것이 매우 쉬운 일이라고 하였다. 이 또한 중국어 '都'의 의미 한정영역이 그것의 통사 관할영역과 꼭 일치한다는 것을 말하고 있으니(별도로 王还 1983, 1988, 沈家煊 1985를 참조), 애당초 영어 all을 모방하여 '都'의 논리적, 의미적 양화 방향을 구분할 필요가 없었던 것이다.

미궁으로 빠지는 또 다른 원인은 '화제는 화제, 주어는 주어'라는 극명한 이분법적 고정관념에 사로잡히기 때문이다. 이러한 고정관념에 따르면, 논항구조가 통사구조의 기본구조이므로 주어는 반드시 술어동사의 논항이어야 하며, 술어 동사와 직접적인 논리적 의미관계를 가져야 하는데, 그렇지 않으면 단지 화제일 뿐이다. 사실 중국어의 주어는 곧 화제여서 주어와 술어 동사의 연결이 원래 느슨하고, 반드시 직접적인 논리적 의미 관계가 있는 것도 아니다. 그래서 심지어 주어가 없는 문장도 중국어에서는 정상적인 문장이다(제4장 3.3절). 예를 들어, '每个人都来了(모든 사람이 다 왔다)에서는 '都'자를 뺄 수가 없지만, 영어 Every man has come에는 반대로 'all'을 붙일 수가 없다. 따라서 혹자는 중국어의 '都'는 '분배'(Lin 1998)를 나타낸다고 보았다. 하지만 '분배'와 '총괄'은 상반되는 두 가지 개념인데 어떻게 조율이 가능하겠는가?

영어로 Many people have all come라고 말할 수는 없다. 왜냐하면 전칭의 all과 주어에 있는 many가 논리적으로 일치하지 않기 때문이다. 그런데 중국어는 오히려 '很多人都来了(많은 사람들이 모두 왔다)'라고 말할 수가 있다. 혹자는 '都'가 총괄하는 대상이 반드시 다수여야 한다고 주장하지만, 사실은 소수인 경우도 있다.

> 经调查(居然)有10%的年轻恋人都不想生孩子。
> 조사를 해보니 (뜻밖에도) 10%의 젊은 연인은 모두 아이를 낳지 않으려 하는 것으로 나타났다.

사실 '都'자문은 다른 중국어 문장과 마찬가지로 주어-술어의 연결이 매우 느슨해서 주어(화제)가 합친 것(合说)(예: 大伙儿)이든 나눈 것이든(分说)(예: 每个人)이든, 또 전체(예: 所有的人)든 부분(예: 很多人)이든, '都'는 모두 우방향 관할, 우방향 양화로 총괄을 나타낸다.[17] 뤼수샹(吕叔湘) 주편 『현대한어팔백사(现代汉语八百词)』(1981)에서 '都'의 의미를 '总括(총괄하다)'로 개괄한 것은 아주 적절한 처리이다. 그런데 '总括'는 화자가 즉석으로 하는 총괄이어서 주관성을 띠므로(张谊生 2005), 여기서는 단지 논의의 편의상 '전칭 양화'라는 명칭을 그대로 사용하기로 한다.[18]

'중국어의 논리'를 탐구하는 것은 곧 기본적인 논리 개념들이 중국어에서 어떻게 표현되는지, 특히 문법형식으로 어떻게 표현되는지를 탐구

---

17 저자주: 슝중루(熊仲儒 2008)는 '都'가 우방향 양화를 할 때 양화역과 관할역이 일치함을 깨달았는데, 그의 표현은 "제약은 사실상 양화"이다. 하지만 그는 '都'의 좌방향 양화를 유보하고 심층논리형식에서 '都'의 이동을 통해 설명하였는데, 이러한 처리는 여전히 매우 복잡하다.

18 저자주: 형식의미론은 객관주의 의미론을 기반으로 하며, '전칭'과 '부분' 양화 모두 객관적이다.

하는 것이다. 자오위안런(趙元任 Chao 1955, 1959b)은 '중국어의 논리 작동은 반드시 중국어 자체가 허용하는 작동 범위의 제약을 받는다'고 하였다. 왜냐하면 중국어의 논리는 중국어에 부합하기 때문이다. 이 견해는 장둥순(张东荪 1938)이 이미 피력한 바 있다.

> ……서양의 논리학은 서양 언어에서 to be를 포함한 동사와 큰 관련이 있다고 나는 생각한다. to be에는 스스로 존재한다는 뜻이 있기 때문에 서양의 논리학에는 근본적으로 '동일률(law of indentity)'이 만들었는데, 동일률은 서양 논리학의 유일한 기초이다. 이른바 모순율(矛盾律)과 배중률(排中律)은 동일률의 부속 규율일 뿐이며, 분류와 정의, 삼단논법 등 모두 동일률에 기초하고 있다. 중국어는 주어가 필요 없고, 영어 it에 상당하는 글자도, to be에 상당하는 글자도 없으며, '是'에는 존재하다의 의미가 없다. 고대중국어 '为(~(이)으로 되다)'에 '成(~(이)으로 되다)'의 의미가 있다는 점이 영어 to become과 다소 유사하지만, becoming은 being과는 정반대다. 그래서 중국의 논리학 체계는 동일률 위에 건립된 것이 아니다.

자오위안런의 두 연구는 'there be'에서부터 'all', 'not', 'and', 'or' 등을 포함한 다른 논리 개념으로 확장하여 중국어 논리가 작동하는 방식을 찾고자 하였으며 실제로 그것을 찾아내었다.

요컨대, 전칭양화라는 논리적 의미를 '하나의 선형적 순서에 투사'하였을 때, 중국어가 선택힌 깃은 부사 '都'의 통일된 '우방향 관할규칙'이라는 일종의 매우 간단한 방안이다. 이때 오른쪽에 관할되는 것은 사물을 나타내는 명사든 사건을 나타내는 동사든 상관이 없다. 이것은 영어 등 인도유럽어와는 다른 중국어의 '설계 특징(design feature)'이다. 그런데도 왜 가까이 있는 것을 버리고 멀리 있는 것을 구하려고 '都'의 양화규칙을 그렇게 복잡하게 만들었는가? 복잡하고 이론적인 일관성도 없으니 '명동분립'의 고정 관념은 책임을 면하기가 어렵다.

2권 제4장 6절과 결론 제3절에서는 중국어와 인도유럽어의 논리 차이, 그리고 이러한 차이점에 대한 철학적 배경을 다시 한 번 논할 것이다.

제3장

중국어, 통가어,
라틴어

## 제1절 언어 간 품사 비교의 공통 기반

　언어학자들은 대부분 모든 언어가 명사와 동사의 구분이 있다는 관점을 받아들이지만, 일부 언어는 명사와 동사의 구분이 없다고 생각하는 사람들이 여전히 많다. 자주 언급하는 언어로는 북미 북서부의 살리시어(Salishan), 와카시어(Wakashan), 치마쿰어(Chimakum), 북미 동부 광대한 지역의 이로쿼이어(Iroquoian. 예: 누트카어(Nootkan) 등), 중태평양 제도의 폴리네시아어(Polynesian. 예: 통가어(Tongan) 등), 남태평양 제도의 오스트로네시아어(Austronesian. 예: 피지어(Fijian), 타갈로그어(Tagalog) 등) 등이며, 명사와 동사의 구분 유무에 관한 논쟁은 100년 이상 쉬지 않고 지속되었다.(Vonen 1997:1819, 131144 참조) 구분이 없다는 관점은 원래 일부 언어의 참고 문법책에서만 볼 수 있을 뿐, 대부분 문법 이론적인 배경이 없다. 그러나 최근에는 일부 언어유형론자들도 몇몇 언어에는 명사와 동사의 구분이 없다고 주장하기 시작했으며, 심지어 명사와 동사의 분합(분리와 통합)은 언어 유형을 구분하는 중요한 매개 변수(Rijkhoff & Lier 2013)라고 보았다. 그리하여 언어유형론 내부에 두 가지 다른 관점이 나타나는데, 하나는 명사와 동사 구분의 보편성을 인정하는 것이고, 다른 하나는 이를 인정하지 않는 것이다. 이 두 가지 관점의 대립과 절충은 보겔 & 콤리(Vogel & Comrie 2000)가 공동 편찬한 논집과 *Theorectical Linguistics*(이론언어학) 2009년 35권 1호(전문지)에 집약되어 있다.

명사와 동사의 분합에 대해 언어 간의 고찰을 하기 위해서는 비교의 기초로 삼을 공통의 기준이 있어야 한다. 지금 보기에 비교적 합리적이고 효과적인 기준은 지칭어 위치와 술어 위치에서 단어의 분포 상황을 보는 것이다. 이 기준을 사용하지 않으면 언어 간 품사 비교를 전혀 할 수가 없는데, 그 이유는 언어 A와 B가 각각 자신의 분포 기준에 따라 분류한 일군의 단어가 같은 부류인지 여부 또는 대등한지 여부를 판단할 수가 없기 때문이다. 따라서 어떤 언어는 명사와 동사의 구분이 없다는 것에 반대하든 찬성하든 상관없이 모두가 다 인정하는 것은 다음 몇 가지이다. 명사는 일반적으로 지칭어가 되고 동사는 일반적으로 서술어가 되며, 지칭과 서술 두 가지 개념은 명사와 동사의 언어 간 비교를 위한 기초이다. 그런데 지칭과 서술은 각각 통사 성분인 주어·목적어, 술어와 명백한 대응관계를 가지는데, 주어·목적어는 지칭어이고 술어는 서술어이다.(1권 제4장 제1절 참조)

헹거벨트(Hengeveld 1992, 2013)는 언어 간 비교의 기초로 품사와 기능 슬롯의 조합표를 제시하였다. 첫 번째 단계에서는 지칭과 서술로 핵심성분인 명사와 동사를 구분하고, 두 번째 단계에서는 부가된 수식어를 형용사와 부사(방식부사에 한함)로 나누었다.

|  | 지칭 | 서술 |
| --- | --- | --- |
| 핵심성분 | 명사 | 동사 |
| 부가된 수식어 | 형용사 | 부사 |

이 사분표는 단지 비교의 출발점에 불과한데, 헹거벨트는 영어처럼 명사·동사·형용사·부사 의 네 가지 분류 패턴을 보이는 언어는 소수에 불과하다고 보았다.[01] 비교 작업을 할 때 지켜야 할 또 하나의 원칙은 비교하는 언어 모두 코퍼스 안의 단어를 대상으로 삼아야 한다는 것이다. 다시 말해, 어구 속에 나타난 단어의 형식을 비교해서는 안 된다.

헹거벨트(Hengeveld 1992)는 통가어를 명사와 동사가 하나로 합쳐진 언어로 분류하였지만, 크로프트(Croft 2000)는 이를 인정하지 않고 헹거벨트(Hengeveld 1992)에서 인용한 예에 문제가 있다고 비판하였다. 그가 말하는 문제는 단어의 의미에 중요한 차이가 있는 두 단어를 하나의 단어로 착각했다는 것인데, 예를 들면 다음과 같다.

(1) na'e      si'i'ae      akó
    PAST    작다 ABS    학교.DEF[02]
    那所学校很小。
    그 학교는 아주 작다.

---

01  저자주: 2권 제1장 5절에서는 중국어의 품사체계와 이 사분구도의 차이를 설명하고 있다.
02  저자주: 축약형식 ABS=절대격, ALL=향격, ART=관사, CL=양사, DEF=한정, FUT=미래시제, LOC= 처소, PAST=과거시제, PL=복수, POSS=소유격, PRES=현재시제, PRST=존현조사, SG=단수, SPEC= 특지, TOP=화제표지

(2) 'i 'ene　　　　　si'i
~에3SG.POSS　　어린 시절.DEF
在他/她的童年
그/그녀의 어린 시절에

(3) na'e　　ako　　'ae　　tamasi'i　　si'i　　iate　　au
　　PAST　공부하다　ABS　　아이　　작다　　LOC　1SG
那个小孩子在我那里学习。
그 아이는 내가 있는 그곳에서 공부한다.

헹거벨트는 같은 통가어의 단어 si'i가 (1)과 (3)에서는 형용사 '작다'이고, (2)에서는 명사 '어린 시절'이며, 같은 단어 ako가 (1)에서는 명사 '학교'이고 (3)에서는 동사 '공부하다'라고 하였다. 크로프트는 '작다'와 '어린 시절'의 의미 차이도 크고, '학교'와 '학습하다'의 의미 차이도 매우 크다며 이들을 각각 두 개의 단어로 보아야 한다고 반박하였다. 그는 같은 부류의 다음 영어 예를 들어 비교하였다.

(4) a. The school was small. [=(1)]
　　　그 학교는 작았다.

　　b. We schooled him in proper manners. [ ≠(3)]
　　　우리는 그를 예의바르게 훈련했다.

(5) a. The little child studied at my house. [=(3)]
　　　그 아이는 우리 집에서 공부했다.

　　b. I retired to my study. [ ≠(1)]

나는 내 서재로 물러났다.

(6) a. The school was small. [=(1)]
그 학교는 작았다.

b. the small child [=(3)]
그 어린아이

c. There are a lot of smalls at the fair. [≠(2)]
박람회에는 작은 골동품들이 많이 있다.

영어 단어 school이 술어일 때 의미는 '학습하다'가 아니라 '훈련하다'이고, study가 주어·목적어일 때 의미는 '학교'가 아니라 '서재'이며, small이 주어·목적어일 때 의미는 '어린 시절'이 아니라 '작은 골동품'이다. 크로프트에 따르면, 각 언어 특유의 의미 차이는 통가어도 영어와 마찬가지로 다의어나 동음어를 가지고 있다는 것을 나타내며, 품사가 다른 두 단어가 동형동음인 것은 우연일 뿐이다.

두 단어로 보아야 할 것을 한 단어로 보아서는 안 되기 때문에 크로프트의 이 비판은 설득력이 있다. 그러나 비판을 하는 자와 받는 자 모두 통가어의 실제 상황에 대해 진정한 이해가 부족하다.

## 제2절 통가어의 명사와 동사 불구분 상황

통가어는 명사와 동사가 기본적으로 나누어지지 않는다는 것을 논증한 가장 중요한 연구는 브로샤트(Broschart 1997)로, *Linguistic Typology*(언어

유형론) 창간호에 발표되었다. 브로샤트 & 다우다(Broschart & Dawuda 2004)는 다른 언어와의 비교를 추가하여 내용을 더욱 충실하게 하였다. 브로샤트는 통가어에 대해 5개월에 걸친 현장조사를 실시하였으며, 그가 제공한 자료와 통가어에 대한 이해는 비교적 객관적이고 설명도 수용하기 쉽게 되어 있다. 그래서 논문이 발표된 후 폭넓은 관심을 끌었고, 품사유형 연구에 종사하는 사람들에 의해 자주 인용되었다. 아래에서 소개와 인용을 할 때는 중국어의 상황에 비추어 몇 가지 평을 할 것인데, 첫째는 통가어의 이해를 돕기 위함이고, 둘째는 마지막으로 통가어와 중국어의 유형에 대한 비교를 하기 위해서이다. 브로샤트가 지적한 중요한 사실은, 통가어의 대부분의 단어는 코퍼스에서 지칭성인지 서술성인지 분간할 수 없으나, 어구에 관사를 붙이면 모두 지칭어가 될 수 있고 시제표지를 붙이면 모두 서술어가 될 수 있다는 것이다. 예를 들어보자.

(1) e    tangatá
  ART.SPEC  사람.DEF
  那个人
  그 사람

  e    'alú
  ART.SPEC  가다
  那个去
  그 가는 것

(2) na'e  kata (e   tangatá)
  PAST  웃다 ART.SPEC 사람. DEF

(那个人)笑了。

(그 사람이) 웃었다.

'e  'uha

FUT  비

要下雨。

비가 내리려 한다.

코퍼스에 있는 tangatá(사람)와 alú(가다)라는 두 단어에 관사 e(특정관사, 그리고 비특정 관사 ha도 있음)를 붙이면 모두 지칭어가 되고, kata(웃다)와 'uha(비)라는 두 단어에 시제표지(na'e는 과거시제표지, e는 미래시제표지)를 붙이면 모두 술어가 된다. 주목할 점은, 통가어 코퍼스의 단어원형(光杆词)은 관사나 시제표지를 추가하지 않으면 지칭어나 서술어가 될 수 없으므로 관사와 시제표지가 강제적이라는 것이다.

(3) na'e alú (')a Sione ki kolo
  PAST 가다 ABS 시오네 ALL 시내

肖纳去城里了。

시오네는 시내에 갔다.

(4) ko e 'alú 'a Sione ki kolo
  PRST ART 가다 GEN.ALL 시오네 ALL 시내

肖纳现正去城里呢。

시오네는 지금 시내로 가고 있다.

(3)은 alú(가다)에 과거시제표지 na'e를 붙여 술어로 만든 것이지만, (4)에서는 'alú에 또 관사 e를 추가하여 지칭어로 만들어 '가다'라는 동작을 지칭한다. 앞에 있는 ko는 존재·출현을 나타내는 단어로 의미는 '있다'와 같고, 'a는 소유격표지로 의미는 '~의'와 같다. 문장의 문자적인 해석은 '지금 시오네의 시내로 가는 것이 있다'이다. 저자가 특히 우리에게 상기시키는 사실은 다음과 같다. (4) 안의 'alú(가다)는 앞에 e를 붙였지만 명사로 변환되지는 않았다. 통가어에는 동사의 명사화라는 것이 없는데, 그 이유는 이른바 동사는 앞에 e를 추가하면 거의 모두가 지칭어가 되기 때문이다. 이때 저자가 따르는 원칙이 바로 '간결성 원칙'이다. 동일한 조건하에서 같은 종류의 단어가 모두 똑같이 사용될 수 있는 것은 품사전환으로 간주하지 않는다(呂叔湘 1979: 46) 주의할 점은, 'alú에 관형어를 붙여서 지칭어를 만들든 '가다'라는 동작을 지칭하든 의미는 뚜렷한 차이가 없다는 것이 통가어에서 일반적인 상황이며 위에서 크로프트가 비판한 상황에는 속하지 않는다는 것이다.

중국어를 가지고 비유하자면, 민난어(閩南话) (푸저우(福州))로 '头先无遏雨, 只瞒有遏雨(방금 비가 오지 않았는데, 지금은 비가 온다)', '有易雨'의 '有'는 (4)의 앞부분에 있는 ko와 같다. 민(閩) 방언 등 남방 방언 속 '有'의 이러한 용법은 위로 고대중국어를 계승하였으며, 현재 북방으로 확산되고 있다. 표준어로 '没有下雨(비가 내리지 않았다)'와 '有没有下雨(비가 내렸어?)'라고는 원래 말할 수 있었으니, 추가로 '有下雨(비가 내렸다)'라는 표현을 받아들이는 것은 매우 자연스러운 일이다(1권 제6장 3.1절). 중국어의 동사는 명사와 같이 주어·목적어(지칭어)가 될 수 있기 때문에, '现在有下雨, 老张没有去(지금 비가 와서 라오장은 가지 않는다)'는 '现在有大雨, 老张没有车(지금 비가 많이 오는데, 라오장은 차가 없다)'와 같은 것으로 볼 수 있다. 이때 '下雨(비가 오다)'와 '去(가다)', '大雨(큰 비)'와 '车(차)'는 모두 동사 '有'의 목적어이며, '下雨'와 '去'에 '동사의 명사화' 같은 것은 발생하지 않았다. 중국어와 통가어가 다른 점은, 통가어의 동작을 나타내는 단어는 모두 관사를 붙여 지칭어가 될 수 있으며, 이때 관사표지가 필수적인 반면, 중국어의 동사가 지칭어가 될 때는 아무런 표지도 붙일 필요가 없다는 차이뿐이다.

통가어에서 일반적으로 명사성의 구는 시제표지를 붙여 술어가 될 수 있다고 본다. 예를 들면 다음과 같다.

(5) 'oku   fu'u   fo'i  'ulu  lanu  pulu:  'a   e   kakaá
    PRES CL. 크다  CL. 둥글다 머리  색깔   푸르다  ABS  ART 앵무새.DEF
    这只鹦鹉又圆又大的蓝脑袋。
    이 앵무새는 둥글고 큰 파란 머리를 가지고 있다.

브로샤트는 특히 앞부분의 현재시제표지인 'oku는 일반적으로 지칭성 구로 여기는 fu'u fo'i 'ulu lanu pulu:(둥글고 큰 파란 머리)를 '둥글고 큰 파란 머리를 갖고 있다'라는 서술어로 전환한 것이 아니라고 지적했다. 'oku는 단지 "'둥글고 큰 푸른 머리'와 현재 장면의 어느 지칭 대상인 '이 앵무새'와 시간적으로 연결시킬" 뿐이라는 것이다. 이에 대응하는 중국어 번역문장을 통해 (5)는 중국어의 명사성 성분이 술어가 되는 판단문과 같음을 알 수 있다. 자주 인용되는 예는 '小王黄头发(샤오황은 노랑머리이다)'와 '老王上海人(라오왕은 상하이사람이다)'이다. '又圆又大的蓝脑袋(둥글고 큰 파란 머리)'와 '黄头发(노랑머리)', '上海人(상하이사람)'은 술어가 되지만 "그것 자체는 여전히 명사성 성분이다".(제6장 제1절) 통가어와 중국어가 다른 점은, 통가어는 반드시 하나의 시제표지가 있어 연결 작용을 해야 하지만, 중국어는 그러한 표지가 불필요하다는 것뿐이다.

  (6) na'e Mekipefi 'a Sione
    PAST  맥베스 GEN 시오네
  (那天)肯纳的麦克白斯。
  (그날은) 시오네의 맥베스였다.

이 문장의 의미는 '그날은 시오네가 맥베스 역을 맡는다'이며, 'a는 '的'에 준하는 소유격 표지이다. 중국어 '昨晚马连良的诸葛亮(어젯밤은 마롄량의 제갈량이었다)'에 비추어 볼 때, 지칭성 구인 Mekipefi 'a Sione(시오네의 맥베스)는 과거시제표지인 na'e를 붙였지만, 그 자체는 여전히 지칭성 명사구이다.

  (7) na'e kau  faiakó  (')a e  Siasí
    PAST PL.HUM 선생님.DEF ABS ART 교회.DEF
  教堂曾有那些个教师。
  교회에는 그 선생님들이 있었다.

이 문장의 의미는 중국어 번역문에 오도되지 말아야 한다. 왜냐하면 과거시제표지 na'e는 지칭성 구 kau faiakó(그 선생님들)를 진술의 의미 '그 선생님들이 있다' 또는 '이 선생님들을 제공하다'로 바꾸는 것이 아니라, 단지 '그 선생님들'과 과거 장면 중의 어느 지칭 대상인 '교회'를 시간적으로 연결시킬 뿐이기 때문이다. 이로써 (7)은 사실상 중국어의 존재문 '树上三只喜鹊(나무 위에 까치 세 마리가 있다)' 또는 '屋里这么多客人(방안에 이렇게 많은 손님이 있다)'와 같다. 두 언어의 차이점은, 통가어는 연결 역할을 하는 시제표지가 반드시 있어야 하지만 중국어는 시제표지가 불필요하다는 것이다. 이 문장의 (')a가 절대격표지를 나타내지만, 그 역시 소유격표지 'a의 변체이기 때문에 문장이 실제로는 '교회의 그 교사들'을 지칭하는 명사성 구에 과거시제표지를 붙인 것으로 구성되어 있다.

주목할 만한 것은, 브로샤트는 또 위의 (3)na'e 'alú(')a Sione ki kolo(시에나는 시내로 갔다)도 '시에나가 시내로 가다'를 지칭하는 명사성 구에 과거시제표지를 붙여서 구성된 것으로 볼 수 있는 것은 (')a가 소유격표지 'a의 변체이기 때문이라고 지적하였다는 것이다. 이는 곧 통가어의 서술형 구는 사실 모두 지칭성 구로 분석할 수 있음을 말한다. 서술어를 지칭어로 분석할 수 있다는 것이 특이한 것은 아니다. 중국어로 '进城了就好办了(시내에 가면 처리하기 쉽다)'라고 말할 때, '进城了(시내에 갔다)'와 같은 서술성 어구는 단독으로 문장을 구성할 수도 있고, 지칭성 성분으로 주어(항상 뒤에 '的话(~라면)'를 붙일 수 있음)가 될 수도 있다. 그리고 단독으로 문장을 구성할 때는 지칭성 주어와 마찬가지로 뒤에 啊, 吧, 嘛, 呢를 붙일 수 있다.(제3장 제4절)

요컨대, 브로샤트는 위의 예를 사용하여 다음과 같이 설명하였다. 첫째, 통가어 코퍼스 내의 단어원형이 동작을 나타낼 때는 모두 관사를 붙일 수 있고, 사물을 나타낼 때는 모두 시제표지를 붙일 수 있다. 그러나 통가어에는 인도유럽어처럼 명사와 대립하는 동사 부류가 따로 없기 때문에 동사의 명사화란 것도 없다. 둘째, 통가어는 사물을 지칭하는 구가 시제표지를 수반하여 술어가 될 수 있는데, 이때도 그 자체는 여전히 지칭성을 가지고 있다. 셋째, 통가어는 동작을 나타내는 구가 시제표지를 수반할 경우에도 지칭성을 가지며, 형식적으로는(소유격표지) 지칭성 구로 분석할 수 있다. 뒤의 두 가지는 '통가어 명사(구)의 근본성(Tongan nominalism)'으로 귀결될 수 있다.

## 제3절 '타입·토큰'형 언어와 '명사·동사'형 언어

### 3.1 두 가지 유형의 품사체계

브로샤트(Broschart)는 한 발 더 나아가 통가어와 라틴어는 두 가지 서로 다른 언어 유형을 나타낸다고 주장하였다. 다시 말해, 통가어는 '타입(type, 型)·토큰(token, 例)'형 언어에 속하고, 라틴어(기타 인도유럽어도 포함)는 '명사·동사'형 언어에 속한다는 것이다. 여기서 그의 설명도 두 개를 가지고 설명하고자 하는데, 영어가 가장 전형적인 '명사·동사'형 언어는 아니지만 이해를 돕기 위해 예로 든 라틴어 단어는 영어로 바꾸어 놓았다.

먼저 '타입'과 '토큰'을 설명하고자 한다. 어휘목록에 보관된 단어원형은 추상적이고 개괄적인 단어로 예비성분인데, 이것이 타입이며 단어타입(word type, 词型)[03]이라고도 부른다. 단어가 어구에 사용되면 구체적인 지칭어, 서술어, 수식어 등으로 나타나는데, 이는 예비성분에서 사용성분(보

---

03 저자주: 코퍼스에 나타난 어휘목록 속 여러 가지 다른 단어로, 토큰의 동일성을 근거로 추상화된 단어의 유형을 가리킨다. 예를 들어, '쭤习(공부하다)'는 토큰으로서 주어, 술어, 관형어, 목적어의 위치에 올 수 있는데, 문법적 기능으로 보면 그것은 동사이다. 타입의 문법 기능은 토큰의 여러 문법 기능에 대한 개괄과 종합이다.

통은 더 이상 원형형식이 아님)으로 바뀌는데, 이것이 토큰이며 단어토큰(word token, 词例)이라고도 부른다.

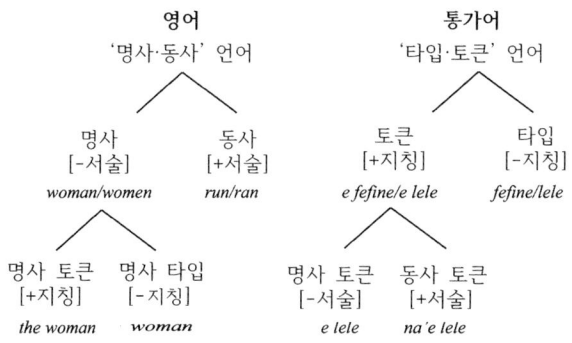

인도유럽어(라틴어, 영어)의 경우, 첫 번째 단계는 명사와 동사를 구분하는데, woman/women(라틴어는 성과 격의 변화가 있음)과 같이 명사는 명사의 형태변화를 가지고 있고, run/ran과 같이 동사는 동사의 형태변화를 가지고 있다. 동사는 술어가 될 수 있지만([+서술]), 명사는 술어가 될 수 없다([-서술]). 두 번째 단계에 가서야 비로소 타입과 토큰을 구분하는데, 명사 토큰 the woman은 지칭어가 될 수 있지만([+지칭]), 명사 타입 woman은 지칭어가 될 수 없다([-지칭]). 통가어의 경우, 첫 번째 단계는 타입과 토큰을 구분하는데, fefine(여자)과 lele(달리다)와 같은 타입은 지칭어가 될 수 없고([-지칭]), e fefine(관사+여자)와 e lele(관사+달리다) 같은 토큰이 되어야 비로소 지칭어가 될 수 있다([+지칭]). 두 번째 단계에 와서야 명사 토큰과 동사 토큰을 구분하는데, 동사 토큰 n'ae lele(과거시제+달리다)는 서술어가 될 수 있고([+서술]), 명사 토큰 e lele(관사+달리다)는 서술어가 될 수 없다([-서술]). 첫 번째 단계가 주요 단계이며 두 번째 단계는 부차적인 단계이기 때문에 인

도유럽어는 '명사·동사'형 언어, 통가어는 '타입·토큰'형 언어라고 한다. 지칭과 서술의 관점에서 볼 때, 인도유럽어의 단어는 주로 술어가 될 수 있는지 여부를 구별하고([±술어]), 통가어의 단어는 주로 지칭어가 될 수 있는지 여부를 구별한다([±지칭])는 것을 알 수 있다.

이 유형모델은 통가어를 포함한 모든 언어에 명동 구분이라는 보편성이 있다는 것을 완전히 부인하지는 않는다. 하지만 이 모델은 명동 구분의 지위가 각 언어유형마다 다름을 강조한다는 점에 주목해야 한다. 다시 말해, 명동 구분의 지위가 인도유럽어에서는 매우 중요한 제1위이나 통가어에서는 제2위로, 그 지위가 중요하지 않다. 통가어의 타입은 명사와 동사가 기본적으로 나누어지지 않은 것이 확실하다.

## 3.2 지칭이 서술을 포함하는 통가어

이어서 왜 명사·동사의 구분은 [±서술]에 근거하고, 타입·토큰의 구분은 [±지칭]에 근거하는지를 설명하고자 한다. 명사·동사의 구분이 [±서술]에 근거하는 것은, 동사는 술어가 되는 내재적 특징([+서술])을 가지고 있지만 명사는 이 특징이 없다는 보편적 원리를 기반으로 하고 있다. 그런데 왜 기반이 되는 원리가 '명사는 지칭어가 되는 내재적 특징을 가지고 있고([+지칭]), 동사는 이 특징이 없다'가 아닌가?

이는 명사와 동사의 기능 비대칭에 의해 결정된다. 동사가 지칭어로 사용되는 것은 일반적인 현상이지만, 명사가 술어로 사용되는 것은 특수한 현상이기 때문이다. 이러한 비대칭의 본질은 사물 개념과 동작 개념 사이의 비대칭이다. 즉, 사물 개념은 동작의 개념과 독립적으로 존재할 수 있지만, 동작 개념의 존재는 그 동작과 관련된 사물 개념에 의존한다.(자세한

내용은 1권 제5장 2절 참조)

　브로챠트는 명사와 동사의 비대칭은 야콥슨(Jakobson 1932)의 유표성 이론(markedness theory)으로 설명할 수 있다고 하였다. 술어가 될 수 있는지 여부에 있어서, 명사는 이를 규정하지 않는 미표지류(未标记类)지만 동사는 술어가 될 수 있음을 특별히 규정([+술어])한 유표지류(有标记类)이다. 이러한 비대칭 관계는 다음 그림으로 나타낼 수 있다.

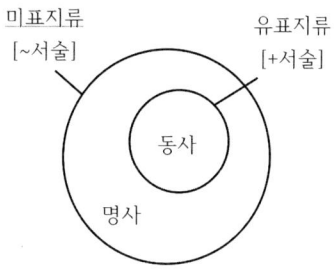

　[~서술] 표지는 서술성 유무를 규정하지는 않음을 나타내는 것으로, 서술성이 없음을 규정하는 것을 나타내는 [-서술] 표지와는 다르다는 점을 유의해야 한다. 이러한 관계는 영어 man과 woman의 관계와 같다. man은 미표항으로 음성적 특징이 있는지 여부를 규정하지 않고([~음성]), woman은 유표항으로 음성적 특징이 있다([+음성])고 특별히 규정하고 있다.(제3장 제3절 참조)

　다음으로 왜 '타입'과 '토큰'의 구분이 [±지칭]에 근거하는지 설명하고자 한다. 통가어의 단어원형(타입)에 명사 동사의 구분이 없다고 하는 것은, 통가어에는 술어가 되는 내재적 특징을 가진 단어원형이 한 부류도 없기 때문이다. 사물을 나타내든 동작을 나타내든 단어원형은 모두 관사표지(ART)를 붙여 지칭어를 만들거나 시제표지(TAM)를 붙여 술어를 만든다.[04] 통가어의 단어원형이 TAM__와 ART__라는 두 통사 슬롯에 모두 나타날 수 있다는 것은 TAM 구와 ART 구가 공통점을 가지고 있음을 말한다. 이 공통점은 바로 모두 지칭어(원형단어는 불가능)가 될 수 있고, 모두 지칭성을 가지고 있다([+지칭])는 것이다. 주지할 것은, 지칭 대상에는 사람과 사물 외에 동작과 사건도 있다는 것이다. 이것이 바로 브로샤트가 언급한 '술어논리'에서의 '지칭포화(referentially saturated, 指称饱和)'라는 개념이다. 술어논리에서 원형단어는 모두 [-지칭], 즉 '비지칭포화'의 술어라는 것이다.[05] 원형단어(타입)는 문장에 들어가 토큰으로 실현된 다음에야 비로소 '지칭포화'가 되는데, 이때 실현된 토큰은 지칭어든 서술어든 상관이 없다. 통가어의 경우, na'e 'uha(과거시제+비)라는 TAM 구는 술어지만 역시 '지칭포화된 것(指称饱和的)'이고, 또 사실상 지칭어로도 분석할 수도 있다(위 참조). 따라서 '타입'과 '토큰'의 구분은 [±지칭]에 근거한다는 점 역시 동사성의 서술어와 명사성의 지칭어가 비대칭 관계이기 때문이다. 서술어는 지칭(동작 자체를 전환지칭)에도 사용될 수 있지만, 지칭어는 일반적으로 서술에 사용될 수 없다.

'술어논리'는 타입에서 지칭과 서술의 차이를 홀시하고, 지칭포화의 '토큰'과 비지칭포화의 '타입' 간 차이를 중시하였다. 통가어의 상황이 이러한 술어논리와 정확히 일치하는데, '토큰'인 지칭어와 서술어는 모두 '지칭포화'인 것이다([+지칭]).

---

04    저자주: ART와 TAM은 각각 article과 tense-aspect-mood의 약자이다.
05    저자주: 지칭포화에 대해서는 제4장 제1절을 참조할 것.

브로샤트는 불(George Boole, 1815-1864)[06] 대수(代數)(and(和), or(或), not(非) 세 연산자만 사용)를 사용하여 다음과 같이 '타입·토큰'형 언어와 '명사·동사'형 언어의 차이를 묘사하였다.(ART는 관사와 성, 수, 격표지 포함)

['**타입·토큰**'형 언어(통가어)]
타입[+지칭]: 시제표지가 있거나[+TAM] 또는 관사표지가 있음 [+ART]
토큰[-지칭]: 시제표지가 없거나[-TAM] 또는 관사표지가 없음[-ART]

['**명사·동사**'형 언어(라틴어)]
명사[-서술]: 관사표지가 있고[+ART] 시제표지가 없음[-TAM]
동사[+서술]: 관사표지가 없고[-ART] 시제표지가 있음[+TAM]

'명사·동사'형 언어와 '타입·토큰'형 언어의 공통점과 차이점을 더욱 뚜렷이 알아보기 위해 먼저 다음과 같은 간단명료한 예시도로 나타내고자 한다.

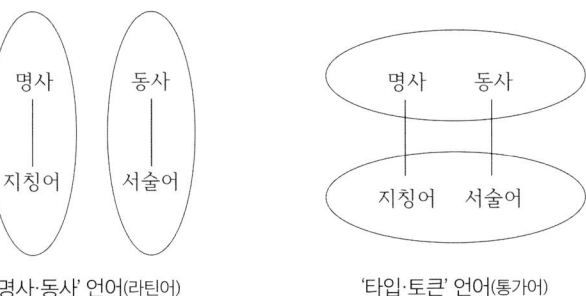

'명사·동사' 언어(라틴어)　　　'타입·토큰' 언어(통가어)

---

06　역자주: 영국의 수학자이자 논리학자. 저서로 『논리학의 수학적 분석』, 『사상 규율의 연구』 등이 있음.

'명사·동사'형의 라틴어는 명사와 동사의 대립이 주요한 것이고, 명사/동사와 지칭어/술의 대립은 부차적인 것이다. 반면, '타입·토큰'형의 통가어는 타입과 토큰의 대립이 주요한 것이고, 명사/지칭어와 동사/서술어 대립은 부차적인 것이다.

그러나 위의 그림은 앞의 절에서 설명한 명사와 동사 사이, 지칭어와 서술어 사이에 보편적으로 존재하는 비대칭 관계를 반영하지 않았는데, 그림으로 나타내면 다음과 같다.

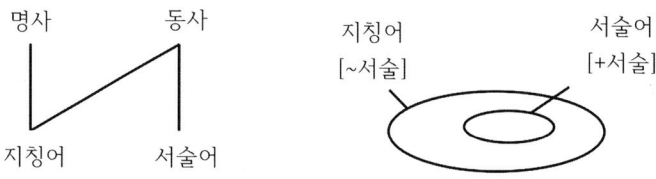

왼쪽 그림은 '명사·동사'형 언어(라틴어)에서는 명사와 동사의 관계가 비대칭이어서 동사는 서술어가 되는 것 외에 변형을 통해 지칭어 역할을 하는 것이 일반적인 현상이지만, 명사는 일반적으로 지칭어 역할만 하며 서술어가 되는 것은 특수한 현상임을 나타낸다. 오른쪽 그림은 '타입·토큰'형 언어(통가어)에서는 토큰, 즉 구 단계의 지칭어와 서술어 관계 역시 비대칭으로, 서술어는 모두 지칭성을 가지지만 지칭어가 술어가 될 때도 그 자체가 여전히 지칭성을 유지하고 있음을 보여준다. 앞에서 설명한 바와 같이, 지칭어는 미표지류로 서술성의 유무를 규정하지 않지만, 서술어는 표지류로 서술성이 있다고 특별히 규정하고 있다. 이 두 가지 비대칭의 본질은 모두 사물과 동작 사이의 개념적 비대칭이다. 이러한 비대칭 관계를 그림으로 나타내면 다음과 같다.

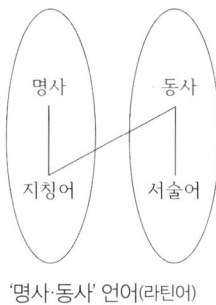 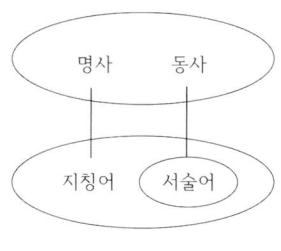

'명사·동사' 언어(라틴어)　　　　'타입·토큰' 언어(통가어)

　오른쪽 그림은 통가어가 타입상으로는 명사와 동사가 나누어지지 않고, 토큰상으로는 지칭(어)이 서술(어)을 포함한다는 것을 나타낸다. 지칭어가 모두 서술어는 아니지만 서술어는 모두 지칭어여서 지칭어 안에 [+서술]의 자질을 가지는 하위부류를 특별히 규정하고 있다. 이것이 바로 브로샤트가 설명하려고 애쓴 통가어의 실제 양상이다. 이에 대해서는 쉬위룽(许余龙 2014)의 상세한 설명을 참조할 수 있다.

## 제4절 중국어는 '타입·토큰 합일, 명동포함'형 언어

　이제 중국어를 통가어 및 라틴어와 비교해 볼 수 있다.
　첫째, 중국어는 '타입·토큰'형 언어로 분류할 수 없다. 왜냐하면 중국어의 단어원형 '女人(여자)'은 표지를 붙이지 않고도 문장에 들어가 총칭, 한정, 비한정 등을 포함하는 각종 지칭어가 될 수 있기 때문이다. (자세한 내용은 1권 제3장 1절 참조)

女人比男人心细。(총칭)
여자는 남자보다 세심하다.

女人厨房做饭呢。(한정)
여자는 주방에서 요리한다.

他欺负女人了。(총칭/ 한정/ 비한정)
그는 여자를 괴롭혔다.

원형단어 '跑(달리다)'도 표지를 붙일 필요 없이 일반시제, 진행시제, 과거시제, 완료상 등을 포함한 각종 술어가 될 수 있다.

他专跑100米。(일반시제)
그는 100미터 달리기를 전문으로 한다.

他到处跑呢。(진행시제)
그는 여기저기 뛰어다니고 있다.

他昨天还跑呢。(과거시제)
그는 어제도 뛰었다.

他跑三圈后跑不动了。(완료상)
그는 세 바퀴를 뛰고 나서 움직이지 않았다.

동사 뒤에 붙는 '了', '着', '过'는 모두 강제적인 것이 아니어서 붙여도 되고 붙이지 않아도 되는 경우가 대부분이다. 앞에서 서술한 바와 같이, 통가어는 타입에 만약 ART나 TAM표지를 붙이지 않으면 토큰이 될 수 없다. 따라서 중국어는 통가어처럼 그렇게 제1단계에서 '타입과 토큰이 둘로 나누어지는' 것이 아니며, 정반대로 중국어는 '타입과 토큰이 하나로 합쳐진' 언어이다.

둘째, 중국어는 '명사·동사'형 언어로 분류할 수도 없다. 중국어의 '跑'는 서술어가 되는 것 외에도, '女人'처럼 표지 없이 지칭어가 될 수도 있다.

> 跑比走快。
> 뛰는 것이 걷는 것보다 빠르다.
>
> 我喜欢跑。
> 나는 뛰는 것을 좋아한다.

중국어에서 이들은 모두 정상적인 문장이다. 다시 말해, 중국어에는 단어 형태적으로 [+서술]의 자질을 특별히 명기하는 별도의 단어 부류가 없기 때문에 라틴어처럼 제1단계에서 명사와 동사를 구분하지 않는다. 한편, 1권 제5장에서 이미 중국어가 언어의 보편성에 부합하고, 명사가 서술어가 되는 것은 특수한 현상이며 명사와 동사 사이에도 역시 비대칭 관계가 있음을 설명하였다.

그렇다면 중국어는 도대체 어떤 유형에 속하는가? 통가어는 토큰에서 지칭어가 서술어를 포함('지술포함'에 대해서는 그림5 오른쪽 참조)한다. 이와 달리 중국어는 타입이 곧 토큰이고 명사와 동사가 곧 지칭어와 서술어이기 때문에(1권 제3장 1절, 제4장), '타입과 토큰이 하나로 합쳐져 있고, 명사가 동사를 포함하는(型例合一, 名动包含)' 언어에 속한다. 이것이 통가어와 중국어의 차이이다. 중국어의 이러한 특징을 그림으로 나타내면 다음과 같다.

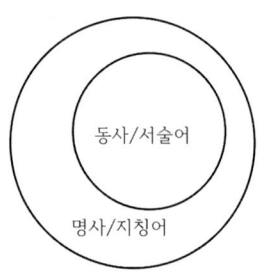

'타입·토큰 합일, 명동포함' 언어인 중국어

'타입·토큰 합일'이라는 것은 중국어의 명사·동사와 지칭어·서술어가 하나로 합쳐지므로 형식의 변화를 통해 '타입'에서 '토큰'으로의 전환을 실현할 필요가 없음을 의미한다. 또 '명동포함'이라는 것은 중국어에서 동사/서술어는 명사/지칭어 안에 포함되며, 전자는 후자의 한 하위 부류라는 것을 의미한다.

'동사가 명사의 한 하위 부류'라는 것이 대단히 특수한 경우는 아니다. 위에서 말한 바와 같이 유표성 이론의 측면에서 말하면, 이러한 명사와 동사의 관계는 '미표항'과 '유표항'의 관계로 지극히 정상이다. 그래서 브로샤트는 "N은 V와 함께……하나의 자연류(自然类)를 이루며, 지칭어 어휘의 중심 역할을 한다"고 하는 슈타이니츠(Steinitz 1994:1)의 말을 인용하였다. 그는 영어와 통가어와는 또 다른 언어 유형이 있을 수 있다고 하면서, 이로쿼이어(Iroquoian language)족 안의 커유가어(Cayuga)는 영어처럼 명사와 동사를 구분하지도 않고, 통가어처럼 '타입'과 '토큰'을 구분하지도 않는다고 하였다. 커유가어의 상황에 대해서는 더 깊은 연구가 필요하지만(Mithun 2000 참조), 중요한 것은 인도유럽어의 관점으로 다른 언어에서 전통적으로 인정하는 구분을 찾는 것이 아니라, 각 언어가 어떤 구분에 중점을 두는지를 분명히 이해하는 것이다.

두 가지 강조해야 할 점이 있다. 첫째, 통가어가 영어와 달리 '타입·토큰'형 언어에 속한다고 인정하는 이유는 통가어의 단어원형이 반드시 표지를 추가해야 문장에 들어가서 지칭어와 서술어가 되기 때문이 아니다(왜냐하면 영어도 이와 같기 때문이다), 통가어의 원형단어는 사물을 나타내든 동작을 나타내든 모두 ART표지를 붙여서 지칭어를 만들 수 있고, TAM 표기를 붙여서 서술어를 만들 수 있기 때문인데, 이것이 영어와는 크게 다른 점이다. 바꾸어 말하면, 영어 타입의 품사와 토큰의 품사는 기본적으로 엄격한 대응관계로, 타입(woman)이 명사성이면 토큰(the woman)은 지칭성이며, 타입(run)이 동사성이면 토큰(ran)은 서술성이므로 영어에서 '타입'과 '토큰'의 구별은 중요하지 않고, 중요한 것은 명사와 동사의 구분이다. 이와 달리, 통가어는 타입으로 명사성인지 동사성인지 구분할 수가 없으며 토큰으로 바뀐 후에 붙이는 표지에 따라 품사가 정해진다. 즉, ART를 붙이면 지칭성이 되고 TAM표지를 붙이면 서술성이 되기 때문에 타입과 토큰 사이의 관계가 유연하다. 따라서 타입과 토큰의 구별이 매우 중요하고, 명사와 동사의 구별은 상대적으로 중요하지 않다. 헹거벨트(Hengeveld 1992)는 이러한 관점에서 영어는 강성(rigid, 剛性) 언어에 속하고, 통가어는 연성(flexible, 柔性) 언어에 속한다고 하였다. 자세한 내용은 완취안·선쟈쉬안(完权·沈家煊 2010)을 참조할 수 있다.

둘째, 통가어의 원형단어는 종류를 불문하고 모두 ART표지를 붙여 지칭어를 만들 수 있고 TAM표지를 붙여 서술어를 만들 수도 있는데, 이렇게 유연한 표지는 결국 아무런 기능이 없는 것과 같아서 표지를 붙이지 않는 것과 차이가 없다. 표지를 붙이지 않고도 지칭어와 서술어가 될 수 있는 것은 바로 중국어의 상황이며, 앞의 제2절 (1)-(7)의 예와 중국어에 대한 비교 설명을 돌이켜 볼 수 있다. 중국어의 타입과 토큰의 관계 역시 유연하다.[07] 주더시(朱德熙 1985a: 4)의 말을 빌리면, 중국어에서 품사(타입의 부류)와 문장성분(토큰으로 구성) 사이에는 인도유럽어와 같은 일대일 대응 관계가 부족하며, 동사는 술어가 되는 것 외에 주어·목적어도 될 수 있고, 명사는 주어·목적어가 되는 것 외에도 특정한 조건에서는 술어가 될 수도 있다. 따라서 중국어는 통가어와 마찬가지로 '명사·동사'의 구별이 인도유럽어처럼 그렇게 중요하지 않다. 중국어는 '타입—토큰'의 형태가 같기 (합일) 때문에 '타입·토큰'의 구별도 통가어처럼 그렇게 중요하지 않다는 것이 차이점이다. 중국어가 중시하는 것은 단지 명사/지칭어와 동사/서술어 사이의 비대칭 관계뿐이다.

## 제5절 품사체계의 '문법화' 정도

위에서 서술한 바를 종합하면, 라틴어는 명사와 동사가 분립하고 타입과 토큰이 분립하는 언어이지만, 통가어는 타입과 토큰이 분립하지만 명

---

07 저자주: 헹거벨트(Hengeveld)는 중국어의 명사와 동사는 분화된 두 종류라고 보아 일찍이 중국어를 강성언어로 분류하였지만, 그는 스스로 중국어의 실정에 대해 잘 알지 못함을 인정하였다. 그가 설정한 기능 전문화 기준에 따르면, 중국어에는 표지 추가 없이 서술어로만 사용되고 지칭어로는 사용되지 않는 부류의 단어가 없는 실정이다. '跑(달리다)', '打(치다)', '吃(먹다)'와 같은 단어들은 표지를 붙이지 않고 서술어도 되고 지칭어도 되는데, 이 부류의 단어는 특정한 기능 슬롯에 묶여있지 않고 두 가지 슬롯 모두에서 유연하게 응용된다. 따라서 단지 명사와 동사의 분합으로만 보면, 중국어는 강성언어가 아닌 연성언어로 분류해야 한다.

사와 동사는 하나로 합쳐진 언어이며, 중국어는 타입과 토큰이 하나로 합쳐져 있고 명사가 동사를 포함하는 언어이다.

이제 우리는 명사와 동사의 분리와 통합을 문법화(grammaticalization)의 관점에서 볼 수 있다. 보겔(Vogel 2000)은 브로샤트의 타입·토큰 분리와 명-동 분리의 모델을 기반으로 명사와 동사의 분합에 있어서 독일어(영어보다 더 '명사·동사'형 언어 같음)와 퉁가어가 각각 다른 유형에 속한다고 주장하였는데, 그림으로 나타내면 다음과 같다.

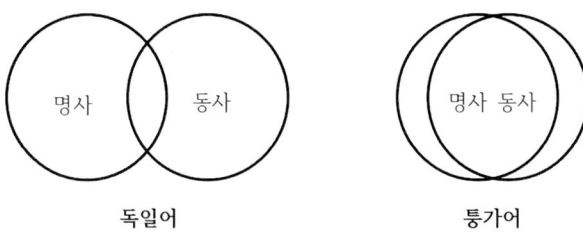

독일어에서 명사와 동사는 두 개가 분립하는 부류여서 명사는 지칭어로 동사는 술어로 사용되며, 교차 부분(겸류)은 매우 작고 명사와 동사의 문법화 정도가 높다. 반면, 퉁가어 어휘목록에 있는 명사와 동사는 대부분 교차하는데 표지를 붙여 지칭어를 만들 수도 있고, 표지를 붙여 서술어를 만들 수도 있다. 따라서 명사와 동사가 기본적으로 나누어지지 않아서 명사와 동사의 문법화 정도가 낮다고 할 수 있다.

품사체계의 문법화 정도를 측정하는 기준은 도대체 무엇인가? 보겔은 퉁가어의 단어원형(타입)은 대부분 지칭이나 서술어가 될 수 없는 [-지칭], [-서술]이기 때문에 명사와 동사는 기본적으로 나누어지지 않았다고 말했다. 구의 단계에 이르러 표지를 붙여서 토큰이 되었을 때 [+지칭], [+서술]

의 자질을 갖는 것은 동사성의 서술어이고, [+지칭], [-서술]의 자질을 갖는 것은 명사성 지칭어이다. 따라서 통가어의 주요 구분은 타입 [-지칭]과 토큰 [+지칭]이다. 그런데 독일어의 원형단어는 [+지칭]이지만 또 [-서술]과 [+서술]을 구분하기 때문에 명사와 동사는 이분한다고 말한다. 독일어의 구에는 [+지칭]의 자질이 있는데, [-서술]과 [+서술]로 구분되기도 하므로 독일어의 주요 구분은 [-서술]의 명사성 구와 [+서술]의 동사성 구이다.

이로써 명사와 동사의 문법화 정도를 측정하는 기준은 궁극적으로 특정 부분의 원형단어에 [+서술]의 자질을 나타내는 고정된 형식표지가 있는지 여부를 보는 것임을 알 수 있다. 만약 이 고정된 표지가 있으면 '명사'와 대립하는 '동사' 부류도 있다. 이 경우 각각의 원형단어는 그에 맞는 통사슬롯(지칭어 슬롯과 서술어 슬롯)과 고정된 연결이 있으므로 품사체계의 문법화 정도가 높지만, 그 반대의 경우에는 문법화 정도가 낮다. 이러한 각도에서 착안하면 명사와 동사의 문법화 정도는 중국어가 가장 낮고 독일어가 가장 높으며, 통가어는 둘 사이의 과도기 단계에 있음을 알 수 있다. 이를 그림으로 나타내면 다음과 같다.

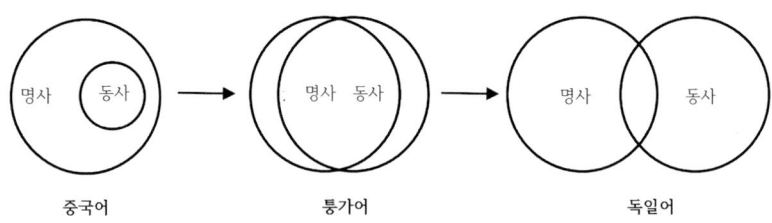

마치 세포분열과 같이 인도유럽어(독일어)의 실사범주는 이미 명사와 동사라는 두 개의 상대적으로 독립된 부류로 분열되어 있다. 중국어의 실

사범주는 지금까지 아직 이러한 품사 분열의 변화가 나타나지 않고 있으며, 통가어는 이 분열의 과정 중에 놓여 있다. 이러한 분열의 과정이 바로 품사의 문법화 과정, 즉 구체적인 화용범주(지칭어, 서술어)가 추상적인 통사범주(명사, 동사)로 허화되어가는 과정이다. 이것은 두 가지 각도에서 이해할 수 있다.

하나의 각도에서 보면, 중국어 명사와 동사는 서로 배척하는 부분이 없으며 동사는 여전히 명사에 포함되어 있다. 통가어 명사와 동사는 대부분은 교차하고 일부분이 서로 배척한다. 독일어의 명사와 동사는 이미 대부분 서로 배척하고 일부분만 교차한다. 다른 하나의 각도에서 보면, 중국어는 구 단계에서 이미 [+서술]의 자질을 나타내는 형식표지(주요한 것은 시제나 상을 나타내는 '了, 着, 过'이다)가 있지만, 그것들은 모두 아직 강제적인 표지는 아니며 더욱이 단어 형태의 일부가 되지도 않았다. 통가어에서는 구 단계에서 이러한 형식표지(TAM)가 이미 강제적인 것이어서 원형단어는 이 표지가 붙지 않으면 서술어가 될 수 없지만, 이 표지는 아직 단어 형태의 일부가 되지는 않았다. 독일어, 특히 라틴어에서는 이러한 시제표지가 이미 강제적이며 단어의 형태표지로 굳어졌기 때문에 품사의 문법화 정도가 가장 높다.

## 제6절 품사 순환모델 가설

보겔(Vogel 2000)은 또한 독일어, 라틴어에 비해 영어의 굴절형태가 쇠퇴되는 정도가 높기 때문에 영어는 탈문법화(degrammaticalized)되고 있는 언어이며, 명사와 동사 겸류의 비율도 상당히 높다고 보았다. 이렇게 되면 언어 품사체계의 유형 진화는 순환적이며, 영어는 중국어형 언어로 회귀하고 있는 언어의 일종이라고 하는 합리적인 추측이 가능하다.

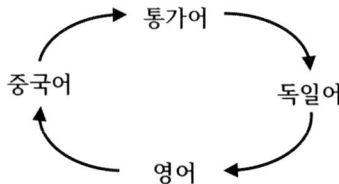

영어가 앞으로 계속 변해가서 단어의 형태가 거의 다 사라지면 고대중국어와 같이 변하게 될 것이다. 현대중국어에는 이미 술어 뒤의 '了, 着, 过'가 출현하였고, 주어 명사가 한정을 나타낼 때 일부 방언에서는 앞에 '只'나 '个'를 넣어야 하는데, 이는 중국어에 통가어 방향으로 진화하는 징후가 나타나는 것으로 볼 수 있다. 그런데 고대중국어 또한 그보다 더 원시적인 중국어의 탈문법화의 산물일 가능성이 매우 높다.[08] 중국어 품사의 유형론적 가치는 그것이 인류 언어 품사체계의 순환적 진화 가설에 없어서는 안 될 하나의 지렛목을 제공한다는 데 있다.

현재 단계의 영어와 중국어는 모두 이른바 '동명사'라는 것이 있어서 명사성과 동사성을 모두 겸비하고 있지만, 둘의 성질은 매우 다르다. 이 동적 모델에 따르면, 영어의 동명사(V-ing형식)는 이미 분립된 동사범주가 명사범주로 회귀한 산물로, 성질은 동사의 명사화이다. 그런데 중국어의 동사범주는 아직 분립되지 않았으며, 동사는 모두 동명사 즉, 동태명사이

---

08  저자주: 원시 한장어 동사의 형태표지와 명사화표지의 흔적이 고대중국어에 남아있다는 증거가 있는데, 이에 관해서는 메이쭈린(梅祖麟 2011)을 참조할 것.

며 성질은 명사범주가 동사범주로 '허화'(또는 '동사화'라고 칭함)되는 과정에 놓여있다.(자세한 내용은 2권 제5장 2절 참조).

　이 가설의 품사 순환모델에 대해 제기될 수 있는 하나의 질의는, 어떤 언어는 동사만 있고 명사는 없으며, 이른바 명사는 모두 동사어근에 접사를 붙이는 형식이라는 것이다. 그런데 1권 제5장 6절에서 이미 설명하였듯이 이러한 언어는 실제로 존재하지 않거나 적어도 존재한다는 것이 매우 의심스럽다.

　이 책은 서론에서 세계의 언어를 통해 중국어를 보는 것의 중요성을 강조하였다. 품사에 관해서는 이미 이란어와 타갈로그어를 통해 중국어를 살펴보았고(1권 제3장 6, 7절), 본 장에서는 또 통가어와 라틴어를 통해 중국어를 살펴보았다. 그 결과 중국어의 명동포함 구도에 대해 더더욱 깊은 인식을 가지게 되었다. 또 반대로 중국어의 명동포함 구도 또한 품사체계의 유형도를 더욱 풍부하게 하고 품사유형론의 연구를 발전시킬 것이다.

제4장

'是'와 '有'의
주요 구분

## 제1절 영어와 중국어 부정사의 분리와 통합

### 1.1 '명사 부정'과 '동사 부정'을 중시하는 영어

한 언어의 부정사 분합(分合)은 명사와 동사의 분합과 밀접한 관련이 있다. 영어는 명사와 동사가 분립하기 때문에 명사에는 명사의 부정사 no가 있고, 동사에는 동사의 부정사 not이 있다. No는 명사 앞에서 명사를 부정하는 형용사이다. 예를 들면 다음과 같다.

*No teachers* went on strike.
没有一个教师罢教。
파업한 교사는 없다.

I've got no *Thursdays* free this term.
这学期哪个周四我都没空。
이번 학기에는 목요일에 시간이 없습니다.

She had *no idea* what I meant.

她不理解我的意思。
그녀는 나의 생각을 이해하지 못하였다.

*No honest* man would lie.
诚实的人不会说谎。
정직한 사람은 거짓말을 할 리가 없다.

Sorry, there's *no time* to talk.
对不起, 没有时间交谈了。
미안해, 이야기를 나눌 시간이 없어.

또한 nobody, nothing, none(no-one), nowhere와 같이 'no+명사'가 단어로 결합하거나 no doubt, no problem과 같이 관용구를 구성하기도 한다.
Not은 부사로, 동사와 형용사를 부정할 때 조동사(do, have, would 등)와 연결동사 be 뒤에 붙이는데, 위 몇몇 문장의 뜻을 not으로 표현하면 다음과 같다.

The teachers *did not* go on strike.
교사들은 파업을 하지 않았다.

I *haven't* got any Thursday free this term.
이번 학기에는 어느 목요일에도 한가한 시간이 없다.

She *didn't* have any idea what I meant.
그녀는 내 말이 무슨 뜻인지 전혀 알지 못했다.

An honest man *would not* lie.
정직한 사람은 거짓말을 하지 않는다.

Sorry, there's *not* any time to talk.
죄송합니다만, 얘기할 시간이 전혀 없군요.

일부 경우는 not이 명사를 부정하는 것처럼 보이지만 사실 부정하는 것은 동사이며, 단지 동사가 생략되었을 뿐이다. 예를 들면 이러하다.

Who's paying? _____ *Not* me.
谁来付账? 不是我。
누가 계산했지? _____ 난 아니야.

The students went on strike, but *not* the teachers.
学生罢课, 但是教师没有罢教。
학생들은 수업거부를 했지만, 교사들은 파업하지 않았다.

앞 문장의 not me는 it's not me의 생략인데, 뒷문장 역시 생략된 것이다. 왜냐하면 다음과 같이 거꾸로 말할 수는 없기 때문이다.

\**Not* the teachers went on strike, but the students.
教师没有罢教, 但是学生罢课。
선생님은 파업하지 않았지만, 학생들은 수업거부를 하였다.

따라서 but not the teachers가 실제로는 but the teachers did not이라는 앞 문장을 이어받아 생략된 것이다. 다음 몇 문장 안에서의 no도 명사를 직접적으로 부정하는 것이 아니라 명사 앞의 수량을 부정하는 것이다.

We left *not one* bottle behind. = We left no bottle behind.
我们一个空瓶子没留下。
우리는 빈 병을 하나도 남기지 않았다.

*Not a* word would he say. = No word would he say.
他将不置一词。
그는 아무 말도 하지 않을 것이다.

Not *many* people attended the meeting.
参加会议的人不多。
회의에 참석한 사람이 많지 않았다.

Not a, not one, not any는 no로 대체할 수 있고, not many는 few로 대체할 수 있다.

no good, no different와 같은 개별 관용어를 제외하고, no를 사용하여 형용사를 부정하는 경우는 일반적으로 비교문에 국한되며 형용사는 비교급이 된다. 하지만 이는 단지 강조하기 위해서일뿐, 일반적으로는 여전히 not를 사용한다.

Are you really fifty? You look *no older* than thirty-five.
你真的50岁了? 看上去连35岁都不到呢!
너 정말 쉰 살이야? 보기에는 서른다섯 살도 안 되어 보이는 걸!

You don't look older than thirty-five.
你看上去在35岁以下。
넌 서른다섯 살 아래로 보여.

중국어에는 영어 no에 해당하는 부정사가 없다. 중국인들이 영어를 배울 때 흔히 저지르는 실수는 no를 써야 할 곳에 not을 잘못 쓰는 것이다(상하이외국어학원 영어과(上海外国语学院英语系) 영어교육연구팀 편(英语教研组编) 1964)).

他没有一个兄弟。
*He has not a brother.
He has no brother.
그에게는 형제가 하나도 없다.

大家都答不上来。
*Every one could not answer.
No one could answer.
모두들 다 대답하지 못하였다.

他没有任何遗憾的表示。
*He showed not any sign of regret.
He showed no sign of regret(at all).
He didn't show any sign of regret(at all).
그는 어떠한 유감의 표시도 없었다.

我没有这一种字典。
*I have not such dictionary.
*I have no such a dictionary.
I have not such a dictionary.

I have no such dictionary.
나는 이러한 사전을 가지고 있지 않다.

영어와 마찬가지로, 프랑스어의 명사와 동사도 분립하는 두 부류이며, 부정사도 두 개 있다. nul/nulle은 명사를 부정할 때 쓰는 형용사이고, ne는 동사를 부정할 때 쓰는 부사이다. 예를 들면 다음과 같다.

*nul* espoir
没有希望
희망이 없다

san *nulle* vanité
毫不自满
조금도 자만하지 않는다

*Nul* homme ne t' approuve.
没有人赞同你。
너에게 찬동하는 사람이 없다.

Il n' a *nulle* cause de se plaindre.
他没有理由抱怨。
그는 불평할 이유가 없다.

영어 no와 달리 nul/nulle은 보통 ne나 san과 함께 사용된다는 것이다. 부사 ne는 동사 앞에 출현하며 항상 동사 다음에 pas, point 등의 부정을 나타내는 작은 단어를 붙여 부정의 정도를 더 강하게 한다.

Il *ne* cesse de parler.

他老是说个不停。

그는 늘 끊임없이 말한다.

Je *ne* sais que faire.

我不知道怎么办好。

나는 어떻게 해야 좋을지 모르겠다.

Je *ne* sais pas.

我一点不知道。

나는 전혀 알지 못한다.

Elle *ne* le veut point.

她一点也不要。

그 여자는 조금도 원하지 않는다.

요컨대, 영어와 프랑스어에서 부정사의 가장 중요한 구분은 '명사를 부정'하는가 아니면 '동사를 부정'하는가이다. 이러한 구도와 중국어의 차이점은 다음과 같다.

영어　　　He did not read it. 그는 그것을 읽지 않았다.

\*He did no read it.

\*There's not books.

There's no books. 책이 없다.

중국어　　没书 책이 없다
　　　　　没读 읽지 않았다
　　　　　*不书
　　　　　不读 읽지 않는다

영어는 '넷 가운데 둘에 문제가 있으며(四缺二)' no/not과 명사/동사가 일대일 대응하고, 중국어는 '넷 가운데 하나에 문제가 있으며(四缺一)' '没/不'와 명사/동사는 비대칭 대응이다.(1권 제3장 2절)

## 1.2 '직설 부정'과 '비직설 부정'을 중시하는 중국어

중국어의 부정사는 가장 먼저 '명사 부정' 인지 '동사 부정' 인지를 구분하는 것이 아니라 '직설 부정'과 '비직설 부정'을 구분한다.

뤼수샹(呂淑相 1942/1982:234-242)은 주(周)·진(秦) 시기 중국어에서 '不/弗'는 직설식의 부정에 쓰였고, '毋(无)/勿'는 비직설식의 부정에 쓰였다고 지적하였다.

　　君子泰而不骄, 小人骄而不泰。
　　군자는 태연하되 교만하지 않고, 소인은 교만하되 태연하지 못하다.

『论语·子路』

　　不知疾之所自起, 则弗能攻。
　　병이 생긴 원인을 알지 못하면 잘 고칠 수 없다.

『墨子·兼爱上』

己所不欲, 勿施与人。
자기가 원하지 않는 일은 남에게 강요하지 말라.

(『论语·颜渊』)

无欲速, 无见小利; 欲速则不达, 见小利则大事不成。
급히 하려고 하지 말고, 조그마한 이익을 보려 하지 마라. 급히 하려다 보면 목적을 달성하지 못하고, 조그마한 이익을 보려다 보면 큰일을 이루지 못한다.

(『论语·子路』)

'毋/勿'는 금지나 저지를 나타내는 것 외에 가정절에도 쓰인다.

若又勿坏, 是无所藏币以重罪也。
만약 또 담장을 헐고 들어가지 않았다면, 폐물을 저장할 곳이 없어서 우리의 죄가 가중되었을 것이다.

(『左传·襄公三十一年』)

苟毋适卫, 吾出子。
만약 당신이 위나라에 가지 않는다면, 우리는 (동맹을 맺고) 당신을 놓아주겠습니다.

(『史记·孔子世家』)

갑골문 부정사의 경우, 궁보(龚波 2010)에 따르면 '不'와 '弗'는 직설 부정에 쓰이고, '勿'와 '弜'는 비직설 부정(금지와 저지 그리고 가정 포함)에 쓰인다. 갑골복사(甲骨卜辞)는 대부분 '가정절+결과절'의 형식인데, 궁보(龚波 2010)

는 가정절에서는 모두 '勿'이나 '弜'을 사용하고 결과절에서는 모두 '不'나 '弗'(동사 성질의 '亡'도 있음)를 사용한다는 것을 발견하였다.

貞: 马勿先, 其遘雨?
점을 쳐서 묻는다: 말을 타고 먼저 가지 않는다면, 비를 맞을까요?

(『甲骨文合集』27950)

弜酒, 亡雨?
제사의 일환으로 술을 바치지 않으면, 비가 오지 않을까요?

(『小屯南地甲骨』2261)

壬王酒田, 不雨?
임(壬)일에 왕이 사냥하러 가면, 비가 오지 않을까요?

(『甲骨文合集』28617)

戊戌卜: 王其逐兕, 禽? 弗禽?
무술일에 점을 쳐서 묻는다: 왕이 들소를 쫓았는데, 잡았습니까 잡지 못하였습니까?

(『小屯南地甲骨』2095)

궁보(龔波 2010)는 주나라·진나라 시기 중국어 부정사의 가장 중요한 구분은 상(商)나라 시기 갑골문 부정사의 가장 중요한 구분과 일맥상통한다고 보았다.

주나라·진나라 시기 이전에 '不/毋'가 부정하는 동사는 목적어를 가지고 있었지만, '弗/勿'가 부정하는 동사는 목적어를 가지고 있지 않았는데

(丁声树 1933), 이러한 차이도 여전히 '명사를 부정하는 것'과 '동사를 부정하는 것'의 차이는 아니다.

虽有嘉肴, 弗食, 不知其旨也；虽有至道, 弗学, 不知其善也。
비록 좋은 음식이 있더라도 먹지 않으면 그 맛을 알 수 없고, 비록 지극한 도가 있더라도 배우지 않으면 그 훌륭함을 알 수 없다.

『礼记·学记』

不知疾之所自起, 则弗能攻。
병이 생긴 원인을 알지 못하면 잘 고칠 수 없다.

『墨子·兼爱上』

毋友不如己者, 过则勿惮改。
자기보다 못한 사람을 벗하지 말며, 허물이 있으면 고치기를 꺼려하지 말라.

『论语·学而』

진나라 한나라 이후, 이러한 구별이 사라져 '弗/勿'는 '不/毋'와 마찬가지로 목적어를 가질 수 있게 되었고, 뒷날 '毋/勿'는 단지 명령/금지에만 국한되었다(금지어에는 또 '莫', '休', '别', '甭'가 있다).

영어로 금지·저지와 가정을 나타낼 때는 not(do not, don't) 또는 no를 사용할 수 있는데, 금지·저지의 경우를 예로 들면 다음과 같다.

Don't you open the door!
勿开此门!

이 문은 열지 마시오!

Don't fool yourself that you can get away with it!
勿存就此逃脱之妄想!
그 일에서 벗어날 수 있다고 자신을 속이지 마!

No one open the door!
아무도 문을 열지 마시오!

Let no one fool himself that he can get away with it!
아무도 그가 그것을 피할 수 있다고 그 스스로를 속이지 못하게 하라!

no를 사용할 때는 V-ing 형식(이미 명사화되었음)과 연용하는데, 연용형식이 단독으로 출현하거나(예: 出通告) 아니면 there is 뒤에 사용된다.

NO SMOKING
禁止吸烟
금연

NO PARKING
请勿停放车辆
주차금지

Sorry, there's no smoking in the waiting-room.
对不起, 候诊室不准抽烟。
죄송합니다, 진료대기실에서는 금연입니다.

이를 통해 영어의 부정은 직설과 비직설의 차이를 중시하지 않음을 알 수 있다.

## 1.3 부정접사

천핑(陈平 1981)은 영어와 중국어의 부정접사를 비교할 때, 먼저 중국어에서의 이른바 '접사(词缀)'는 전형적인 접사가 아님을 지적한 다음, 두 언어의 부정접사와 명사, 동사, 형용사 세 가지 어근의 결합 양상을 아래와 같이 열거하였다.

영어

|  | non- | dis- | un- | in- | a- | -less |
|---|---|---|---|---|---|---|
| 명사어근 | + | + | + | + | + | + |
| 동사어근 | − | + | − | − | − | − |
| 형용사어근 | + | + | + | + | + | − |

중국어

|  | 不- | 非- | 无- | 莫- | 未- |
|---|---|---|---|---|---|
| 명사어근 | (−) | + | + | − | − |
| 동사어근 | + | + | + | + | + |
| 형용사어근 | + | + | + | + | + |

영어는 전반적으로 명사어근과 동사어근이 대립을 이루고 있는데, 6개의 부정접사 중에 오직 dis- 하나만이 명사어근과 동사어근 모두와 결합할 수 있다. 중국어는 명사어근과 동사어근의 구별이 매우 제한적이며, 다

섯 개의 부정 '접사' 가운데 단지 두 개(莫와 未)에만 명사어근과 동사어근의 구별이 있을 뿐, 나머지 세 개(不, 非, 无)는 이러한 구별이 없다. '不'와 명사어근의 결합에 만약 '不日', '不时', '不力', '不法', '不一', '不道德', '不规则', '不科学', '不名誉' 등을 넣는다면 (+)로 표기할 수 있다. 중국어의 주요 차이점은 '不'·'非'·'无'와 '莫'·'未' 간의 대립이다. '莫'는 금지(예: 劝君莫惜金缕衣(그대에게 권하노니 금루의를 아끼지 마라))나 '无人(사람이 없음)'(예: 狂者伤人, 莫之怨也(미친 자가 남을 해치더라도, 그것을 원망하는 사람이 없다))을 나타내며, '未'는 동작의 완료상을 부정하며, 영어의 not yet(吕叔湘1942/1982: 187, 240, 305)과 같다.

둘째, 영어는 형용사어근과 명사어근의 표현이 일치하지만(-less만 예외), 중국어는 형용사어근과 동사어근의 표현이 일치한다. 이것은 형용사 지위의 유형론적 차이로, 중국어의 형용사는 동사에 가깝고 영어의 형용사는 명사에 가깝다. 그러나 중국어의 동사는 명사에 속하며, 형용사가 동사에 가까운지 명사에 가까운지는 중요한 문제가 아니다. 이에 대해서는 2권 제1장 5절을 참조할 수 있다.

## 제2절 '有의 부정'과 '非有부정'

중국어가 '직설 부정'과 '비직설 부정'의 구분을 중시한다는 것은 특히 '有'에 대한 부정인지 아닌지를 구별하는 것에서 나타나는데, 이를 '有의 부정'과 그것이 아닌 '非有부정'이라고 할 수 있다.

'有'의 부정은 '没/无/未'를 사용하고, '非有부정'은 '不/非'를 사용한다. '非有부정'은 '是'에 대한 부정을 포함한다. ('不有'는 사실 '不是有'로 반문과 가설에만 사용된다). 뤼수샹(吕叔湘 1942/1982: 238)은 '有의 부정'은 동사의 사변성(事变性)(이 일의 유무)에 중점이 있고, '非有부정'은 동사의 동작성(动作性)(이 일을 할지 여부)에 중점이 있다고 지적했다.

他没(有)去。
그는 가지 않았다. ('他去(그가 간다)'라는 일이 없다)

他不去。
그는 가지 않는다. ('他去'라는 일을 하지 않는다)

'有没有这件事(이 일의 유무)'라는 것은 '유무(有无)'의 문제이고, 做不做这件事(이 일을 할지 여부)'라는 것은 '시비(是非)'의 문제이다. 그런데 영어의 경우, '他没去'는 He didn't go이고 '他不去'는 He won't go로 모두 not을 사용하여 부정한다. 이로써 영어는 '有의 부정'과 '非有부정'의 구분을 중시하지 않는다는 것을 알 수 있다.

중국어에서는 '有'는 '有'이고 '是'는 '是'여서 둘의 구분이 중요하다. 그래서 '有'를 부정하기 위한 부정사 '没'가 있고, '是'를 부정하기 위한 부정사 '不'가 따로 있다. 중국어에서는 '是'의 개념을 '陈婴者, 故东阳令史(진영은 전동양현 영사이다)'와 '老王上海人(라오왕은 상하이사람이다)'에서 보듯이 보통 '是'자를 꼭 써서 표현할 필요가 없다. '鲸非鱼也(고래는 어류가 아니다)'와 '我不是上海人(나는 상하이 사람이 아니다)'처럼 '是'를 부정할 때만 부정어 '非'나 '不'를 붙인다.

'是'는 '非有'의 범주에 속한다. '非有'는 '做不做这件事(이 일을 하는지 여부)'에 있어 '是不是这件事(이 일인지 아닌지)'와 마찬가지로 진정한 직설이 아니라 '시비'의 문제이다. 명령/금지에 응대할 때 사용하는 것도 '是'자이다.

　　他(是)没有开枪? 그가 총을 쏘지 않았다고? (이 일인지 아닌지)
　　是。예.

　　开枪射击!/别开枪! 발포 사격! / 발포금지! (이 일을 할지 말지)
　　是。예.

그러나 '有没有这件事'는 '유무'의 문제로 진정한 직설이며, 명령/금지를 응대할 때에는 '有'를 사용할 수가 없다.

　　他有没有开枪? 그가 총을 쏘았는가? (이 일이 있었는지 없었는지)
　　有。예.

　　开枪射击!/别开枪! 발포 사격!/발포금지! (이 일을 할지 말지)
　　*有。

요컨대 중국어의 '是'는 영어의 be에 불완전하게 대응한다. '是'의 근원은 '지시'와 관련이 있으며 파생된 의미는 '시비'와 관련이 있으며, 모두 주관적인 판단성과 비직설성을 가진다. '人家是丰年(다른 집은 풍년이다)', '他是个日本太太(그는 일본 부인이다)'와 같은 '是'자문이 표현하는 것은 일종의 '주관적 인정' 또는 화자의 '감정이입(移情)'이다(沈家煊 2008, 2009c). '是'를 부정하는 '不'가 다른 동사를 부정할 경우에는 '他不去'에 '他不愿意去

(그는 가기를 원하지 않는다)'라는 의미가 있는 것처럼 '의도적으로 ~않는다(有意不)'라는 화용적 함축의미 가진다.[01]

'명사 부정' 아니면 '동사 부정에 있어 중국어는 단지 '제한된' 구분만을 하는데, 이는 두 가지 각도에서 설명할 수 있다. 첫째, '沒'를 '没有'의 축약형식으로 보지 않고 하나의 단어로 간주한다면, '不/未'가 단지 동사만을 부정('不'는 '非有부정'이고, '未'는 '有의 부정'임)하지만, '没/无'는 명사도 부정하고 동사도 부정한다는 것이다.

| 不去 가지 않는다 | *不车[02] |
| 未回 돌아오지(가지) 않았다 | *未车 |
| 没去 가지 않았다 | 没车 차가 없다 |
| 未回 돌아오지(가지) 않았다 | 无车 차가 없다 |

그 밖에 '非有부정'에서는 '不'가 동사를 부정하지만, '非'는 명사도 부정하고('非人非鬼(사람도 아니고 귀신도 아니다)') 동사도 부정한다('非不为也(하지 않으려는 것이 아니다)').

둘째, 만약 '没'를 '没有'의 축약형식으로 본다면 '没钱'은 사실 '没有钱(돈이 없다)'으로 '没'가 부정하는 것은 '有'인데, 그렇다면 '중국어의 명사

---

01 저자주: '不'와 '没'의 의미차이는 또, '不做某事(어떤 일을 하지 않는다)'는 것은 반드시 '没做某事(어떤 일을 하지 않았다)'가 되기 때문에 '不'는 '没'를 포괄하지만, '没做某事'가 반드시 '不做某事'인 것은 아니기 때문에 '没'는 '不'를 포괄할 수 없는 것으로 나타난다.

02 저자주: '不车'라고 말할 수는 없지만, '不茶不烟(차도 안 마시고 담배도 안 피운다)', '不冠不袜(모자도 쓰지 않고 양말도 신지 않았다)'라는 표현은 있는데, 이는 특수합 용법이다. 또 '不几天(며칠 안 되어)', '不两三日(이삼일이 안 되어)', '不一小会儿(얼마 안 지나)'라는 표현도 성립하는데, 이는 자주 사용함으로써 특수한 용법이 이미 일반적인 용법으로 변한 것이다.

제4장 '是'와 '有'의 주요 구분    177

자체는 부정되지 않는다'고 말할 수 있다. 뤼수샹(呂叔湘)(1942/1982: 234)은 "중국어에서 명사는 그 자체가 부정되지 않기 때문에 영어 no에 상당하는 부정사가 없는 듯하다. 그러나 우리가 사물의 존재를 부정할 수 있는데, 그것은 바로 '有'를 부정하는 것이며 여기에는 '不'를 사용하지 않는다. 우리는 또 두 사물이 부합한다는 것을 부정할 수도 있는데, 그것은 바로 '是'를 부정하는 것이며, 이것은 문언문에서도 '不'를 사용하지 않는다"고 말하였다. (문언에서 두 사물이 부합한다는 것을 부정할 때는'非'를 사용하지만, 이를 긍정할 때는 '是'를 사용하지 않는다.)

어느 각도에서 보더라도 중국어의 명사와 동사는 모두 같은 부정사 '没'나 '无' 또는 '非'를 사용하여 부정할 수 있다. 중국어의 역사상 부정사는 계속 바뀌었지만 명사와 동사를 함께 부정하는 부정사는 어느 시기에나 항상 있었다. 이것은 중국어가 '有'와 '是'('非有'에 속함)의 구분을 중시한다는 것을 나타내는데, '有无'와 '是非'의 구분도 '직설'과 '비직설'의 어기를 구분하는 것이기 때문에 '有'와 '是'의 구분을 중시하는 것은 곧 '직설'과 '비직설'의 구분을 중시하는 것이다. 중국어와 반대로 영어에서는 be(이다)와 there be(있다)가 명확히 구분되지 않는다. 영어에서 중점을 두는 것은 '이러한 물건이 있는지 없는지, 맞는지 맞지 않는지)('없다'와 '아니다'는 모두 no를 사용)와 '이러한 일이 있는지 없는지, 맞는지 맞지 않는지'('없다'와 '아니다'는 모두 not을 사용)의 구분이기 때문에 먼저 구분하는 것은 '명사 부정'과 '동사 부정'이라고 말한다. 물론 영어에도 not과 no로 어기를 구분하는 경우가 있다. 그런데 이때 구분이 되는 것은 부정 어기의 강약이다. 하지만 이는 영어에서 두 번째 구분에 해당된다.

I am *not* a writer.

我不是作家。

나는 작가가 아니다.

I am *no* writer.

我根本不会写文章。

나는 글을 전혀 쓸 줄 모른다.

He is *not* wiser than his brother.

他没有他弟弟聪明。

그는 그의 남동생만큼 똑똑하지 않다.

He is *no* wiser than his brother.

他和他弟弟一样笨。

그는 그의 남동생과 마찬가지로 멍청하다.

Write a composition of *not* less than 500 words.

写一篇作文不少于500字。

500자 이상으로 한 편의 문장을 써야 한다.

*No* less than 500 people were injured or killed in the accident.

这次事故伤亡人数多达500人。

이번 사고로 사망자와 부상자 수가 많게는 500명에 달했다.

중국인들은 서로 다른 어기의 부정을 먼저 구분하는 데 습관이 되어 있으므로 영어의 이러한 구분은 이해하기가 쉬울 것이다. 하지만 no/not의 주된 구분은 명사/동사에 있기 때문에 이러한 어기의 차이는 간과하기가 쉽다.

현대중국어 부정사에 대한 기존의 설명과 연구(Li & Thompson 1981, Teng 1975, Thomas 1995, Yeh 1995, Xu 1999)는 대부분 뤼수샹(呂叔湘 1942/1982)처럼 중국어 역사상의 부정사 분합과 연결시켜 고찰하지 않았기 때문에 '不(是)'와 '没(有)'의 차이가 근본적으로 '是'와 '有'의 차이라는 것에는 주의를 기울이지 않았다.

## 제3절 세 개념의 분합 지도

영어는 be로 '是'의 개념을 표현하고 there be로 '有'의 개념을 표현하므로 여전히 be를 떠날 수 없다. be를 부정하는 것은 be not이고, there be를 부정하는 것 역시 there be not이다. 이를 통해 영어에서 '이다'와 '있다'는 명확히 구분되지 않는다는 것을 알 수 있다. There is a unicorn in the garden(정원에 기린이 한 마리 있다)이라는 말에서 there is를 하나의 단위로 볼 수도 있고, there와 is를 각각 하나의 단위로 간주하여 there를 문장의 주어로 볼 수도 있다. there be의 there가 독립적인 구성요소임을 뒷받침하는 증거는 상당히 많다. 예를 들어 보자.

> Mary did homework and wrote a letter this morning.
> 玛丽今天上午做作业写信。
> 마리는 오늘 오전에 숙제를 하고 편지를 썼다.
>
> *Mary wrote and Tom received a letter.
> *玛丽写了汤姆收到一封信。
>
> There are two cats and also a dog on the mat.

地席上有两只猫和一只狗。
돗자리에는 고양이 두 마리와 개 한 마리가 있다.

앞의 두 예는 '동일명사 삭제' 규칙이 주어에만 적용되고 목적어에는 적용되지 않음을 나타내므로 마지막 문장에서의 there는 당연히 주어가 된다. 다음 두 문장은 구조적으로 완전히 대응한다.

We believe Smith to be the culprit.
我们相信史密斯是罪犯。
우리는 스미스가 범인이라고 믿는다.

We believe there to be an error in this proof.
我们相信校样有一处错误。
우리는 교정쇄에 오류 한 군데 있다고 믿는다.

there는 독립적인 Smith에 대응하므로 맥콜리(McCawley 1988:84-88)는 There is a unicorn in the garden이라는 문장은 Aunicorn is in the garden(정원에 기린 한 마리가 있다)에 주어 there를 삽입한 결과라고 보았다.
따라서 영어에서 there be '있다'도 일종의 be '이다'라고 말할 수 있다. 자오위안런(赵元任, Chao 1955)은 다음과 같이 말한 바 있다.

[영어의] There is는 중국어로 직역할 방법이 없는데, 중국어에는 '有(있다)'만 있기 때문이다. There is a man은 '有人(사람이 있다)'으로 번역된다.······ 공교로운 것은, There is와 has는 모두 '有'로 번역되지만, '有'자가 '是'자로 해석되는 is와는 아무런 관계가 없

다는 것이다. 그래서 서양철학의 '존재(being)'에 관한 문제는, '存在'와 '是'의 연결을 특별히 차단하고, 그것을 '有'와 연결시키지 않고서는 중국어로 정확하게 말하기가 어렵다.

이 단락의 의미는 다음과 같다. 영어로 being(是)의 개념을 설명하기 위해서는 반드시 there is(有)의 개념과 연결시켜야 하지만, 중국어로 '是'의 개념을 설명하는 데는 '有'의 개념과 연결시키지 않아도 된다. 이는 '是'의 개념이 독립적이기 때문이다. 따라서 중국어의 '有'가 영어의 there be에 완전히 대응하지는 않는다.

영어 have는 '소유'의 의미를 나타내고, (there) be는 '존재'의 의미를 나타내므로 두 개념이 분리되어 있다. 반면 중국어는 3천 년 동안 '有'자가 '소유'와 '존재'의 의미를 동시에 나타내 왔다(余霭芹 2009). 중국인의 마음 속에서 '소유'와 '존재'는 긴밀한 관계를 가지며 서로 전환할 수 있어서(袁毓林 외 2009, 任鹰 2009). 'X拥有Y(X가 Y를 소유한다)'는 말은 'X那儿存在Y(X가 있는 곳에 Y가 존재한다)'를 의미한다. 이를 다음과 같이 비교할 수 있습니다.

    你还有多少钱?
    넌 얼마의 돈을 더 가지고 있니?

    你手里还有多少钱?
    네 손에 얼마의 돈이 더 있니?

이것은 중국어 '有'가 영어 there be에 완전히 대응하지는 않는 또 다른 측면이다. '是', '存在', '拥有'라는 세 가지 개념 표현의 영중 차이는 아래의 분합 '지도'로 나타낼 수 있다.

| 개념 | 영어 | 중국어 |
|---|---|---|
| 이다(是) | be | 是 |
| 존재(存在) | | 有 |
| 소유(拥有) | have | |

　영어 be는 '이다'와 '존재'라는 두 가지 개념을 포함하는 큰 덩어리이고, 중국어 '有'는 '존재'와 '소유'라는 두 가지 개념을 포함하는 큰 덩어리이다. 중국어에서 '有'와 '是'는 두 개의 분립된 개념인데, 이는 부정사 '没'와 '不'의 구별이 있다는 것을 통해 증명된다. 요컨대, 부정사의 분합을 통해 영어는 중국어처럼 '有'와 '非有'('是' 포함)의 구별을 중시하지 않는다는 것을 알 수 있다.

　중국 사람들이 영어를 배울 때, 선생님은 there is의 용법을 알려주며 '公园有很多游人(공원에 많은 관광객이 있다)'은 영어로 The park has many people이라고 말하지 말고, There are many people in the park라고 말하라고 알려준다. 서양 사람들이 중국어를 배울 때는, '山上有座庙(산에 절이 하나 있다)'라고 말해야 하는 것을 머뭇거리다가 '山上是座庙'라고 바꾸어 말하는 것을 자주 듣게 된다. 서양 사람들에게는 to be(존재하다)인지 아니면 not to be(존재하지 않다)인지가 가장 중요한 문제이고, 중국 사람들에게는 '有'인지 아니면 '无'인지가 가장 중요한 문제이다.

　혹자는 '山上是座庙(산 위는 절이다)'도 존재문에 속하며 존재를 나타낸다고 본다. 그런데 사실 '山上是座庙'는 바로 산 위는 절 하나'이다(是)'를 의미하는데, 화자가 주목하는 것은 '인지 아닌지(是不是)'의 문제이다. '인지 아닌지'의 문제가 어떤 사물의 존재가 '있다'는 것을 전제로 하고 있지만 그 자체가 '있다 없다(有无)'의 문제는 아니다. 이에 대해서는 후원쩌(胡文泽 2011)의 여러 예증을 참조할 수 있다. 루빙푸(陆丙甫)는 다음과 같은 예를 제시/제공하였다.

学校后面是一片草地, 并且有一片树林。
학교 뒤편은 풀밭이고, 또한 나무숲이 있다.
*学校后面有一片草地, 并且是一片树林。

그는 '是'의 목적어는 전체 공간을 차지하고 '有'의 목적어는 일부 공간을 차지하므로, 어순은 '선전체 후부분(先整体后部分)' 원칙을 따라야 한다고 설명하였다. 사용된 부정사가 다르다는 것은 중국어가 '是'와 '有'의 구분을 중시한다는 가장 유력한 증거이다. 요컨대 중국어는 '是'와 '有' 양자를 구분하는 것이 이들의 연결보다 더 크고, 영어는 is와 there is의 연결이 이들을 구분하는 것보다 더 크다.

많은 언어가 중국어처럼 '是'와 '有' 두 개념이 완전히 다른 형식으로 표현되는데, 이는 아프리카 스와힐리어(Swahili language, 니제르콩고어족 반투어군)와 쿵(!Xun)어(코이산(Khoisan)어족)[03]와 같다.

Swahili어(탄자니아와 케냐)
Juma *ni* mwalimu.

---

03 저자주: 하이네(B. Heine)교수가 지적과 함께 다음 예를 제공해주었다. COP= 연결사, SG= 단수, LOC=처소.

Juma COP teacher

珠玛是老师。

주마는 선생님이다.

Juma a-*na* pesa.

Juma 3.SG-be.with money

珠玛有钱。

주마는 돈이 있다.

Ku-*na* maji.

LOC-be.with water

有水。

물이 있다.

'是'는 ni이고, '有'는 na이다.

!Xun어(나미비아와 앙골라)

n|ùnmé òha g‖àg‖àkxʼàó.

N|umé COP teacher

钮美是老师。

뉴메이는 선생님이다.

n|ùmé gèa g‖ú.

N|ume be.with money

钮美有钱。

뉴메이는 돈이 있다.

g‖ú gèa.

water be. with

有水。

물이 있다.

'是'는 òha이고 '有'는 gèa이다. '是'와 '有'의 분합이 언어유형론에서 어떤 중요한 의미를 가지는지 더 깊이 연구해 볼 가치가 있다.

중국어는 예로부터 '가지고 있다'와 '존재하다'를 구분하지 않았고, 또 '사물이 있다'와 '사건이 있다'도 명확히 구분하지 않았다, 1권 제6장 3.1절에서 '有'의 성질이 동사일 경우는 이미 상세한 예증을 들었기에 더 이상 반복하지 않기로 한다. 한 가지 덧붙이고자 하는 사실은 '有'에서 '양이 많다, 풍부하다(量多, 丰富)'라는 의미가 파생되었다는 점인데, 한대(汉代) 이후의 경학에 통달한 학자에서부터 대진(戴震)[04]에 이르기까지 줄곧 이 점을 지적하였다. 위아이친(余霭芹 2009)은 이 파생이 다양한 남방 방언에서 나타난다는 것을 발견하고, 우(吳)방언 '有得受他的气哩(그에게 욕을 먹을 만하군)', 원저우(温州) 방언 '好不有(아주 많이 있다)', '受得气有(욕을 엄청 먹다)' 등을 예로 들었다. 그런데 사실은 표준어에도 '有的是(얼마든지 있다)', '有钱(돈이 있다)', '有意思(재미가 있다)'처럼 이 같은 표현이 드물지 않다. 주목할 점은, 뜻밖에도 '有'가 '많다'라는 의미를 나타내는 것이 명사에만 국한되지 않고, 동사와 형용사에도 사용되어 '有+명사/동사/형용사'가 모두 '양이 많다'라는 의미를 표현하는 사물의 상태묘사 단어로 변하는데, 이것이 고대에서부터 현대에 이르기까지 모두 그러하였다는 것이다.『시경(诗经)』의 예를 들어보자.

---

04  역자주: 중국 청나라의 고증학자.

乐且有仪
즐기면서도 품위가 있네

(「小雅·菁菁者莪」)

有秩斯祜
받는 복 크기도 하네

(「商颂·烈祖」)

中心有违
마음속이 편하지 않네

(「邶风·谷风」)

明星有烂
밝은 별이 찬란하네

(「郑风·女曰鸡鸣」)

四牡有骄
네 필의 말이 건장하네

(「卫风·硕人」)

有洸有溃
성을 내며 노기를 띠네

(「邶风·谷风」)

  현대 방언의 예는 이보다 더 많은데, 예를 들면 샤먼((厦门)어, 타이완(台湾)어, 메이셴(梅县)어 등이 있으며(余霭芹 2009), '有'가 이미 상태묘사사(摹状词)의 표지로 허화되어 상태의 존재를 부각시킨다.

有额(量大)⁰⁵ 양이 많다

有岁(年纪大) 나이가 많다

有销(畅销) 잘 팔린다

有穿(耐穿) (신발, 옷 등이) 오래가다

有重(够斤两) 묵직하다

有煮(米的出饭量大) 쌀이 밥이 되는 양이 많다

有水(漂亮) 아름답다

또 주목할 만한 것은, 『시경』에서 '有X'는 중첩형식 XX와 마찬가지로 상태를 묘사하는 작용을 하는데(王显 1959), 중첩된 X는 有忡=忡忡(근심하는 모양/가득하다), 有荡=荡荡(광대한 모양/흐늘거리다), 有楚=楚楚(선명하다/무성하다/아름답고 부드럽다), 有赫=赫赫(성대하다/혁혁하다), 有蕡=蕡蕡(무성하다), 有扁=扁扁(얇다/평평하다)과 같이 대부분 형용사나 동사이며, 유력한 예증은 시의 대구문과 상호참조(互参)에서 나온 것이라는 점이다.

四牡有骄, 朱幩镳镳。
네 필의 말이 건장하며 붉은 재갈이 선명도 하다.

(『卫风·硕人』)

行道迟迟, 中心有违。
가는 길이 더디니, 마음속이 편하지 않네.

(『邶风·谷风』)

---

05  역자주: 괄호 안은 표준어 표현이다.

桃之夭夭, 有蕡其实。
어리고 싱그러운 복숭아 나무, 그 열매가 무성하네

（「周南·桃夭」）

幽幽南山
그윽한 남산이로다

（「小雅·斯干」）

其叶有幽
그 잎이 무성하네

（『小雅·隰桑』）

有秩斯祜
받는 복 크기도 하네

（「商颂·烈祖」）

秩秩斯干
맑게 흐르는 시냇물이여

（『小雅·斯干』）

有皇上帝
거룩하신 하느님

（「小雅·正月」）

皇皇后帝
거룩하신 하느님

（『鲁颂·閟宫』）

1권 제3장 5절에서 이미 설명한 바와 같이, 현대중국어 역시 명사/동사/성질 형용사는 모두 중첩된 후에 상태묘사어로 변한다. 이러한 사실은 모두 중국어 속의 단어는 고대로부터 지금까지 먼저 직설사와 비직설사(상태묘사사)로 구분하고, 그 다음에야 비로소 직설사 내에서 명사·동사·형용사에 대해 제한적인 구분을 하였다는 것을 보여준다.

 중국어의 '有'자와 영어 there be의 차이는 동태적인 것과 정태적인 것의 차이로도 요약할 수 있다. 영어 there is는 '존재하다'(being)의 '有'와 정태적인 '有'이다. 반면, 중국어의 '有'자는 『설문해자』에 따르면 있어서는 안 된다는 의미(有, 不宜有也)로, 예를 들면 '有灾(재난이 생겼다)', '有彗星(혜성이 나타났다)'가 있다. 이 의미 해석은 '从无到有(무에서 유로)' 또는 '无中生有(무에서 유가 생기다)'라는 동태적 '有'의 절묘한 표현이다. 여기서 '有'가 의미하는 것은 '존재하다(存在)'가 아니라 '나타나다, 출현하다(存现)'이다.

## 제4절 술어의 분류

 자오위안런(赵元任 1968: 53-57)은 '술어의 유형'이라는 절에서 형식에 착안하여 전통적인 술어분류법과 구별되는 방법을 제시하였는데, 이를 중시하고 깊이 생각해 볼 가치가 있다. 자오위안런은 전통적으로 술어의 유형을 동사성 술어, 형용사성 술어, 명사성 술어로 나누면, 대략 이들은 각각 서술, 묘사, 판단에 대응한다. 하지만 **"형식상 더욱 근거가 있는**(강조선은 필자가 추가함) 또 다른 한 가지 분류는 술어의 기능(원문은 the nature of predication)에 따라 (1)대조(contrastive), (2)단언(assertive), (3)서술(narrative) 기능으로 나누는 것"[06]이라고 하였다.

| | |
|---|---|
| 대조성 술어 | 我现在(是 [.shì])说话(不是打架)。<br>나는 지금 말하고 있는 것(이다 [.shì])<br>(싸우는 것이 아니다). |
| 단언성 술어 | 我现在'说话。<br>나는 지금 말을 하고 있다.<br>我现在'是说话(不是不说话)。<br>나는 지금 진짜로 말을 하고 있는 것이다<br>(말을 하지 않는 것이 아니다). |
| 서술성 술어 | 我现在说话了。(刚才不说)<br>나는 지금은 말을 한다.(방금은 말하지 않았다) |

이 새로운 삼분(三分)법은 '동사, 형용사, 명사'로 나누던 원래의 삼분법을 '관통(cut across, 橫貫)'한다. 명사성 술어와 형용사 술어도 마찬가지로 이렇게 삼분될 수 있기 때문이다.

---

06  저자주: 딩방신(丁邦新)의 번역본에서는 '술어의 성질에 따라 정한다'로 번역하였다. 두 가지 번역이 모두 설득력이 있는데, 이는 중국어의 경우 '기능'에 따라 술어의 '성질'이 결정되기 때문이다.

| | |
|---|---|
| 대조성 | 今儿(是 [.shi])礼拜(不是礼拜一, 等等)。<br>오늘은 일요일이다(월요일이 아니다, 등등)<br>这瓜甜。<br>이 수박(박과 식물의 과실)은 달다.<br>这瓜是甜的(不是酸的、苦的)。<br>이 수박은 단 것이다(신 것, 쓴 것이 아니다). |
| 단언성 | 今儿'礼拜。<br>오늘은 일요일이다.<br>今儿'是礼拜(不是非礼拜)。<br>오늘은 확실히 일요일이다(일요일이 아닌 것이 아니다).<br>这瓜甜。<br>이 수박은 달다.<br>这瓜是甜(不是不甜)。<br>이 수박은 확실히 달다(달지 않는 것이 아니다). |
| 서술성 | 今儿礼拜了。<br>오늘은 일요일이 되었다.<br>这瓜甜了(先前没熟)。<br>이 수박은 달아졌다(앞서는 익지 않았다). |

왜 이렇게 분류하는 것이 '형식적으로 더욱 근거가 있다'고 하였는가? 이에 대해 자오위안런이 명시적으로 밝히지는 않았지만 분명히 '是'와 '了'의 대립 및 '是'의 강약과 잠복·출현을 가리켰을 것이다. 여기에서 다음과 같이 상세한 설명을 하고자 한다. 일반적으로 중국어의 형용사는 동사에 속한다고 말하기 때문에 전통적인 세 가지 분류는 동사성 술어와 명

사성 술어 두 가지의 분류로 간주할 수 있다. 그러나 중국어에서는 명사성 술어와 동사성 술어 간의 뚜렷한 형식적 차이를 찾을 수가 없다. 자오위안런(赵元任 1968)은 많은 지면(원서 63-67, 90-94쪽)을 할애하여 각종 명사성 성분을 술어로 하는 문장을 예로 들어 서술하면서, 명사성 술어도 동사성 술어와 마찬가지로 부사의 수식을 받을 수 있으며, 명사도 동사와 마찬가지로 앞에 형용사를 붙여서 술어를 만들 수 있다고 주장하였다. 예를 들면 다음과 같다.

那个人怪样子。
저 사람은 이상한 차림새이다.

这个孩子坏脾气。
이 아이는 고약한 성질이다.

这个人大舌头。
이 사람은 큰 혀이다(혀가 길어, 말이 똑똑하지 않은 사람).

명사와 형용사의 순서를 바꿀 수도 있다. 예를 들어보자.

这个人犟脾气 ↔ 这个人脾气犟
이 사람은 고집쟁이다 ↔ 이 사람은 고집이 세다

这个人死心眼儿 ↔ 这个人心眼儿死
이 사람은 고지식한 생각이다 ↔ 이 사람은 생각이 고지식하다

자오위안런의 의도는 '脾气犟(고집이 세다)'과 '心眼儿死(생각이 고지식하

다)'는 주술구조로 보지 말아야 하며 술어가 될 때 '犟脾气(센 고집)'·'死心眼 儿(고지식한 생각)'과 같은 명사성 성분과 형식적으로 중요한 차이가 없다 는 것을 지적하는 데 있다. '莺啼(꾀꼬리 울음소리)'·'燕舞(제비춤)'와 '啼莺(지 저귀는 꾀꼬리)'·'舞燕(춤추는 제비)'는 문법적 동질성이 있으며, 차이라면 대 부분 문체의 차이뿐이다.

 자오위안런이 제시한 새로운 삼분법은 이분법으로 합칠 수도 있다. 왜 냐하면 '단언(긍정)'은 부정과 대조되므로 사실 '대조'에도 속하기 때문이 다. 예를 들어 '我现在是说话'의 "是说话(말을 하는 것이다)"는 사실 '不说话 (말을 하지 않다)'와 대조된다. 이는 가장 전형적인 대조이므로 대조를 단언 의 한 가지 특수한 사례로 볼 수 있다. 이렇게 하면 새로운 삼분법은 결국 단언성 술어와 서술성 술어의 이분법으로 볼 수 있는데, **이 이분법에는 다 음과 같은 분명한 형식적 근거가 있다.** 단언성 술어는 판단동사 '是'(강약 과 잠복·출현이 단언의 정도를 결정한다)를 상용하고, 부정할 때는 '不'를 사용 하는데 '是'자가 반드시 출현해야 한다. 서술성 술어는 시태조사 '了'를 상 용하는데, '了'는 '有'와 서로 통하므로 부정할 때에는 '没(有)'를 사용한다. 다시 말해, 자오위안런은 술어 분류에 형식적 근거를 찾기 위해서는 '是' 와 '有/了'의 구별과 '不'와 '没'의 구별은 중요한 반면, '명사'와 '동사'의 구별은 중요하지 않다고 생각했다.

 술어에 대한 자오위안런의 새로운 삼분법과 관련하여, 양리안성(杨联陞) 은 서술류 역시 대조류와 단언류를 '관통'한다는 사실을 지적하였다. 예를 들면, '他昨儿(是[.sh])回家了(그는 어제 집에 돌아왔다)'와 '他昨儿是回家了(그는 어제 정말로 집에 돌아왔다)'라는 두 문장은 모두 어미 '了'를 넣을 수 있다는 것이다. 이 사실에 대해 자오위안런은 '了'를 대동하는 술어는 일반적으로 대조나 단언과 관련이 없다고 해석하였다. 하지만 이 해석은 새로운 삼분법을 지키는 데에는 역부 족하기 때문에 각주(원서 88쪽)에만 잠시 언급하였을 뿐이다. 만약 '명동포함 이론'을 통해 본다면, 대조성 술어와 단언성 술어 뒤에 '了'를 붙일 수 있는 것이 아니라 서술성 술어 앞에 '是'를 붙일 수 있는 것으로 해석할 수도 있다. 왜냐하면 술어('了' 추가 포함)는 서술성 뿐만 아니라 지칭성도 가지고 있기 때문에 항상 동사 '是'의 목적어가 될 수 있기 때문이다.[07] 이렇게 해석한 형식적 근거는 '他昨儿回家了(그는 어제 집으로 돌아갔다)'를 남방(南方) 방언에서는 '他昨儿有回家(그는 어제 집으로 돌아갔다)'라고 말한다는 것과, 표준어에서 이에 대한 부정 형식은 '他昨儿没有回家(그는 어제 집에 돌아가지 않았다)'라는 것이다. 또 '有'와 시태를 나타내는 '了'는 서로 통하지만, '是'자가 붙은 술어 앞에는 더 이상 '(没)有'를 붙일 수 없으므로 '他昨儿(没)有是回家了'는 말이 되지 않지만, '(没)有'가 붙은 술어 앞에는 '他昨儿是(没)有回家'와 같이 '是'를 붙일 수 있다는 것이다. 중국어의 술어는 서술성 외에 지칭성도 가지고 있지만, 지칭어가 모두 서술성을 가지고 있지는 않다는 것이 바로 '명동포함 이론'의 요지이다. 따라서 술어에 대한 자오위안런의 새로운 삼분법은 형식적으로 보면 매우 합리적이다.

'명동포함'형의 중국어는 명사와 동사가 구별은 되지만(명사가 모두 동사는 아니기 때문) 제한적이기 때문에(동사는 모두 명사이기 때문), 명사와 동사의

---

07 저자주: 1권 제6장 2절 참조. '是谁告诉你的'와 같이 '是'자로 시작하는 문장도 마찬가지다. 뤼수샹(吕叔湘 1979: 53)은 이 문장 역시 무주어문이라고 보았다. 그는 이 문장이 원래는 주술문이었으나, '是'자를 문두에 놓으면서 뒷부분이 모두 술어가 되었다고 보았다. 즉, 주술문 '谁告诉你的'는 동사 '是'의 지칭성목적어가 되었다는 것이다.

구별이 '명동분립'의 인도유럽어만큼 그렇게 중요하지 않다. 이 점은 자오위안런이 일찍이 예리하게 발견한 것으로, '명동포함 이론'은 사실 '새로운 술어유형론(新谓语类型说)'의 자연스러운 연장선이다.

리쭤펑(李佐丰 2004: 64-67, 2011)도 고대중국어는 서술어가 되는 것이 명사와 동사인지 아니면 형용사인지에 따라 문형을 구분해서는 안 되며, 가장 분명하고 보편적인 문형의 차이는 '서사문(叙事句)'과 '판단문(论断句)'이라고 보았다. 그는 이 둘의 형식적 특징으로 판단문은 문미에 조사 '也'를 많이 사용하고, 그 다음으로 '矣'이나 '焉'을 사용하며 문두에 때때로 조사 '夫'를 사용하고, 주어와 술어 사이에는 휴지가 있다고 하였다. 반면, 서사문은 문미와 문두에는 조사를 사용하지 않고, 부정에는 '不'나 '未'를 사용하며, 주어와 술어 사이에 휴지가 없다고 여겼다.

(1) 齐景公之晋。
제 경공이 진나라에 가다.

『韩非子·外储说右上』

鲁昭公弃国走齐。
노 소공이 나라를 버리고 제나라로 달아나다.

『晏子·内篇杂上』

(2) 太甲贤。
태갑이 어질어지다.

『孟子·尽心上』

风俗美。

풍속이 아름다워지다.

『荀子·王霸』

(3) 行则有随, 立则有序, 古之义也。
길을 갈 때에는 (앞에 가고) 따라가는 구분이 있고, 서 있을 때에는 정해진 차례가 있으니, 이것이 옛날에 예를 만든 의의이다.

『礼记·仲尼燕居』

今以三万之众而应强国之兵, 是薄柱击石之类也。[08]
지금 군사 3만으로 강한 나라의 군사를 맞아 싸운다면, 이는 (간장검(干將劍)으로) 기둥이나 돌을 가격하는 것과 같다.

『战国策·赵策三』

이는 (1)동사 (2)형용사 (3)명사에 따라 술어의 유형을 구분한 것이다. 그런데 리쭤펑(李佐丰 2004, 2011)은 (4)와 (5)의 술어가 각각 동사와 형용사이지만 먼저 '也'라는 형식적 특징에 근거하여[09] (3)을 아래의 (4), (5)와 같은 부류로 분류해야 한다고 지적하였다.

(4) 不闻命而擅进退, 犯政也。
임금의 명령을 듣지 않고 멋대로 나아가고 물러나는 것은 政令을 어긴 것이다.

『国语·晋语三』

---

08  저자주: 이 예와 (4)의 두 번째 예에 있는 '是'는 모두 지시대명사로 앞의 어구를 복지한다.

09  저자주: 합스마이어(何莫邪 1983-85) 역시 '也'라는 형식적 특징을 매우 중시하였는데, 이에 대해서는 1권 제5장 5.2절을 참조할 것.

我未及亏, 而又城下之盟, 是弃国也。
우리가 국력이 아직 虧損되는 데 이르지 않았는데, 성 밑까지 쳐들어온 적군과의 굴욕적인 맹약을 맺는다면, 이는 나라를 포기하는 것이다.

『左传·哀公八年』

(5) 身贤, 贤也 ; 使贤, 亦贤也。
자신이 현명한 것도 현명한 것이고, 현명한 사람을 부릴 줄 아는 것 또한 현명한 것이다.

『谷梁传·襄公二十九年』

倕, 至巧也。
수는 매우 정교한 솜씨를 지녔다(지닌 장인이다).

『吕氏春秋·重己』

'也'가 있는 문장은 논단문(판단문 위주)이고 '也'가 없는 문장은 서사문인데, 이러한 구분은 다음의 대조문에서 매우 뚜렷이 드러난다.

秋七月, 叔弓如宋, 葬共姬。
가을 7월에 숙궁이 송나라에 가서 공희를 장사 지냈다.

『谷梁传·襄公三十年』

秋七月, 叔弓如宋, 葬共姬也。
가을 7월에 숙궁이 송나라에 간 것은 공희를 장사 지내기 위한 것이다.

『左传·襄公三十年』

(从者)将行, 谋于桑下。

(따르던 자들은) 장차 떠날 것을 뽕나무 아래에서 모의하였다.

『左传·僖公二十三年』

公会齐侯于艾, 谋定许也。

환공이 제후와 애(艾)에서 회합하였으니, 이는 허국의 안정을 상의하기 위한 것이다.

『左传·桓公十五年』

위 문장은 서사문이고 아래 문장은 논단문이다. '也'는 결단사(决断词)로, 문장에 기술된 내용이 화자의 주관적 인식을 반영하고 있음을 나타내는 역할을 한다. 이때 주어와 술어 사이의 의미는 실재(实在) 관계가 아닌 일종의 단정관계이다. 중국어가 발전함에 따라 '也'자는 점차 밀려났고, 그것을 대신하여 나타난 것이 지시대명사에서 변화·발전해온 연결동사 '是'이다.

중국어 술어의 유형은 주로 '단언'과 '서술'로 구분되는데, 이는 옛날이나 지금이나 일맥상통한다.

# 제5절 '是'와 '有'의 주요 구분

## 5.1 포괄적인 '是'와 '有'의 구분

중국어의 문법은 '대문법(大语法)'으로 문법·의미·화용, 심지어 음성 등 각 방면을 망라하는데, 이에 대해서는 1권 제4장 4절과 아래 제11장을 참조할 수 있다. 이 '대문법'의 주요 구분은 다음과 같다.

| 단언/시비/직설 | 서술/유무/ 비직설 |
|---|---|
| '是/的' | '有/了' |

문법적으로 '단언'과 '서술'의 구분, 의미적으로 '시비'와 '유무'의 구분, 화용적으로 '직설'과 '비직설'의 구분까지 세 가지 구분이 모두 형식적으로 '是/的'와 '有/了'의 차이로 나타난다. 이와 관련하여 왕둥메이(王冬梅 2014)는 풍부한 예증을 제공하였는데, 인용하면 다음과 같다.

(1) '是'와 '的'는 각종 술어 안에서 일맥상통하며 모두 '단언을 강화하는' 역할을 한다.

是大白天, 有什么可怕的?
벌건 대낮인데 뭐 무서울 게 있어?

大白天的, 有什么可怕的?
벌건 대낮에 뭐 무서울 게 있어?

黑是黑, 白是白, 黑白分明。
검은 건 검은 것이고, 흰 건 흰 것이니, 검은 것과 흰 것은 분명하다.

黑的黑, 白的白, 黑白分明。
검은 것은 검고, 흰 것은 희니, 검은 것과 흰 것은 분명하다.

这事是真是假, 谁也不知道。
이 일이 진짜인지 가짜인지 아무도 모른다.

这事真的假的, 谁也不知道。
이 일의 진짜 가짜는 아무도 모른다.

他对工作是认认真真, 一丝不苟。
그는 일에 대해 정말로 진지해서 조금도 빈틈이 없다.

他对工作认认真真, 一丝不苟的。
그는 일에 대해 진지하여 조금도 빈틈이 없다.

我喝酒是自己花钱。
내가 술을 마시는 것은 내 돈을 쓰는 것이다.

我喝酒自己花钱的。(我喝酒自己花的钱。)
나는 술을 마시면서 내 돈을 쓰는 것이다.(나는 술을 마시는 데 내 돈을 쓴다.)

我是随口问问, 没有别的意思。
내가 그냥 물어본 거지 다른 뜻은 없다.

我随口问问的, 没有别的意思。
내가 입에서 나오는 대로 물어보았지 다른 뜻은 없다.

是不像话。
정말 말이 안 되는 것이다.

真的不像话。
정말로 말이 안 된다.

(2) '有'와 '了'는 각종 술어 안에서 일맥상통하며 모두 동작이나 상태의 '무에서 유로'(실현)의 의미를 나타낸다.

他有进步。
그는 발전이 있다.

他进步了。
그는 발전했다.

病情有好转。
병세가 호전이 있다.

病情好转了。
병세가 호전되었다.

西藏我去过了。
티베트에 나는 갔었다.

西藏我有去过。
티베트에 나는 갔었다.

桌上放有一本书。
책상 위에 책이 한 권 놓여 있다.

桌上放了一本书。
책상 위에 책이 한 권이 놓였다.

有去无回。
가서는 돌아오지 않는다.

去了回不来。
갔는데 돌아오지 못한다.

别有负于她。
그 여자를 저버리지 마.

别负了她。
그 여자를 저버리지 마.

(3) '是'와 '有'는 각종 술어에서 모두 단언과 서술로 구별된다.

墙上是我写的诗。
벽엔 내가 쓴 시다. (다른 사람이 쓴 게 아니다)

墙上有我写的诗。
벽에는 내가 쓴 시가 있다. (다른 사람이 쓴 것도 있다)

这条鱼是三斤。
이 물고기는 세 근이다. (세 근뿐이다)

这条鱼有三斤。
이 물고기는 세 근은 된다. (세 근 초과도 가능)

是一个人慢慢走了过来。
정말로 혼자서 천천히 걸어왔다. (주관적 판단)

有一个人慢慢走了过来。
한 사람이 천천히 걸어왔다. (객관적 서술)

桌子上都是书。
탁자 위에는 온통 책들이다. (하나의 테이블일 가능성이 있다)

桌子上都有书。
책상 위에는 모두 책이 있습니다. (여러 개의 테이블)

山上是座庙, 还是一户人家。
산 위에는 절이 한 채인데, 또 인가도 한 채다. (이 집은 바로 절 안에 있다)

山上有座庙, 还有一户人家。
산 위에는 절이 한 채 있고, 또 인가가 하나 있다. (이 집이 반드시 절 안에 있지는 않다)

参加比赛的是北京队和山东队, *还是辽宁队。
시합에 참가한 팀은 베이징팀과 산둥팀이고, *----

参加比赛的有北京队和山东队, 还有辽宁队。
경기에 참가한 팀은 베이징팀과 산둥팀이 있고, 또 랴오닝팀이 있다.

(4) '的'와 '了'는 각종 술어 속에서 구별되며, 모두 是 단언과 서술의 구별이기도 하다.

灯, 他开的。
등은, 그가 킨 것이다.

灯, 他开了。
등은 그가 켰다.

上个星期他来的。
지난 주에 그가 온 것이다.

上个星期他来了。
지난주에 그가 왔다.

*上个星期他已经来的。

上个星期他已经来了。
지난주에 그가 이미 왔다.

瓦特发明的蒸汽机。
와트가 발명한 것은 증기기관차이다. / 와트가 발명한 증기기관차.

瓦特发明了蒸汽机。
와트는 증기기관차를 발명하였다.

不是瓦特发明蒸汽机的。
와트는 증기기관차를 발명한 것이 아니다.

瓦特没有发明蒸汽机。
와트는 증기기관차를 발명하지 않았다.

외국인들이 중국어를 배울 때 '我是去年毕业的'를 '我是去年毕业了'라고 말하는 경우가 많다.[10] 그 이유를 곰곰이 생각해보면, 그들의 언어는 '是—的'와 '有—了'의 구별을 중시하지 않기 때문이다. 이는 '명동분립과 동사 중심'의 사고로 인해 '是'를 동사성 성분을 강조하는 표지로 보는 습관이 있기 때문이다.

'是'와 '有'가 동시에 출현할 때는 순서가 있어서 단지 '是有'(예: 是有这么回事(이런 일이 있었다는 것이다))만 성립하고 '有是'는 성립하지 않는다(예: *有是这么回事). '有'의 개념은 항상 '是'로 표현할 수 있지만,[11] '是'의 개념은 일반적으로 '有'로 표현할 수가 없다. 예를 들어보자.

山上有座庙。到底有没有? 有。是(有)。
산위에는 절이 한 채 있다. 도대체 있는 거야 없는 거야? 있어.
그렇다(있다).

山上是座庙。到底是不是? *--
산위에는 절이 한 채이다. 도대체 인가 아닌가? 이다. *--

'了'와 '的'의 동시 출현에는 '了的'와 '的了'의 두 경우가 있다. '了的'는 단지 긍정을 나타낼 뿐이지만 '的了'는 단언의 실현을 나타내는데, 이 '了'는 확실히 판단의 어기를 나타내는 '了'이다. 예를 들면 다음과 같다.

---

10  저자주: 이는 왕원쟈(王媼佳)와 둥슈팡(董秀芳)이 필자에게 알려준 것임을 밝힌다.
11  저자주: 왕젠(王健)에 따르면, 지시(绩溪)방언은 '你有几个孩子(당신은 아이가 몇 명 있나요)'를 '你是几个孩子(당신은 아이가 몇입니까)'라고 말하고, '山上有座庙(산 위에는 절이 있다)'를 '山上是座庙(산 위는 절이다)'라고 하는 등, '是'구문을 사용해서 '有'구문의 의미를 나타낸다.

你们一辈子的温饱是没有问题了的。

당신들이 평생 먹고 사는 건 문제가 없어진 것입니다.('了'는 실제 일이 실현되었음을 나타냄)

你们一辈子的温饱是没有问题的了。('了'表示一个判断的实现, 带有语气)

당신들이 평생 먹고 사는 건 문제가 없는 것이 되었습니다.('了'는 판단의 실현을 나타내며, 어기를 가짐)[12]

이는 하나의 서술에 대해서는 단언하는 것이 가능하지만, 하나의 단언에 대해서는 다시 서술하는 것이 매우 어렵기 때문이다.[13] '단언'과 '서술'을 주요 구분이라고 말하는 것은 양자가 개념적으로 배척하고 대립하기 때문이 아니다. 이 구분에 '是'와 '有' 구분의 형식이 있기 때문에 중요한 것이다.

중국어에는 인도유럽어와 같은 단어 형태의 변화가 없는데, 두 개의 다른 단어를 사용하는 것 자체가 곧 형식적 구분이다. 뤼수샹(呂叔湘 1942/1982: 28, 54)은 문형의 관점에서 이 주요 구분을 설명하였다. 그는 서술문의 문형은 '起词(시작사)—动词(동사)—止词(정지사)'(주어—동사—목적어)이고, 표현 및 판단문의 문형은 '주어(문두)—술어(문신(句身, 문장 몸통))'이며, 술어 자체는 '주어—술어' 구조가 될 수 있다는 것이다. 이 주장 또한 시사하는 바가 있다.

---

12  저자주: 이 '了'를 '언어역(言域)'이나 '인지역(知域)'으로 보는 것은 아래 5.2절을 참조할 것.
13  저자주: 왕찬룽(王灿龙 2011)은 '不'와 '没'의 문법표현의 상대적 동일성에 착안하여, 한 사물의 존재 여부를 서술하는 것 자체가 판단(단언)의 결과라고 지적하였다.

과거에는 논단(단언·판단)과 서술이 단지 화용이나 문체상의 차이일 뿐으로 여겨져서, '문체는 대체로 논의와 서술 두 종류로 나눌 수 있다. 논의는 유창성을 중시하고 서술은 아직 간결성을 중시한다'고 하였다(郭紹虞 1979: 147). 그러나 중국어는 화용을 떠나서는 문법을 설명할 방법이 없거나(제4장 제4절) 설명할 수 있는 문법이 얼마 되지 않는다. 그리하여 중국어 '대문법'은 '형태·음성·의미·화용(形·音·义·用)'라는 네 가지 요소의 종합인 것이다.(李佐丰 2009)

## 5.2 '也'와 '矣'의 차이

옛 사람들은 '也'는 '矣'와 거리가 매우 멀다고 주장하였다. 두 글자의 차이에 대해 『마씨문통(马氏文通)』에서는 두 가지 측면에서 구분을 하였다. 하나는 '논단—서술'의 구분으로, '也'자는 논단의 어기를 돕는 데 쓰이고 '矣'자는 서술의 어기를 돕는 것으로만 쓰인다. 다른 하나는 '마땅히 그러하다—이미 그렇게 되었다(当然—已然)'의 구분으로, 대체로 구절의 의미가 마땅히 그러함을 나타내는 것은 '也'자로 끝을 맺고, 이미 그렇게 된 것은 '矣'자 끝을 맺는다.

뤼수샹(呂叔湘 1942: 273-276)은 이 견해에 대해 의문을 제기하였다. 즉, '郑不来矣(정나라는 오지 않을 것입니다)'와 '其为惑也, 终不解矣(그 의혹됨은 끝내 풀리지 않을 것이다)'를 논단이라 말해서 안 될 것도 없으며, '甚工楷书也((대 철추가) 가장 뛰어난 것은 해서이다)'[14]와 '犹以为母寝也(여전히 어머니가 자고 있다

---

14 역자주: 원서에는 '术'로 되어 있으나 원문(清代 魏禧의 「大铁椎传」)을 확인한 결과 '书'로 되어 있어 수정함.

고 생각하였다)'를 또 서술이 아니라고 한 적이 있는가? '矣'자로 끝을 맺는 '吾將仕矣(나는 장차 벼슬을 할 것이다)'는 분명히 장차 그러할 할 일을 나타내지만, '也'자도 일의 이치가 마땅히 그러한 것(当然)을 불문하고 일이 되어 가는 상태가 원래 그러하다는 것(固然)만 서술한 것도 있다. 그래서 뤼수샹은 새로운 견해를 한 가지 제기하였는데, 그것은 바로 '정지성(静止性, 약칭 静性)—변동성(变动性, 약칭 动性)'의 구분이다. 즉, '矣'자는 변동성의 사실을 나타내고 '也'자는 정지성의 사실을 나타낸다는 것이다. 뤼수샹은 '已然(이미 그렇게 되었다)'와 '将然(장차 그러할 것이다)'는 모두 역동적인 변화이고 시간적인 성질을 가지고 있지만, '固然(원래 그러하다)'와 '当然(마땅히 그러하다)'은 모두 변화가 없는 것이라고 설명하였다. 다음은 그가 내놓은 '최소대비쌍'에 가까운 예이다.

其將固可襲而虜也。
저들 장수는 본디 오랑캐가 기습하여 사로잡을 수 있다.

其將可襲而虜矣。
저들 장수는 오랑캐가 기습하여 사로잡을 수 있을 것이다. (정지성을 나타내는 '固(固然)'자를 제거한 다음 '矣'로 고쳐 씀)

操軍方連船舰, 首尾相接, 可燒而走也。
조조의 군대가 막 전함을 연결하여 뱃머리와 배꼬리가 서로 이어져 있으니, 화공으로 불을 놓고 달아날 수 있다.

操軍既連船舰, 首尾相接, 可燒而走矣。
조조의 군대가 이미 전함을 연결하여 뱃머리와 배꼬리가 서로 이어져 있으니, 화공으로 불을 놓고 달아날 수 있을 것이다. ('方'자를 변동성을 나타내는 '既(已然)'으로 바꾼 후 '矣'자로 고쳐 씀)

天下事犹可为也。
천하의 일을 할 수 있다.

天下事无可为矣。
천하의 일을 할 수 없게 될 것이다. ('犹可为'에서 '无可为'로의 변화, 변동성)

非吾徒也, 小子鸣鼓而攻之, 可也。[15]
나의 제자가 아니니, 제자들아 북을 치며 그를 성토하는 것이 옳다.

公将鼓之, 刿曰, "未可." 齐人三鼓, 刿曰, "可矣."[16]
장공(莊公)이 진격의 북을 치려 하자 귀(劌)가 "아직은 때가 아닙니다"라고 하고, 제(齊)나라 사람이 북을 세 차례 치자, 귀가 "이제 때가 되었습니다"라고 하였다. ('不可'에서 '可'로의 변화, 변동성)

彼唯不嗜杀人者, 则天下之民皆引领而望之也。
그가 단지 사람 죽이기를 좋아하지 않기 때문에 천하의 백성들이 모두 목을 높이 쳐들고 그를 우러러본다. (인과문으로 이치가 본래 그러함을 나타냄. 정지성)

如有不嗜杀人者, 则天下之民皆引领而望之矣。[17]

---

15 역자주: 『논어』「선진(先進)」第十一.
16 역자주: 『춘추좌씨전(1)』魯莊公十年, 丁酉 B.C. 684.
17 역자주: 『맹자』「양혜왕상(梁惠王上)」6.

만일 사람 죽이기를 좋아하지 않는 자가 있다면 천하의 백성들이 모두 목을 높이 쳐들고 그를 우러러볼 것이다.(조건문으로 변화의 결과를 나타냄, 변동성)

이러한 예들은 설득력이 있지만, '정지성—변동성'의 구별이 또한 논단과 서술의 구별에도 속한다고 말할 수 있다. 뤼수샹이 제시한 또 다른 한 쌍의 예를 살펴보자.

既欲其生, 又欲其死, 是惑也。[18]
그 사람이 살기를 바랐다가도 또 그 사람이 죽기를 바라니, 이것은 어리석은 것이다.(이것은 어리석은 것이다)

爱其子, 择师而教之, 于其身也, 则耻师焉, 惑矣。[19]
자기 자식을 아끼어 스승을 골라 그를 가르치게 하면서 그 자신에게 있어서는 스승을 좇아 배우는 것을 부끄럽게 여기니, 어리석어지는 것이다. (이렇게 되면 어리석어지는 것이다.)

괄호 안의 번역문은 '也'자는 정지성'의 '是'에 상당하고 '矣'자는 변동성의 '了'에 상당한다는 것을 분명하게 보여준다. 그런데 '是'와 '了'의 구별은 '논단'과 '서술'의 구별이라고도 말할 수 있다. 자오위안런(赵元任 1968:53-55)에 따르면, '我现在'是说话(내가 지금 말을 하고 있다)'는 단언을 나타내고, 단언은 바로 '논단'이지만, '我现在说话了(내가 지금 말을 하였다)'는

---

18 역자주:『논어』「안연(顔淵)」十二.
19 역자주: 한유「사설(师说)」.

이야기를 서술하는 과정이다.

　이들 사이의 복잡한 관계를 어떻게 깨끗이 정리할 것인가? 사실 마젠중(马建忠)과 뤼수샹의 해석은 전혀 모순되지 않으며, 각 현상의 한쪽 측면 진상을 말하였으니 두 가지 해석은 결합되어야 한다. '也'와 '矣'는 모두 '논단의 어기를 돕는 말투(助论断之辞气)' 역할을 하는데, 차이점은 '也'는 '이것은 논단이다(这是论断)'(정지성)를 나타내고, '矣'는 '이 일/논단이 있다(有此事情/论断)'(변동성)는 것을 나타낸다. 일이 무에서 유로 된 경우(이미 그렇게 되었음(已然))에 '矣'를 사용하는데, 논단이 무에서 유로 된 경우에도 '矣'를 사용한다. 후자가 일반적으로 근거로 삼는 것이 전자이기 때문이다. 위에서 설명한 '惑'의 두 예를 보면, '也'는 '是惑(이것은 어리석은 것이다)'('是'는 지시대명사임)가 논단임을 나타내며, '矣'는 일이 무에서 유로 되었음을 나타낸다. 다시 말해 '矣'는 자식을 아끼어 스승을 고르지만 스승에게 배우는 것을 오히려 부끄럽게 여기는 아버지가 스승에게 배우는 데 있어 '惑(어리석음)'이 없었다가 있게 되었음을 나타낸다. 또 이 말을 하는 사람이 '是惑'라고 논단하지 않았던 것에서 '是惑'라고 논단하는 데 이르렀음을 나타내는 것이기도 하다.

　'矣'는 이러한 두 가지 '무에서 유에 이름'을 나타내는데, 이는 현대중국어 문미의 '了'(了₂)가 두 가지 '무에서 유에 이름'을 나타내는 것과 일치한다. '了' 역시 일이 무에서 유에 이르는 것과 논단이 무에서 유에 이르는 것을 나타내는데, 후자 용법의 '了'도 '논단의 어기를 돕는 말투'로 샤오즈예·선쟈위안(肖治野·沈家煊 2009)의 관점에 따르면 '인지역' 또는 '언어역'에서의 '了'에 해당된다.

这就糊涂了 이제 어리석어졌다
　　= 我就想[这是糊涂]了
　　나는 [이건 어리석은 것이라고] 생각하였다
　　= 我就说[这是糊涂]了
　　나는 [이건 어리석은 것이라고] 말하였다.

　이 '了'는 새로운 인지양상(知态) 또는 언어양상(言态)이 무에서 유에 이르는 변화를 나타내는 것으로, 문장의 의미는 나에게 '这是糊涂(이건 어리석은 것이다)'라는 생각 또는 견해가 생겼다는 것이다. 이것은 문미의 '了'가 왜 미래의 일을 나타낼 수 있는지를 설명할 수 있다.

　　休息了! 휴식이다!

　이 문장은 사실 '我放言[休息]了(나는 [쉰다는 것]을 대놓고 말하였다)' 또는 '我预想[休息]了(나는 [쉴 것]을 예상하였다)'이며, 장차 그러할 것이라고 정말로 나타내는 것은 아니다. 고대중국어 '吾将仕矣(나는 장차 벼슬을 할 것이다)'가 장차 그러할 것임을 나타내는 것도 이와 마찬가지로 해석해야 한다.
　결국 '也'와 '矣'의 구별도 역시 '是'와 '有'의 구별과 같은데, '有'는 일의 '有'를 가리키기도 하고 논단의 '有'를 가리키기도 한다. 이것은 선진시기 문장의 끝에 왜 '也矣'의 연용만 있고, '矣也'의 연용은 없는지(또는 드물게 보이는지)를 설명해준다. '이러한 논단이 있다는 것(有此论断)'을 강조하고자 하면 물론 '也' 뒤에 '矣'를 붙일 수 있겠지만, '이러한 논단이 있다는 것'을 말할 때에는 '这是论断(이것은 논단이다)'라는 의미를 이미 함축하고 있거나 미리 설정해 놓고 있기 때문에 '矣' 뒤에 다시 '也'를 붙이는 것은 적절하지가 않다.

## 5.3 징포어의 '是', '有' 구분

다이칭샤(戴庆厦 2002)에 따르면 징포어(景颇语)[20]에는 중국어와 유사한 '是'의 '有'의 주요 구분이 있다. 서양 언어, 특히 슬라브 여러 언어에서 '상(aspect, 体)'은 완료상과 미완료상으로 구분하는 데 중점을 둔다. 징포어의 '상'이 중점을 두는 것은 '존재—변화'의 구별인데, 이러한 구별은 '완료-미완료'의 구별을 횡으로 관통하거나 뛰어넘는다. 다이칭샤(戴庆厦 2002)에 따르면, '존재상(存在体)'에서 술어는 주어에 무슨 일이 존재하는지를 설명하는 것으로, 묘사성을 띠며 정태적인 묘사에 편중되어 있어 중국어의 '……的'나 '是……的' 문장 구조에 해당한다. 또 '변화상(变化体)'에서 술어는 주어가 어떤 변화를 실현하였는지를 설명하는데, 서술적이며 동적인 서술에 편중되어 있어 중국어의 '……了' 문형에 해당한다.[21] 이런 차이는 문법 형식적으로 문미에 sa(또는 변체 s 또는 sin)를 추가하지 않는 것으로 나타난다. 예를 들어, 주어가 1인칭 단수인 경우 문미의 $n^{31}\eta ai^{33}$는 존재를 나타내고, $sa^{33}\eta ai^3$는 변화를 나타낸다. 이 두 종류의 문장 내부에는 모두 완료와 미완료의 구별이 있는데, 존재문에는 미완료의 존재를 나타는 것과 완료의 존재를 나타내는 것이 모두 있는데, 예를 들면 다음과 같다.

---

20 역자주: 징포족(카친족)이 사용하는 중국티베트어족 언어의 일종으로 카친어(Kachin)라고도 한다.
21 저자주: 1권 제6장 3.1절을 참조. 중국어의 '有'는 상표지하고 한다면, 그것은 무에서 유를 창조하는 '有상'을 나타낸다.

ŋai³³   ka³¹lo³¹   ŋa³¹       n³¹ŋai³³.
나      하다      (조동사)    (문미)
我在做的。
나는 하고(만들고) 있다. (미완료된 존재)


ŋai³³   ka³¹lo³¹   ju³³       n³¹ŋai³³.
나      하다      (조동사)    (문미)
我做过的。
나는 했다. (완료된 존재)


ŋa³³은 진행 중인 것을 나타내는 조동사이고, ju³³는 동작이 완료되었거나 경험한 것을 나타내는 조동사이다. 마찬가지로, 변화문에는 완료를 나타내는 변화도 있고 미완료를 나타내는 변화도 있다. 예를 들면 다음과 같다.


ma³¹   khʒap³¹   sai³³.
아이   울다      (문미)
孩子哭了。
아이가 울었다. (완료된 변화)


ma³¹   khʒap³¹   wa³¹   sai³³.
孩子   哭        (助动)  (句尾)
孩子哭起来了/孩子在哭了。(未完成的变化)
아이가 울기 시작했다/ 아이가 울고 있다. (미완료된 변화)


An55the³³   ʃoŋ³   wa³¹   ma³¹kaŋ³³   na³³   sa55kaʔ³³ai³³.

| 我们 | 先 | 回 | 边 | 要 | (句尾) |
|---|---|---|---|---|---|

我们要先回了。(未完成的变化)

우리는 먼저 돌아가야 겠다. (미완료된 변화)

wa$^{33}$는 동작이 시작되거나 점진적으로 변화하는 상태 또는 현재 진행 중에 처해 있음을 나타내는 조동사이고, na$^3$는 동작이 곧 진행됨을 나타내는 조동사이다. 변화상이란 바로 '무에서 유에 이름'을 의미하는데, 예를 들면 아이가 울지 않다가 울게 되거나 울고 있지 않다가 울고 있는 상태에 이르게 되는 것이 그러하다.

중국어 '是'와 '有'의 주요 구분 및 이 구분의 성격을 명확하게 밝히는 것은 다른 민족 언어의 문법 양상을 분명하게 파악하는 데 도움이 될 것이며, 역으로 말해도 마찬가지다.

## 제6절 철학적 배경

철학은 과학 패러다임의 혁신을 직접적으로 계발할 뿐만 아니라 과학자의 비판정신을 강화하고 그들의 상상력을 향상시킬 수 있다. 20세기 초엽 선두 대열에서 나아갔던 물리학자들은 거의 모두가 철학자였다. 근대 자연과학이 서양철학의 배경에서 탄생하고 발전해 왔지만, 이것이 결코 서양철학만이 자연과학의 정신적 자원이 될 수 있다는 것을 의미하지는 않는다. 일본의 과학자이자 노벨 물리학상 수상자인 유카와 히데키(湯川秀樹)는 일찍이 노장(老庄) 사상이 그의 과학적 발견에 긍정적인 영향을 미쳤다고 솔직하게 토로한 바 있다.(钱捷 2012)

문법 이론은 철학적 기초가 없으면 깊이가 부족하다. 한편, 언어학자가 보기에 언어분석을 중시하는 철학자도 마찬가지여서, 철학적으로 논의되는 개념의 차이는 언어 형식에서 증거를 찾아야 비로소 성립된다. 인도유럽어는 명사와 동사의 구별, '사물'과 '사건'의 구별을 중시하는데, 중국어는 이러한 구별을 중시하지 않고 '是(이다)'와 '有(있다)'의 구별을 중시한다. 인도유럽어는 동사가 중심이 되고 명사는 동사에 종속되지만, 중국어는 명사가 근본이 되고 동사도 명사에 포함된다. 이러한 중국어와 인도유럽어의 중요한 차이에는 깊은 철학적 배경이 숨어있다.

자오위안런(赵元任)은 중국어와 인도유럽어의 차이를 설명하면서 중국과 서양철학의 차이에 대해 이야기하였다. 그는 '存在(존재하다)'와 '是'의 연결을 특별히 차단한 채 그것을 '有'와 연결하지 않는 한, 서양철학의 'being'에 관한 문제를 중국어로 명확하게 설명하기는 어렵다고 주장하였다. 앞의 제3절은 언어 사실에 근거하여 서양은 to be인지 아니면 not to be인지의 문제를 중시하고, 중국은 '有'인지 아니면 '无(없다)'인지의 문제를 중시한다고 지적하였다. 철학계에서도 이 문제에 대한 논의가 끊이지 않고 있으며, 근년에는 더욱 뜨거워지고 있다. 장둥순(张东荪 1938)은 일찍이 중국어는 반드시 주어를 가질 필요가 없고, 영어 it에 상당하는 글자도 없으며 to be에 상당하는 글자도 없다고 주장했다. '是'에는 존재의 의미가 없기 때문에 중국의 논리학은 동일률(同一律)을 유일한 기초로 삼지 않는다. 펑요우란(冯友兰 1964: 44)은 "『노자(老子)』의 우주관에는 도(道)·유(有)·무(无) 세 가지 주요 범주가 있다. 도는 곧 무이기 때문에 실제로는 오직 유·무의 두 가지 중요한 범주만 있다"고 하였다. 류리민(刘利民 2009)에서는 서양철학이 being을 둘러싸고 형이상학적 사변에 들어간 반면, 중국 선진(先

秦) 명가(名家)는 동사 '有'에 대한 성찰을 통해 형이상학적 사변에 들어갔으며, '有无(유무)'라는 개념은 중국 전통 철학 본체론 안에서 핵심적인 개념이라고 논술하였다. 상제(尚杰 2009)에서는 중국어에서 '是'는 묵인된 무표적 개념이고, '有'야말로 '是'의 개념과는 다른 유표적 개념으로, 특히 유의해야 한다고 하였다. 중국인들은 '유추(analogy, 类比)'에 익숙해서 '是'를 '好像是(아마 ~이다)' 또는 '就当是(~로 간주하다)'로 바꾸어버렸으니, '갑은 을이다(甲, 乙也)'가 전통적인 훈고학의 기본 양식이 되었다.[22] 왕루(王路 2013)에 따르면, 서양의 being에는 '是'의 의미도 있고 '存在'의 의미도 있는데, 중국인들은 이를 번역할 때 그 가운데 하나만 선택함으로써 이해에 '전반적으로 편차가 나타났다'. 왕루는 이러한 이해의 편차가 근본적인 것이어서 심각한 결과를 초래하게 된다고 지적하였다.

'是'와 '有'에 대한 논의는 필연적으로 '物(물, 사물)'과 '事(사, 사건)'의 관계로 이어진다. 양궈룽(杨国荣 2010)에 따르면, 중국 철학은 아주 일찍이 '物'과 '事' 사이의 관계에 주목하였으며, 정현(郑玄)[23]은 『대학(大学)』의 '物'을 해석하면서 '物, 犹事也。(물은 사와 같다.)'(『礼记注·大学』)고 여겼다. 이 정의는 후발 철학자들에게 거듭 인정을 받았는데, 예를 들어 주희(朱熹)『대학장구(大学章句)』에서 '物'에 대한 위 해설을 계승하였고, 왕양명(王阳明) 역시 "物即事也。(물은 곧 사이다.)"[24]라고 직설하였다. '物, 犹事也'의 '犹'는 '마

---

22  저자주: 이를 통해 중국어에 '他是个日本太太(그는 일본 부인이다)'와 '我是肉丝面(나는 러우쓰미엔(잘게 썬 고기를 넣은 국수)이다)' 같은 표현이 많은 이유를 알 수 있다. 중국인에게 '是不是'는 중시하고 깊이 연구할 가치가 없는 문제이다.

23  역자주: 정현(郑玄, 127-200): 중국 후한의 유학자로 경서 해석의 대가.

24  저자주: 왕양명의 '物即事也(물은 곧 사이다)'의 '物'는 '뜻이 있는 곳(뜻이 있는 곳이 곧 사물이다)'을 의미하며, 객관적으로 존재하는 물건을 의미하는 것이 아니다. (王阳明 2012:5, 41).

치 …와 같다, 마치 …과 비슷하다'로 해석되는데, 예를 들면 '夫兵, 犹火也(병력은 불과 같다)'가 그러하다. 이 책의 관점은, '物犹事也'는 '事亦物也(사 또한 물이다)'에서 왔으며, '事亦物也'는 말하지 않아도 자명하여 말할 필요가 없다는 것이다. 이에 대해서는 1권 제5장 4절을 참조할 수 있다.

중국어가 사변자(思辨者)에게 제공하는 중점은 '名(명)'이고 명가의 사상적 특질은 '오로지 名에 의해서만 결정된다(专决于名)'. 여기서 '名'은 분명히 구체적인 '사물'의 이름에만 국한되지 않고 '사건'과 '성질·형상'의 이름도 포함한다.(1권 제4장 3.1절) 샹졔(尚杰 2009) 역시, 서양에서 속성은 사물과 떨어져 있지는 않지만 또 사물은 아닌데, 중국에서 속성은 사물에 속하면서 그 자신도 역시 '사물 그 자체(事物本身)이다'라고 지적하였다. 궈사오위(郭绍虞 1979: 142)는 언어의 각도에서 중국의 옛사람들은 事와 物을 동등하게 대하였으며, 단지 허와 실의 구분만 있을 뿐이라고 주장하였다. 이의 가장 유력한 증거로 궈샤오위가 제시한 예는 '台上坐着主席团(무대 위에 주석단이 앉아 있다)', '后来又来了不少人(나중에 또 많은 사람들이 왔다)'과 같이 '事'와 관련된 시간사와 공간사가 모두 명사로 간주되는 점, 수식어미 '的'와 '地'를 구어에서는 구분하지 않는 점, 명량사가 풍부하고 발달한 점 등을 들었다. 동서양의 철학적 배경의 차이는 '사물(thing, 事物)', '사건(event, 事情)', '사실(fact, 事实)'의 삼자관계를 통해서도 살펴볼 수 있다.

천쟈잉(陈嘉映 1999, 2003)은 중국어와 영어에서 이 세 가지 철학 개념의 분합을 다음과 같이 논술하였다. 명사는 사물을 지칭하는데 쓰이고 동사는 사건을 진술하는 데 쓰이는데, 영어에서는 사실이 사물과 함께 하지만 사건과는 대립한다고 논술하였다.

John's painful death
존의 고통스러운 죽음(사망한 사실)

John's dying painfully.
존은 고통스럽게 죽어가고 있다.(사망한 사건)

There's no investigation of it.
그것에 대한 조사는 없다.(조사한 사실이 없다)

They've not investigated it.
그들은 그것을 조사하지 않았다.(조사한 사건(일)이 없다)

영어에서 사망한 사실과 조사한 사실은 각각 명사 death와 investigation으로 나타내고, 사망한 일과 조사한 일은 각각 동사의 분사형식 dying과 investigated로 나타내므로 사실과 일의 품사가 다르다. 그런데 중국어는 단어 형태적으로는 이를 구별할 수 없으며, 조사한 사실이 있음을 부정하는 것도 '没有调查(조사가 없다)'라고 말하고, 조사한 사건(일)이 있음을 부정하는 것도 역시 '没有调查(조사하지 않았다)'라고 말한다. '张三的死(장싼의 사망)'가 사실이든 사건이든 모두 '死(사망)'이다. 단어 형태적으로는 차이를 식별할 수 없지만, 사실을 가리킬 경우에는 '什么(무엇)'로 지칭하고, 사건을 가리킬 경우에는 '怎么样(어떠하다)'으로 지칭한다. 사물도 '什么'로 지칭하기 때문에 중국어는 사실과 사물이 같은 종류라고 말할 수 있다.

没有什么? 没有面包_事物。
뭐가 없어? 빵_사물이 없어.

没有什么? 没有调查事实。

뭐가 없어? 조사(한 사실)사실가 없어.

没有怎么样? 没有调查事情[25]。

어떠한 것이 없어? 조사하사건지 않았어

천쟈잉(陈嘉映 1999, 2003)에 따르면, 철학자 오스틴(Austin)[26]과 스트로슨(Strawson)[27] 사이에는 사실과 사건에 대한 한 차례 논쟁이 있었다. 스트로슨은 사건은 사건이고 사실은 사실이므로 양자는 동일하지 않으며, 사건은 세상에 존재하지만 사실은 세상에 존재하지 않는다고 보았다. 오스틴은 이 견해가 '사실에게 불공평'하며 사건과 사실은 종종 동일하다고 보았다. 그는 독일의 붕괴는 하나의 사건이자 사실이라고 주장했다. 그렇다면 사건과 사실은 도대체 별개인가 아니면 동일한 것인가?

중국어의 관점에서 사건과 사실은 같은 일이기도 하고 아니기도 하다는 것이 우리의 대답이다. 사건도 사실이기 때문에 양자는 같은 일이다. 하지만 또 사실이 모두 사건은 아니므로 양자는 같은 일이 아니기도 하다.

일반적으로 사물과 사실은 부정사 '无'(예: 无面包(빵이 없다), 无调查(조사한 것이 없다))를 사용하여 부정하고, 사건은 '未'(예: 未调查(조사하지 않았다))를 사용하여 부정한다. 사물과 사실은 '什么'를 사용하여 지칭하고, 사건은

---

25 저자주: 주더시(朱德熙 1982: 124)에 의하면, '没有调查'라고 할 때 '调查'가 사실이면 '지칭성의 목적어'라 하고, '调查'가 사건이면 '서술성 목적어'라 한다.

26 역자주: 존 랭쇼 오스틴(John Langshaw Austin, 1911-1960): 영국의 언어철학자. 화행론(언어행위이론)으로 유명하다.

27 역자주: 피터 스트로슨(Strawson, Peter Frederic, 1919-2006): 영국의 철학자. 1950년대 이후 영국 철학계에서 일상언어학파의 지도적 입장에 섰다.

'怎么样'을 사용하여 지칭하므로 일반적으로 사실과 사건은 별개의 일이라고 생각한다. 그런데 1권 제3장 2절에서 이미 중국어의 실제는 이러한 일대일대응관계가 아니라 비대칭 관계라고 설명하였다. '未'는 단지 사건만 부정할 수 있으나, '无'는 사건과 사실을 모두 부정할 수 있다. '怎么样'은 단지 사건만 지칭할 수 있지만, '什么'는 사건과 사실을 모두 지칭할 수 있다.

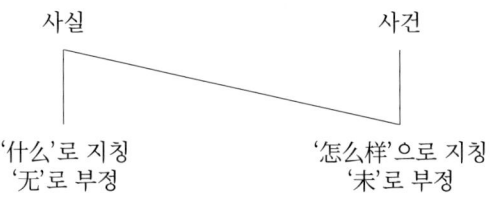

사실은 '什么'와 '无'에만 대응하고, 사건은 '怎么样'과 '未'에도 대응하고 '什么'와 '无'에도 대응한다. 이러한 비대칭 관계로 보면 오스틴과 스트로슨의 논쟁은 그나마 오스틴의 시각이 대체로 언어 현실과 부합한다고 하겠다.

그렇다면 왜 이러한 비대칭 관계일까? 천쟈잉(陈嘉映 2001)은 이렇게 설명한다. '사건'은 그 발생-과정-종료의 각도에서 볼 수도 있고, 실제로 발생하여 이미 존재하고 있다는 각도에 볼 수도 있다. 그런데 '사실'은 오직 하나의 사건이 이미 발생하여 존재하고 있다는 각도에서만 볼 수 있다. 따라서 '发生了一件事情(하나의 사건이 발생했다)'라고는 말할 수 있지만, '发生了一件事实(하나의 사실이 발생했다)'라고는 말할 수 없다. 사실은 논증을 위해 이미 발생한 사건에서 절취한 부분인 것이다. '사건'은 숲에서 자라는 나무이고 '사실'은 목재이다. 당신은 이 나무들을 가리켜 모두 목재라고 말할 수는 있지만, 목재를 모두 나무(树: 생명이 있는 존재)라고 말할 수는 없다. 이를 통해 천쟈잉(陈嘉映 2001) 역시 마찬가지로 사건도 사실이라고 보았으며, 사실을 보여주는 것이 모두 사건을 말하는 것은 아니지만 사건을 말하는 것은 곧 사실을 보여주는 것이라고 생각한다는 것을 알 수 있다. 다시 말해, 사실이 사건을 포함하고 있다는 것이다.

  천쟈잉은 또 사물과 사건을 분리하고, 사실과 사건을 분리하는 것은 '아마도 본래 언어가 가져온 결과', 즉 인도유럽어의 '명동분립'이 가져온 결과라고 하였다. 그래서 중국어의 각도에서 보면 다음 두 문장에서 '火灾(화재)'와 '爆炸(폭발)'는 사건을 가리키는 것과 사실을 가리키는 것이 본래 하나의 형식임을 보여준다고 주장했다.

    火灾/爆炸发生了。
    화재가/폭발이 발생했다. ('火灾/爆炸'는 사건을 가리킴)

    火灾/爆炸证明市政管理何其混乱。
    화재는/폭발은 도시 행정 관리가 얼마나 엉망인지를 증명한다.
    ('火灾/爆炸'는 사실을 가리킴)

  사건을 진술하는 '爆炸'(锅炉房爆炸了(보일러실이 폭발하였다))와 사건을 지칭하는 '爆炸(爆炸发生了(폭발이 일어났다))'도 형식이 같다.

  언어유형과 언어변화의 관점에서 문제를 본다면, 사실이 사건을 포함하는 상태는 언어의 본래 상태이고, 사건과 사실이 분리된 상태는 언어의 파생 상태라고 결론지을 수 있다. 영어는 단어 형태적으로 사실과 사건을 구분하는데, 이는 영어의 동사는 이미 명사에서 분리되어 나와 하나의 독립된 부류로 '명동분립'의 구도를 형성하였으므로 명사와 동사의 구별(예: die와 death, explode와 explosion의 차이)을 중시하기 때문이다. 하지만 중국어의 동사는 아직 명사로부터 분리되어 나오지 않은 '명동포함'의 구도이므로 명사와 동사의 구별을 중시하지 않고, 사실과 사건 역시 구분되기도 하고 구분되지 않기도 하는 본래의 상태를 나타낸다.(2권 제3장 5절) 만약 스트로슨과 오스틴이 중국어가 '명동포함' 구도라는 것을 알았다면, 아마도 두 사람의 관점이 이렇게 첨예하게 대립하지는 않았을 것이다.

결론 부분 제3절에서 또한 '대립(対立)'과 '대대(대응)'이라는 두 가지 범주관의 각도에서 중국어 '是'와 '有'의 주요 구분이 갖는 철학적 배경을 추가로 설명하기로 한다.

제5장

'단쌍구분'의
지위와 역할

## 제1절 '명동구분'보다 중요한 '단쌍구분'

    문법체계에서 보면 언어마다 중시하는 범주의 구분은 차이가 난다. 2권 제3장에서 인도유럽어는 '명사'와 '동사'의 구분을 중시하고, 통가어는 단어 타입(word type, 词型)과 단어 토큰(word token, 词例)의 구분을 중시한다고 설명하였다. 2권 제4장에서 중국어는 '단언/시비/직설'과 '서술/유무/비직설'의 구분을 중시한다고 설명하였다. 서로 다른 언어의 문법을 비교, 연구함에 있어 중요한 것은 각 언어가 어떠한 유형의 구분을 중시하는지 확실히 파악하는 것이다. 그런데 인도유럽어의 관점을 그대로 가져와서 다른 언어에서 전통적으로 인정하는 구분을 의심 없이 받아들여서는 안 된다. 한 언어가 어떠한 범주 구분을 중시하는지는 형식에서 착안하여야 한다. 앞 장에서 중국어의 주요한 구분은 바로 '是/的'와 '有/了'의 구분에서 착안했다고 설명하였다. 이 장에서는 쌍음절화로 인해 야기되는 단음절어와 쌍음절어의 구분은 중국어의 뚜렷한 형식적 구분이며, 이 구분 및 이로 인해 야기된 쌍음절어와 3음절어의 구분, 그리고 단·쌍음절 조합 방식에 대한 구분의 위상과 역할이 중국어에서 매우 중요함에도 과거에는 이에 대한 인식이 대단히 부족했음을 설명하고자 한다. 단음절어와 쌍음절어의 구분은 이하 '단쌍구분(单双区分)'이라 칭하고, 이들의 조합 방법은 이하 '단쌍조합(单双组配)'이라 칭하기로 한다.[01]

인도유럽어가 중시하는 것이 '명동구분'은 단어의 형태로 입증하지만, 중국어는 '단쌍구분'을 중시하는 것 자체가 일종의 형태이다. 문제를 보다 명확하게 하기 위해 여기서는 술어-목적어와 관형어-중심어의 두 가지 구조에 대해 집중적으로 고찰하고자 한다. '房屋(집)'는 명사이고 '出租(임대하다)'는 동사이지만, 다른 도움이 없다면 우리는 '出租房屋(주택을 임대하다/임대주택)'가 술어-목적어 구조인지 관형어-중심어 구조인지 알 수가 없다. 마찬가지로 '养殖对虾(새우를 양식하다/양식새우)', '冷冻猪肉(돼지고기를 냉동하다/냉동돼지고기)', '组装衣柜(옷장을 조립하다/조립옷장)', '研究方法(방법을 연구하다/연구방법)' 등도 같은 부류의 예이다. 또 '田(밭)'은 명사이고 '耕(갈다, 경작하다)'은 동사지만, 역시 다른 도움이 없이는 '耕田(밭을 갈다/간 밭)'이 술어-목적어 구조인지 관형어-중심어 구조인지 알 수 없으며, 이는 '赛车(차로 경주하다/경주용 차)', '跑马(말을 달리다/달리는 말)', '蹦床(트램펄린(Trampoline) 하다/트램펄린)', '劈柴((도끼로)장작을 패다/패놓은 장작)', '煎饼(떡 따위를 지지다/지진 떡[전병])', '剪纸(종이를 자르다/자른 종이)', '印花(꽃(무늬)을(를) 새기다/새겨 넣은 꽃(무늬))', '染衣(옷을 물들이다/물들인 옷)' 등도 마찬가지다. 그러나 음절의 수를 변경하여 단음과 쌍음을 서로 조합한 [2+1] 구

---

01  저자주: '단음절어'와 '쌍음절어'라는 명칭을 사용하는 것은 단지 이미 굳어진 습관을 고려한 것일 뿐이며, 보다 더 정확한 명칭은 '단음자'와 '쌍음자'(徐通锵2008)이다. '字(자)'라는 글자는 원래 단음자만을 가리켰으나 나중에는 단음, 쌍음, 다음자를 두루 가리키게 되었다. 이러한 글자 의미의 파생 방식은 '江'자나 '河'자와 같다. '江'은 원래 양쯔강만을 가리키고, '河'는 황하만을 가리켰으나 나중에는 모든 종류의 강과 하천을 가리키게 되었다.

조의 '出租房(주택을 임대하다)', '轮耕田(윤작농지)', '养殖虾(양식새우)', '比赛车(레이싱카)'는 십중팔구 술어-목적어 구조가 아닌 관형어-중심어 구조이고, [1+2] 구조의 '租房屋(주택을 임대하다)', '耕衣田(농경지를 경작하다)', '养对虾(참새우를 양식하다)', '赛单车(자전거를 경주하다)'는 관형어-중심어가 아닌 술어-목적어 구조인 것이 확실하다. 이것은 바로 뤼수샹(吕叔湘 1963)이 처음 지적한 것으로, 3음절 조합의 경우 관형어-중심어 구조는 [2+1]을 정상적인 형태로 보고 술어-목적어는 [1+2]를 정상적인 형태로 본다는 것이다. 왕훙쥔(王洪君 2001)은 이를 '리듬의 정상적인 형태(节律常态)'라고 칭하였다.

관형어-중심어 구조: 出租房(임대주택) *租房屋
술어-목적어 구조: 租房屋? 出租房(주택을 임대하다)

관형어-중심어 구조는 [2+1]을 정상적인 형태로 하며, 이때 관형어는 명사든 동사든 상관이 없다. 예를 들면 다음과 같다.

| | | |
|---|---|---|
| [2+1] | 鞋帽店 신발 모자 가게<br>金钱梦 돈을 버는 꿈<br>衣帽间 옷이나 모자 보관소 | 中药铺 한약방<br>手表厂 손목시계 공장<br>氧气罩 산소마스크 |
| [1+2] | *鞋商店<br>*钱梦想<br>*衣房间 | *药商铺<br>*表工厂<br>*氧面罩 |
| [2+1] | 出租房 임대주택<br>控制柄 조종간<br>演奏团 연주단 | 瞭望塔 전망대<br>打击面 타격 범위<br>学习机 학습기 |

| [1+2] | *租房屋<br>*控手柄<br>*演团体 | *望塔楼<br>*打面积<br>*学机器 |
|---|---|---|

또 중심어에는 다음과 같은 단음절 동사도 많다. 예를 들면 다음과 같다.

三级跳 삼단뛰기　　　　离别恨 이별의 한
俯卧撑 팔굽혀펴기　　　出国热 해외 진출 열풍
龙虎斗 용과 호랑이 싸움　百日咳 백일해
窝里反 집안싸움. 내홍　　阴阳判 음양의 속성에 따른 완전
姐弟恋 연상연하 커플　　히 상반된 판결
鸳鸯配 원앙 같은 어울림　散文选 산문선
姑嫂争 올케와 시누이 싸움　论文集 논문집
妻管严 공처가　　　　　　十三问 열 세 개의 질문
习马会 시진핑과 마잉주의 만남　连锁变 연쇄적인 변화
西藏行 티베트 여행　　　全年租 연간임대
欧洲游 유럽여행　　　　　人来疯 사람이 오면 나타나는 실
秋雨吟 가을비를 읊음　　　성함(어린아이가 손님이 오면 장난이
安乐死 편안하고 즐거운 죽음　더 심해지거나 떼를 쓰는 것)
三七开 3대 7로 분배　　　母狮吼 어미 사자의 포효
壁上观 장벽위에서 관망함-어느　本字考 본 글자(원문)에 대한 고찰
편도 들지 않고 승부를 관망함　包包控 가방에 대한 집착

이러한 [2+1] 관형어-중심어 구조 역시 [1+2]와 대립을 형성한다.

双虎斗 호랑이 싸움　　*虎争斗
全年租 연간 임대　　　*年租用
欧洲游 유럽여행　　　*欧旅游
论文集 논문집　　　　*文结集
离别恨 이별의 한　　　*离悔恨
母狮吼 암사자의 포효　*狮吼叫
十三问 13개 질문　　　*三问答
本字考 본자 고증　　　*字考证
包包控 가방애호가　　*包控制

　술어-목적어 구조는 [1+2]가 정상적인 형태인데, 목적어가 동사일 경우에도 쌍음절은 좋고 단음절은 좋지 않다. 하지만 이는 단음절 동사가 명사성이 부족해서가 아니라 목적어가 명사일 경우에도 구도가 똑같기 때문이다. 예를 들어 보자.

**목적어가 동사**　　　　　**목적어가 명사**

比长跑 ?比试跑　　　　　租房屋 ?出租房
장거리 달리기를 겨루다　　주택을 임대하다

学画画 ?学习画　　　　　买粮食 ?购买粮
그림 그리기를 배우다　　　식량을 사다

谈买卖 ?谈判买　　　　　关门窗 ?开关窗
사업을 말하다　　　　　　문과 창을 닫다

做调查 ?进行查　　　　　传疾病 ?传播病
조사를 하다　　　　　　　질병을 퍼뜨리다

단음절 동사는 명사성이 결여되어 관형어가 되기에 적합하지 않다고 말하는 것은 관형어-중심어 구조인 '租房屋'와 '碎机'가 성립하지 않는 이유를 설명할 수는 있지만('粉碎机(분쇄기)'라고 말해야 함), '砍刀(큰 칼)'나 '睡衣(잠옷)'가 성립하는 이유는 설명할 수가 없다. 그런데 이러한 관형어-중심어의 조합은 매우 보편적이다.

| | |
|---|---|
| 躺椅 리클라이너 의자 | 欠条 차용증 |
| 摇杆 로킹 레버(rocking lever) | 签证 비자 |
| 睡床 침대 | 叫名 명의상 부르는 이름 |
| 站笼 죄인을 안에 넣어 세우고 머리만 밖으로 내놓도록 되어 있는 바구니 모양의 형구 | 拼盘 모듬요리 |
| | 骗局 꿍꿍이 수작 |
| | 跑车 스포츠카 |
| 唱机 축음기 | 念珠 염주 |
| 按钮 버튼 | 说辞 변명 |
| 挂钩 갈고리 | 耕牛 농우 |
| 挡板 바람 막는 판자(문) | 炼狱 연옥 |
| 养女 양녀 | 来路 내력 |
| 蹲坑 화변기 | 动脉 동맥 |
| 打手 고용된 폭력배 | 冻疮 동상 |
| 赢家 승리자 | 开本 인쇄 판형 |
| 做法 방법 | 租费 임대료/임차료 |
| 抗体 항체 | 倒爷 폭리를 취하는 업자 |
| 施主 시주 | 剩女 노처녀 |
| 看台 관람석 | 煮夫 집안일 전담 남편 |
| 笑脸 웃는 얼굴 | 达人 달인 |

哭腔 흐느끼는 목소리　　損友 손해를 끼치는 나쁜 친구
进程 진행하는 과정　　　吃货 식충이
升力 수직 방향으로 작용하는
　　 힘

　혹자는 이러한 [1+1] 조합이 단지 조어법에 불과하다고 말하지만, 중국어는 단어와 구의 경계가 명확하지 않고(아래 제5절 참조), 또 현대중국어에서 이러한 조합은 생산성도 높아서 다음과 같은 유추도 가능하다.

唱机 노래를 재생하는 기계/축음기
唱本 가극에서 노래하는 대사가 적힌 책자
唱段 가극에서 노래 부르는 단락
唱工 가극에서 노래하는 기교
唱腔 가극에서 노래 부르는 형식
唱谱 노래 부르는 곡보
唱片 노래가 녹음된 레코드
唱碟 노래가 녹음된 디스크
唱词 가극에서 노래로 부르는 대사
唱名 악보를 쉽게 부를 수 있도록 음계의 각 음급을 나타내는 명칭
刨床 공작물의 평면이나 홈을 깎는 선반/평삭반
冲床 공작물에 압력을 가해 구멍을 뚫어 표를 내는 선반. 펀치프
　　 레스
剪床 공작물을 자르는 선반/전단기
锯床 기계톱이 장착된 선반/기계톱
拉床 브로치로 복잡한 모양의 구멍을 당기면서 깎는 선반/브로

　　　　치반

磨床 회전 숫돌을 회전하여 공작물의 면을 깎는 선반/연마반

铣床 회전축에 고정한 커터로 공작물을 절삭하는 선반/프레이즈반

旋床 바이트로 회전하는 공작물을 깎아서 가공하는 선반

钻床 드릴링 머시인 선반

镗床 내면 연삭반(내면을 연삭하는 선반)

　이와 같은 신조어는 아주 많다. 위에서 제시한 '吃货', '剩女', '煮夫', '损友'가 모두 그 예이며, 언젠가 또 새로운 기계를 발명하면 '唱机'를 모방해서 '碎机'가 만들어질지도 모를 일이다.

　이것은 모두 단음절동사가 동사성이지만 명사성도 가지고 있다는 것은 보여주며, 이에 대해서는 1권 제2장 2.2절에서 이미 상세한 증명을 하였다. 아래에서는 이 사실을 '중요한 사실(重要事实)'이라고 부르기로 하며, 그것이 중국어 '명동포함' 구도를 지지함으로써 '명동구분'의 주장은 한계가 있다는 것을 증명하고자 한다.

　요컨대, 중국어에서 하나의 구조가 서술어-목적어인지 수식어-중심어인지를 판단하는 근거는 이 구조의 어느 구성 성분이 명사인지 동사인지를 보는 것이 아니라 어느 성분이 단음절이고 어느 성분이 쌍음절인지를 보는 것이다. 이것이 중국어에서는 명사와 동사의 구별이 전혀 쓸모가 없다는 것을 의미하지는 않으며, 명사와 동사의 구별이 그래도 어느 정도는 유용하다. '房屋出租(주택임대)'와 '房租(주택임대)'와 같은 조합의 경우, '房屋'와 '房'이 모두 동사가 아닌 명사라는 것을 안다면 명사는 일반적으로 목적어를 가질 수 없으므로 이들 조합이 그래도 술어-목적어 관계는 아니라고 배제할 수가 있다.(1권 제5장 2.3절) 그 밖에 비정상적인 음절조합에서

도 명사와 동사를 구별했을 때의 역할은 비교적 뚜렷하다.

관형어-중심어[1+2]　纸房子(종이집)　*租房子
술어-목적어[2+1]　　?出租房　　　*纸板房

관형어-중심어의 [1+2] 구조는 비정상 상태로, 단음절의 관형어가 명사인 것은 성립하지만 동사인 것은 성립하지 않는다. 그리고 술어-목적어의 [2+1] 구조도 비정상 상태로, 쌍음절의 술어가 동사인 것은 성립하지만 명사인 것은 절대 성립하지 않는다.

인도유럽어는 첫 번째 단계에서는 형태에 따라 '명사·동사'로 구분하고, 두 번째 단계에서야 '단음절-쌍음절'에 대해 제한적인 구분을 하는데, 음절의 상대적인 양 역시 명사와 동사를 구분하는 작용을 한다. 예를 들어, 영어 clothe(옷을 입히다)-clothing(의복), poor(가난하다)-poverty(가난), publish(공표하다)-publication(공표)과 같이 단음절은 동사, 쌍음절이나 다음절은 명사가 된다. 또 call(부르다/부르는 소리), jump(뛰다/점프), kick(차다/킥), shout(외치다/고함), cough(기침하다/기침), sneeze(재채기하다/재채기)와 같이 명사와 동사를 겸하는 단어의 대부분은 단음절어로, 쌍음절어는 적고 다음절어는 더욱 드물다. 그런데 음절의 양에 따라 명사와 동사를 구분하는 것은 영어에서는 중요하지 않아 음절의 양에 관계없이 주로 단어의 형태에 따라 구분된다. grammar(문법)는 명사이고, grammatical(문법의)과 grammaticalize(문법화하다)는 각각 형용사, 동사이다. 또 grammaticalization(문법화)은 명사가 되고 grammaticalizational(문법화의)은 형용사가 된다. 따라서 영어 문법책에서는 지금까지 음절의 양을 중요한 위치에 두고 기술하지 않았다. 그런데 중국어는 첫 번째 단계에서 '단음절-쌍음절'을 구분하고, 두 번째 단계에서야 비로소 '명사·동사'에 대해 제한적인 구분을 한다. 그런데 아쉬운 점이 과거에는 '단쌍구분'을 중요한 위치에 두고 기술하지 않았다는 점이다. 인도유럽어는 '명사·동사'형 언어이고, 중국어는 '단음-쌍음'형 언어이다.[02] 여기서 단쌍구분은 단순히 음성적인 구분만은 아니다. 아래에서는 그것이 중국어의 종합적인 형태변화의 일종임을 논증하고자 한다.

## 제2절 명사의 '허화'와 쌍음절화의 '충실'

중국어에서 쌍음절화의 문법적 역할에 대하여 과거 인도유럽어의 안목으로 '명동분립'에 입각한 견해는 단음절동사는 본래 명사성이 없으며 쌍음절화 이후에야 명사성을 갖는다는 것이다. 예를 들어 '击打(가격(하다))'와 '攻击(공격(하다))'는 단음절동사 '击' 또는 '攻'이 가지고 있지 않는 명사성을 가지고 있기 때문에 쌍음절화의 문법적 역할은 바로 '동사의 명사화(动词名化)'(이하 '구쌍음절화 이론(旧双音化说)'이라 칭함)라는 것이다. 그러나 이 견해의 첫 번째 문제는 '단음절동사는 동사성이 강하지만 명사성도 가지고 있다'고 하는 중요한 사실에 부합하지 않는다는 것인데, 이는 앞 절에서 이미 설명하였다. 두 번째 문제는 포괄적이지 않다는 것이다. 이 견해는 단음절명사가 쌍음절화 된 이후에 명사성이 강화된다는 무시할 수 없는 또 하나의 사실은 포괄하지 못한다. 이에 대한 설명은 다음과 같다.

---

02 저자주: 단음절 위주인 고대중국에도 '단쌍구분'은 존재하였다.

단음절명사가 발전하여 동사 용법이 생기면서 술어가 되고 나아가 목적어를 가지는 것은 고대중국어에서 이미 상당히 보편화되었다. 예를 들면, '车水(물을 관개용 수차로 빼다)', '衣人(사람에게 옷을 입히다)', '坑之(그들을 구덩이에 묻었다)', '丝蚕(누에고치에서 실을 뽑다)', '膏唇(입술에 연지를 바르다)', '妻之(그 여자를 아내로 삼다)', '树德(덕행을 쌓다)', '母天下(천하 사람들의 어머니가 되다)' 등등 수없이 많으며(예는 1권 제5장 2.1절 참조), 이러한 용법 가운데 많은 경우는 이미 고착화되었다. 예를 들면, '车水(물을 관개용 수차로 빼다)', '车垃圾(쓰레기를 차에 싣다)', '车走尸体(시신을 차에 싣고 가다)', '车螺丝钉(선반을 사용해서 나사못(나사선)을 깎다)', '车过身来(몸을 (이쪽으로) 돌리다)'에서의 '车'와 같은 것은 이미 동사라고 인정받는다. 이 현상을 '명사의 동사로의 허화'라고 한다. 그러나 이들 단음절명사가 쌍음절의 '汽车(자동차)', '车辆(차량)', '衣服(의복)', '泥坑(진창구덩이)', '妻子(아내)', '唇膏(립스틱)', '树木(나무)', '母亲(어머니)' 등등으로 변한 후에는 곧바로 원래의 동사 용법을 잃거나 약화된다. 왕둥메이(王冬梅 2001)는 현대중국어에서 명사를 동사로 사용하는 경우를 두 가지로 분류하였는데, 하나는 고정용법이고 다른 하나는 임시활용법이다. 그가 수집한 334개의 예에 근거하여 단음절과 쌍음절로 각각 집계한 결과는 다음과 같다.

| | 용법 | 예 문 | 수량 | 백분률 |
|---|---|---|---|---|
| 단음절 | 고정용법 | 把白菜窖上。<br>배추를 저장고에 넣어라. | 140 | 70% |
| | 임시활용 | 天哪, 电梯坏了, 要腿着了。<br>맙소사, 엘리베이터가 고장 나서 걸어가야 한다. | 60 | 30% |

| | | | | |
|---|---|---|---|---|
| 쌍음절 | 고정용법 | 先试点, 后推广。<br>먼저 시범을 보이고 나중에 홍보한다. | 20 | 15% |
| | 임시활용 | 她就这么和母亲距离着。<br>그녀는 그만 그렇게 어머니와 거리를 두고 있다. | 114 | 85% |

단음절(200건)과 쌍음절(134건)의 수량적인 차이는 현저하지 않지만, 고정용법과 임시 활용의 비율에서는 차이가 매우 크다. 단음절의 경우 고정용법과 임시활용의 비율은 7:3으로 고정용법이 우세를 점하는 반면, 쌍음절의 경우에는 두 용법의 비율이 1.5:8.5로 임시활용이 절대적으로 우세하다. 이 사실을 설명하기 위해서는 고대중국어에서부터 단음절명사의 동사적 사용(동사로의 허화)이 끊임없이 확장되고 대량으로 고착화된 반면, 쌍음절명사의 이러한 허화는 뒤늦게 또는 이제 막 시작되었으며 대부분이 아직 고착화되지 않았다고 하는 가설이 필요하다. 이러한 각도에서 보면 명사의 쌍음절화도 명사성을 강화시키는 역할을 한다.

뿐만 아니라 '명사성 강화'라는 역할은 동사보다 명사에게 있어서 더욱 중요하다. 왜냐하면 동사가 명사로 사용된 것('哭没用(우는 건 소용없어)'의 '哭'는 주어)이 명사가 동사로 사용된 것('要腿着了(걸어서 갈 거야)'의 '腿'는 술어)'보다 인지적으로 이해하기가 더 쉽기 때문에(1권 제5장 4절 참조), 더 어려운 경우인 명사가 동사로 사용된 것을 바르게 이해하도록 하는 것이 더 쉬운 경우인 동사가 명사로 사용된 것을 바르게 이해하도록 하는 것보다 더 중요하기 때문이다. 청샹칭(程湘清 2003)에 따르면 중국어의 역사에서 명사의 쌍음절화는 동사의 쌍음절화보다 앞섰고, 갑골복사에서 처음 출현한 쌍음절어는 대부분 명사였으며(向熹 2010: 368), 王洪君(2001)도 현대중국어의 통계 자료에 근거하여 명사의 쌍음절화는 빠르고 동사의 쌍음절화는 느리다는 사실을 증명하였다. 이러한 사실들도 모두 이 원리로 설명할 수 있다.

'명동포함'의 관점에서 보면 쌍음절화는 중국어의 형태적 수단으로 문법적 지위가 매우 중요하지만, 그 문법적 역할은 '동사의 명사화'가 아니라 '명사성을 증가·강화(增强名性)'하고 '동사성을 감소·약화(减弱动性)' 시키는 것이다. 이는 줄여서 간단하게 '증명감동(增名减动)'이라 부르는데, 이것이 '신쌍음절화 이론(新双音化说)'이다. 주의할 점은 '증명감동'이 동사와 명사 모두에게 작용하는 것이지, 동사에만 작용하는 것은 아니라는 것이다. 동사에 대한 작용은 원래 명사성을 가지고 있던 단음절동사의 명사성을 강화시키는 것이어서 '단음절동사는 동사성이 강하지만 명사성도 가지고 있다'고 하는 중요한 사실을 수용할 수 있다. 그리고 명사에 대한 작용은 이미 단음절명사로부터 파생된 동사성을 약화시키는 것이기 때문에 '단음절명사가 쌍음절화 후에는 명사성이 강화된다'라는 사실을 포괄할 수 있다.

쌍음절화의 '증명감동'이라는 것은 곧 실질적인 것을 증가시키고 공허한 것을 감소시키는 것인데, 이는 줄여서 '증실감허(增实减虚)'라고 한다. 名(명)은 实(실)하고 动(동)은 虚(허)하다. 옛 사람들은 줄곧 이 견해를 견지해 왔는데, 청대(清代) 원인림(袁仁林)은 『허자설(虚字说)』에서 '春风风人(봄바람처럼 남에게 불어주다)', 夏雨雨人(여름에 내리는 비처럼 남에게 적셔주다)', 解衣衣我(옷을 벗어 나에게 입히다)', 推食食我(자신의 음식을 밀어 나에게 먹였다)'에서의 명사 '风(바람)', '雨(비)', '衣(옷)', '食(음식)'는 모두 '실사를 허사로 사용한 것'이라고 한 것이 그 예이다. 오늘날 인지언어학은 동사가 주어·목적어로 사용될 때는 추상적이고 공허하여 포착하기 어려운 동작을 구체적이고 실제적인 사물로 간주하는 것, 즉 '허를 실로 간주(视虚为实)'하는 것으로 본다. 따라서 쌍음절화의 문법적 역할은 '충실(充实)'이라는 두 글자로 개괄할 수 있는데, 그림으로 나타내 보면 다음과 같다.

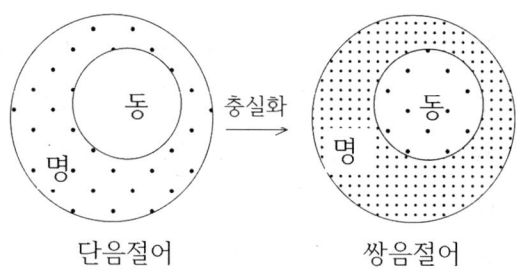

위의 그림에서 산재해 있는 점이 '무에서 유로(从无到有) 변한 것'과 '듬성듬성한 상태에서 빽빽한 상태로 변한 것(由疏变密)'은 모두 '충실화'를 나타낸다. 단음절어가 주를 이루는 고대중국어에서 '동'으로 표시된 왼쪽의 비어있는 작은 원은 명사 가운데 비교적 공허한 하위 부류 '동태명사(动态名词)'('击'가 대표적임)를 나타내고, '명'으로 표시된 산재해 있는 점이 있는 부분(큰 원에서 작은 원을 뺀 부분)은 '정태명사(静态名词)'('车'가 대표적임)를 나타낸다.

쌍음절어의 한쪽 끝, 점들이 듬성듬성 산재해 있는 '동'으로 표시된 작은 원도 비교적 공허한 하위 '동태명사'('攻击', '击打'가 대표적임)이지만, 단음절어 속의 작은 원에 비해서는 충실하다(명사성이 강화됨). 쌍음절어에서 산재된 점이 밀집된 '명'으로 표시된 부분('汽车', '车辆'이 대표적임)은 단음절의 정태명사가 쌍음절화를 거쳐 충실해진(동작성이 약화됨) 뒤에 고착화된 산물이다. 현대중국어는 단음절어와 쌍음절어가 공존하며 동태명사와 정태명사 모두 단음절어의 명사성은 상대적으로 약하고, 이에 대응하는 쌍음절어의 명사성은 상대적으로 강하다.

2권 제3장 5절은 유형론과 문법화의 관점에서 동사라는 부류는 명사라는 커다란 부류 안에서 일부가 점차 '허화'된 산물이라고 설명하였다. 일부 언어(라틴어, 독일어)의 경우, 동사범주는 명사라는 큰 범주에서 완전히 분화되어 나왔고, 또 다른 일부 언어(퉁가어)는 아직 이러한 분화가 완성되지 않은 반면, 중국어의 동사범주는 지금까지 이러한 분화가 아직 나타나지 않고 여전히 명사범주 안에 포함되어 있다. 명사와 동사가 이미 분립된 언어만이 비로소 동사의 '명사화'가 일어날 수 있고, 동사범주가 아직 분화되어 나오지 않은 언어(중국어와 퉁가어)는 동사의 '명사화'를 아예 말할 여지가 없다. 중국어는 두 세력이 지속적인 상호작용을 하면서 변화해왔다. 한 세력은 명사(정태명사, 동태명사 포함)를 끊임없이 동사로 '허화'하게 만들지만 아직 독립적인 동사범주를 형성하지는 않았고, 다른 한 세력은 약간 허화된 명사(정태명사, 동태명사 포함)를 쌍음절화가 다시 '충실'하게 만들어 실제의 명사로 회귀하게 한다.[03]

'엄밀성(严谨)'과 '간결성(简洁)'이라는 두 가지 기준(서론 제2절)을 통해 신구(新旧) '쌍음절화 이론'을 비교해보면 다음과 같다. 구이론은 '명동분립'을 기반으로 하여 단쌍조합과 관형어-중심어 구조, 술어-목적어 구조 사이의 관계를 전면적으로 해석하기 위해 모두 세 가지 가설에 의존하려한

---

03 저자주: 이 현상은 철학적 의미가 풍부하여 변화와 옛 것의 고수, 두 가지 중 하나가 부족하면 가질 수가 없다. 변화는 있지만 옛 것을 지키지 않으면 허무에서 허무로, 결과적으로 아무것도 가진 것이 없고, 옛 것만 고수하고 변화가 없으면 결국 옛 것을 고수할 수가 없다. 金岳霖 (1926)에서 재인용.

다는 것을 발견할 수 있다.

> 가설1: 역사적으로 명사는 쌍음절화가 빠르고 동사는 쌍음절화
> 가 느리다.
> 가설2: 단음절동사는 쌍음절화되어야 비로소 명사성을 가진다
> (동사의 명사화).
> 가설3: 현대중국어의 동사는, 쌍음절동사가 동사에서 명사로의
> 이동이 빠르고, 단음절동사는 명사로의 이동이 느리다.

가설1과 가설2를 합치면 왜 명사는 쌍음절을 위주로 하고 동사는 단음절을 위주로 하는지를 설명할 수 있다. 하지만 한가지 '중요한 사실(단음절동사가 동사성이지만 명사성도 가지고 있다는 것)'에 대해서는 설명할 방법이 없다. 단음절동사는 동사성이 강하지만 명사성도 여전히 가지고 있다. 이 사실을 설명하기 위해서는 현대중국어의 동사는 쌍음절동사와 단음절동사 모두 명사를 향해 이동하고 있으며, 쌍음절의 이동이 단음절보다 빠르다는 가설3을 추가하여야 한다. 그러나 자세히 따져보면 가설3은 부자연스럽고 비합리적이다. 단음절동사의 쌍음절화 결과 쌍음절동사는 명사성을 갖추게 되었는데, 이미 명사성을 가진 쌍음절동사가 왜 또다시 명사를 향해 이동해야 하는가? 부자연스럽고 비합리적이지만, 또 버릴 수도 없다는 것이 문제이다. 결국 이 이론은 엄밀하지도 간결하지도 않으니 '엄밀성'과 '간결성'에 동시에 위배된다.

'신쌍음절화 이론'은 '명동포함'을 기반으로 세워졌으며, 위에서 언급한 똑같은 '중요한 사실'을 설명하기 위해서는 아래 두 가지 가설에만 의존하면 된다.

가설1: 역사적으로 정태명사는 쌍음절화가 빠르고 동태명사는 쌍음절화가 느리다.

가설2: 쌍음절화는 명사성을 강화시키고 동사성을 약화시키는 '증명감동(增名减动)'의 문법적 기능을 한다.

이런 새로운 이론에 따르면, 중국어가 단음절 위주인 시대에 동태명사 (예: '击(치다)')는 이미 동사 쪽으로 깊이 허화되었고, 정태명사(예: '车(수레, 차)')의 동사로의 허화 정도는 동태명사보다는 낮았다. 단음절과 쌍음절이 공존하는 시대에 이르러서는 정태명사는 쌍음절화가 빠르므로 쌍음절('汽车(자동차)', '车辆(차량)')은 이미 매우 강한 명사성을 띠게 되었다. 하지만 동태명사는 쌍음절화가 느리므로 단음절('击')은 여전히 매우 강한 동사성을 가지고 있으며, 쌍음절('攻击(공격(하다))', '击打(가격(하다))')은 동사로의 허화 정도가 더욱 낮고 동사성도 더 약해서 '동사에서 명사로의 이동'이라는 문제가 아예 존재하지 않는다. 그러므로 구이론의 가설3은 근본적으로 불필요하며, 관련된 모든 사실에 대해 이미 설명이 가능해졌다. 신이론은 또한 논리적 선후와 역사적 선후를 일치시킨다. 역사적으로 먼저 단음절어가 있고 난 뒤에 쌍음절어가 생겨났으며, 쌍음절화는 '충실'이라는 역할을 하였다. 논리적으로 상반되는 '쌍음절동사가 먼저 명사 쪽으로 이동하는 것'이 현대중국어에는 존재하지 않는다(이에 관한 자세한 내용은 沈家煊 2011b 참조). 논리와 역사가 반드시 일치할 필요는 없지만 일치할 수 있다면 일치하는 것이 좋다는 점에 대해서는 1권 제4장 4.3절에서 이미 서술한 바 있다.

천닝핑(陈宁萍 1987)이 현대중국어의 쌍음절동사가 명사 쪽으로 이동하고 있음을 제기하면서 이들 쌍음절어를 '동사에서 온 명사'라고 부른 이후로 많은 사람들이 이 견해를 받아들였다. 하지만 이는 인도유럽어 '명동 분립' 관념의 지배를 받은 것으로 이치에 맞지 않다. '명동포함 이론'에 따르면, 현대중국어의 실제 상황은 '쌍음절동사가 명사 쪽으로 이동하고 있는 것'이 아니라, '쌍음절동태명사가 아직 동사 쪽으로 깊이 허화되지 않은 것'이다.

이것은 구체적으로, 쌍음절동태명사('攻击', '击打')는 주로 주어·목적어와 관형어가 되고, 술어가 될 때는 형식동사 '进行(진행하다)', '加以(…을 가하다)'의 도움을 빌려야 한다(1권 제6장 4절). 또 술어가 되더라도 경우에 따라서 목적어를 가질 수가 없거나 단일 목적어만 가질 뿐 이중목적어를 가질 수는 없으며, 또 목적어의 종류에 제한이 있는 경우도 있다(董秀芳 2013). 쌍음절정태명사('汽车', '车辆')가 술어로 활용되는 용법은 아직 매우 드물고, 대부분이 아직 고착화되지 않았다.[04]

동일한 사실을 해석하는 데 있어서 '신쌍음절화 이론'이 '구쌍음절화 이론'보다 가설이 하나 적고 이론의 자체모순이 없으며 역사적 해석과 논리적 해석이 일치하므로 새로운 이론을 믿어야 한다.

## 제3절 '단어-구 구분'보다 중요한 '단쌍조합'

쌍음절화는 '단쌍구분'을 만드는데, 이 '단쌍구분'이 만든 '단쌍조합'은 중국어에서 단어와 구의 구분보다 중요하다. 중국어에서 단어와 구를 구

---

04 저자주: 1권 제2장 5절에서 언급한 '专业(전문)', 高度(고도), 新式(신식), 重型(대형)'과 같은 비술어형용사(다수가 쌍음절) 역시 아직 술어로 깊이 허화되지 않은 명사 부류이다.

분하기는 매우 어려운데, 뤼수샹(呂叔湘 1979: 20-31)은 많은 지면을 할애하여 이에 대한 논의를 하면서 관련된 요소 다섯 가지를 다음과 같이 나열하였다.

(1) 조합과 조합의 성분을 단독으로 사용할 수 있는지 여부
(2) 조합을 분해할 수 있는지 여부
(3) 조합을 확장할 수 있는지 여부
(4) 조합의 특별한 의미 유무
(5) 조합의 길이

문제는 이 다섯 가지 기준이 항상 일치하지는 않는다는 점이다.
단독으로 사용할 수 있는지 여부에 따라 '駝(낙타)'와 '鴨(오리)'는 단독으로 사용할 수 없기 때문에 '駝毛(낙타털)'와 '鴨蛋(오리알)'은 단어라고 말하고, '羊(양)'과 '鸡(닭)'는 단독으로 사용할 수 있기 때문에 '羊毛(양털)'와 '鸡蛋(계란)'은 구라고 말하는데, 이는 좀 우스꽝스럽다. 또 '高射(로빙 숏(골키퍼의 머리 위를 넘기는 높고 느린 숏))'는 단독으로 사용할 수 없기 때문에 단어가 아니라고 말해도 크게 문제가 되지 않지만, '高射机关枪(고사 기관총)'은 좀 곤란하다. 단어라는 것이 그렇게 길지도 복잡하지도 않은 조합이라는 점을 고려한다면, '高射(고사(높이 쏨))'는 분명 '高射机关枪'보다 더 단어 같다.
특별한 의미 유무에 따라 똑같은 '吃饭(밥을 먹다)'이라도 만약 먹는 음식이 米饭(쌀밥)이라면 '吃饭'은 구이고, 馒头(만두)나 面条(면)라면 '吃饭'('식사하다'의 의미)은 단어이다. 하지만 문법적으로 보면 '吃(먹다)'와 '饭(밥)'의 관계는 특별할 것이 없는데, '吃着饭(밥을 먹고 있다)', '饭不吃了(밥은 안 먹어)'

등등과 같은 모든 문법 형식의 변화도 다 이 두 가지 의미의 '吃饭'에 적용된다.

분해할 수 있는지 여부에 따르면, '走路(걷다)', '洗澡(목욕하다)', '睡觉(잠을 자다)', '吵架(말다툼을 하다)', '打仗(싸움을 하다)' 등등은 분해할 수 있으므로 '洗个澡(목욕을 (한 차례)하다)', '吵一架(싸움을 (한 번)하다)' 같은 것은 구로 간주해야 한다. 이들은 단일한 의미만 있을 뿐인데 그 의미를 나누어서 조합된 각 성분에게 배당하기가 어렵기 때문에 혹자는 이러한 조합을 '이합사(离合词)'라고 한다. 둘로 나누지 않은 경우는 단어이고, 나눈 경우에는 구라는 것이다.

확장할 수 있는지 여부에 따르면 '大的树(큰 나무)'는 확장할 수 있으므로 구이고, '大树(거목)'는 확장할 수 없으므로 단어이다. 그러나 '大树'와 '大车(대형 짐차)'는 또 다른데, '大树'의 의미는 '大的树'와 같지만 '大车'의 의미는 '大的车(큰 차)'와는 다르다. 만약 '大车'만을 단어로 본다면, '大树'는 단어와 구의 두 가지 성질을 겸유하는 '구단어(短语词)'라고 부를 수밖에 없다. 유사한 예로는 또 '老实人(성실한 사람)', '胖娃娃(포동포동한 아이)'가 있다.

형태가 있는 언어가 반드시 단어-구의 경계선이 뚜렷한 것은 아니지만, 이러한 단어는 처리하기가 비교적 용이하다. 뤼수샹에 따르면, '铁路(철로)'의 경우 의미를 논하자면 구일 수도 있고 단어일 수도 있는데, 만약 '铁'와 '路'가 모두 특정 어미(심지어 중간에 전치사가 하나 있음)를 가지고 있다면 '铁路'는 구가 되지만, 만약 '路' 뒤에만 특정한 어미가 있다면 '铁路'는 단어가 된다. 통가어의 단어와 구는 강제적인 형식을 사용하여 더욱 엄격하게 이분한다(2권 제3장 3절). 중국어의 원형단어는 직접 지칭어와 술어가 될 수 있어서 단어와 구를 단칼에 나누기가 어려우므로 의견의 불일치가 특히나 많다. 위에서 서술한 5가지 요소는 취사선택과 순서가 다르면 다양한 다른 판단을 내릴 수 있으므로 결코 단어와 구 사이에 하나의 중간기착지를 설치한다고 해서 곧바로 문제를 해결할 수 있는 것이 아니다. 혹자는 '구단어'를 중간기착지로 하고 '大树', '老实人', '胖娃娃' 등의 형용사-명사' 조합을 모두 구단어로 분류하기도 하지만, 이 세 조합이 단어가 되는 정도도 역시 차이가 있다. 똑같은 [1+2]구조라고 해도 '新衣服(새 옷)' 와 '新款式(새로운 스타일)'는 확장이 불가능하지만(*最新衣服, *很小雨伞), '小雨伞(작은 우산)'과 '高智商(높은 지능지수)'은 확장이 가능하다(最新款式(최신 스타일), 很高智商(높은 지능 지수)). 왕훙쥔(王洪君 1994)은 모든 두 글자조합에 대해 세밀한 분석을 한 결과, '단어가능성(成词性)'의 강약이 비이산적(非离散性) '서열'을 형성한다는 것을 발견하였다.[05]

단어와 구의 차이는 모두 조합의 긴밀과 이완의 차이인데, '단쌍구분'이 만든 '단쌍조합'은 그 긴밀과 이완을 구별할 수 있다. 뤼수샹(呂叔湘 1979: 22)은 단어와 구를 구별할 때 단쌍구분을 고려해야 한다는 점을 이미 의식하였다. 그는 성분이 단독으로 쓰일 수 있는지 여부에 따라 '人造丝(인조 견사, 레이온)'는 '人造纤维(인조섬유)' 쪽으로 이해되므로 이들은 모두 두 개의 단어로 보는 것이 더 좋지만, '人造革(인조가죽)'는 하나의 단어로 간주할 수밖에 없다('革(가죽)'는 단독으로 사용할 수 없음)고 했다. 그렇지만 단어의 길이로 보면 똑같이 3음절인 '人造丝'와 '人造革'를 다르게 처리하기보다는('鸡蛋'과 '鸭蛋'의 문제) '人造丝'와 '人造纤维'를 다르게 보는 것이

---

05 저자주: 혹자는 이 쌍음절조합들을 모두 '운율어'로 통일하기만 하면 자오위안런(赵元任)이 말한 '음절어와 문장 사이 그 단계의 단위'(冯胜利2000: 77)를 찾은 것이라고 본다. 사실 자오위안런이 말한 음절어와 문장 사이에 있는 것은 '그 단어들'이지 '그 단계의 단위'가 아니며, 중간 단위는 한 단계가 아니라 여러 단계가 있다.

낮다고 말하였다. 유사한 예로는 '耐火—材料:耐火砖(불에 강하다—재료:내화벽돌)', '生物—制品:豆制品(생물-제품:콩제품)', '高压—电线:高压线(고압-전선:고압선)', '自由—体操:自由泳(자유-체조:자유형 수영)' 등이 있다. 뤼수샹은 하나의 쌍음절 조합은 일단 먼저 그것을 단어라고 가정하고, 그 다음에 이를 구라고 여길만한 다른 이유가 있는지를 살펴보아야 하는데, [2+2] 조합은 대부분 두 개의 단어로 보는 것이 좋고 [2+1] 조합은 대부분 하나의 단어로 보는 것이 좋다고 주장한다.

관형어-중심어 구조는 [2+1]이 정상적인 형태이고, 술어-목적어 구조는 [1+2]가 정상적이 형태인데, 이 리듬의 정상적인 형태는 뤼수샹이 일찌감치 지적한 것이다. 관형어-중심어 구조는 단어가 되는 경향이 있는데, 예를 들면 '出租车(택시)', '养殖虾(양식새우)'가 복합어인 것과 같다. 반면, 술어-목적어 구조는 구가 다수를 차지하는데, '租汽车(차를 렌트하다)', '养对虾(참새우를 양식하다)' 등이 그 예이다. 펑성리(冯胜利 1997, 2000)는 '[2+1]은 단어를 구성하고, [1+2]는 구를 만든다'라는 규칙을 명확하게 제시하였다. 왜 그 반대가 아닐까? 커항(柯航 2007)과 선쟈쉬안(沈家煊 2012e)은 이를 '긴밀도상성'의 원리로 귀결하였다. 다시 말해, 구조관계의 긴밀함과 느슨함(단어는 긴밀함, 구는 느슨함)이 단쌍조합의 긴밀함과 느슨함에 대응하거나 흡사하다는 것이다. 관형어-중심어 구조는 술어-목적어 구조보다 긴밀한데, 우웨이산(吴为善 1989)과 커항(柯航 2007)은 삼음절조합을 연독(连读)했을 때의 변조(变调) 자료를 가지고 이를 증명하였다. 커항은 또 무의미한 숫자열 995[2+1]와 955[1+2]를 예로 들어 서로 인접한 두 상성자(上声字)[06]가

---

06 역자주: 상성은 3성을 말한다. 중국 음운학에서 사성(四聲)은 다음과 같은 두 가지 뜻이 있다.

연독으로 인해 변조가 발생할 때 995에서 5 앞의 9가 직상조(直上调)[24]로 바뀌는 것은 큰 변화이고, 955에서 9가 반상조(半上调)[211]로 바뀌는 것은 작은 변화임을 지적하였다. 음절 조합 자체를 통해 [2+1]은 긴밀하나 [1+2]는 느슨함을 증명한 것이다.

펑성리(冯胜利 2000)와 뚜안무싼(端木三 2007)에 따르면, 삼음절조합 [2+1]은 강약격(重轻格)으로 볼 수 있고 [1+2]는 약강격(轻重格)으로 볼 수 있기 때문에, '[2+1]은 단어를 구성하고 [1+2]은 구를 구성'한다. 루빙푸(陆丙甫 2012)는 또 동보구조 '跑得快(빨리 달린다)', '看得清(또렷하게 보인다)'의 경우, 강세가 앞의 동사에 있는 강약격은 가능을 나타내는 동보구조 복합어이고, 강세가 뒤의 보어에 있는 약강격은 결과를 나타내는 동보구라고 주장하였다. 커항(柯航 2007)은 [1+1]조합인 '강약'[X.X]과 '약강'[X`X] 두 가지 형식[07]은 음성적으로 사람에게 주는 일체감이 다르다고 보았다. 그에 따르면, 강약격은 일체감이 강해 대외적인 배타성과 내부적인 응집성을 가지고 있으나, 약강격은 일체감이 약한데, 이는 마치 악곡에서 쉼표로 시작하는 박자(약강격)는 사람에게 정지감과 종료감이 강하지 않은 느낌을 주는 것과 같다. 따라서 강약과 약강의 차이는 긴밀함과 느슨함의 차이에 포함시킬 수 있으며, 나아가 이러한 과 느슨음성적 긴밀함함도 역시 개념적

---

1. 중고한어에서는 평성(平), 상성(上), 거성(去), 입성(入)의 네 가지 성조를 말한다. 줄여서 평상거입이라고 한다.
2. 현대 표준 중국어에서는 1성(陰平), 2성(陽平), 3성(上), 4성(去)의 네 가지 성조를 말한다. 표준중국어에서 말하는 사성은 해당 문서 참조. 줄여서 음양상거라고 한다. [출처:네이버 나무위키 사성/https://namu.wiki/w/%EC%82%AC%EC%84%B1#s-1]
07 저자주: 자오위안런(赵元任, Chao 1975)에 따르면, 중국어에서 첫 번째 음절이 완전히 약하게 읽는 경우는 극히 드물기 때문에 [X`X] 약강격은 정확하게 말하면 '준약강격'이라 말해야 한다.

인 긴밀함과 느슨함에 대응한다. 이를 문법에 투사하면, 긴밀한 강약격은 단어를 만들고, 느슨한 약강격은 구를 만든다.

[강약격은 단어를 구성]

兄.弟(젊은이), 东.西(물건), 买.卖(장사), 煎.饼((요리)젠빙), 烧.纸(지전), 反.正(어차피)

[약강격은 구를 구성]

兄'弟(형제), 东'西(동서(방향), 买'卖(매매하다), 煎'饼(떡을 굽다), 烧'纸(종이를 태우다), 反'正(반면과 정면)

영어에도 이와 비슷한 경우가 있는데, 강약격의 'black, board(칠판)와 'green, house(온실)은 복합어이고, 약강격의 black, board(검은 판)와 green, house(초록집)는 구이다. 따라서 이것은 보편적인 경향임을 알 수 있다. 그러나 형태가 발달한 언어는 주로 형태에 의존하여 단어와 구를 구분하기 때문에 그 언어에서 강약음은 부차적인 수단으로 중국어의 강약음보다 훨씬 중요하지 않다.

사실 [2+2]조합에도 강약(긴밀)과 약강(느슨)의 두 가지 형식이 있다. 황차이위(黃彩玉 2012)는 실험과 측정을 통해 '进口彩电(수입컬러TV/컬러TV를 수입하다)', '组装电脑(조립컴퓨터/컴퓨터를 조립하다)'와 같이 관형어-중심어/술어-목적어 둘 다 가능한 구조의 경우, 관형어-중심어 구조의 '进口(수입)', '组装(조립)'이 술어-목적어 구조의 대응어보다 시간의 길이가 길고 최대 기본 주파수가 높으며 성조의 음역대가 더 크다는 것을 발견하였다. 그런데 술어-목적어 구조의 '彩电(컬러 TV를)', '电脑(컴퓨터를)'는 관형어-중심어 구조의 대응어보다 시간의 길이가 길고 최대 기본 주파수가 높으며 성조의 음역대가 더 크다는 것을 발견하였다.

## 제4절 의미상의 '긴밀성 차이'가 근본

음절조합의 긴밀성은 문법구조의 긴밀성에 해당하는데, 기본적으로는 의미관계의 긴밀성에 해당한다. 구조관계는 비교적 추상적인 의미관계이다. 결국 이것은 중국어의 각 음절(字)이 형식과 의미의 결합체이기 때문이다. 이 점은 매우 중요하며, 이를 이해하지 못하면 '[2+1]은 단어를 만들고 [1+2]는 구를 만든다'라는 규칙의 많은 '예외'를 설명할 수가 없다. '예외'에는 주로 다음 네 가지가 있다.

첫 번째 종류의 '예외'는 비교적 뚜렷한데, [1+2] '명사+명사'의 조합도 복합명사를 구성할 수 있으며 그 수 또한 적지 않다.

鸭骨架 오리뼈대　　　　　布沙发 천소파
泥菩萨 진흙으로 만든 보살　年利率 연이율
党代表 당대표　　　　　　水立方 워터큐브(Water Cube).
校领导 학교 지도부　　　　베이징국가수영센터의 별칭
乡政府 향정부　　　　　　火凤凰 불사조
纸老虎 종이호랑이　　　　木疙瘩 고불통
肉丸子 고기완자　　　　　铁娘子 철의 여인
汤年糕 떡국　　　　　　　煤老板 석탄회사 사장

이 문제를 해결하기 위해, 혹자는 이러한 [1+2] 조합을 구로 분류하고자 하였다. 그러나 그 이유가 매우 불충분하여 한발 물러나 차선책을 선택하더라도 [1+2]는 구를 만드는 것 외에 단어도 만들 수 있다고 말할 수밖에 없다(冯胜利 2001). 이렇게 하여 '[2+1]은 단어를 만들고 [1+2]는 구를 만든다'는 규칙의 힘도 절반을 잃어버리게 되었다.

사실 중요한 것은 단어와 구를 구분하는 데 있지 않고, 똑같이 삼음절의 관형어-중심어 조합인데 개념적으로도 역시 [2+1]이 [1+2]보다 긴밀하다는 것을 이해하는 데 있다. 예를 들어, 커항(柯航 2007)이 '学校店(학교점)'와 '校商店(교내매점)'을 비교한 후, '学校店'은 학교의 교사와 학생을 기본 고객층으로 하는 상점으로, 일반적으로 학교 주변에 위치하지만, '校商店'은 일반적으로 학교가 재산권을 소유하고 학교 안에 위치한 매점을 의미한다고 지적하였다. 그는 또 개념적으로 '学校店'은 긴밀하고 '校商店'은 느슨한데, 이는 일반적인 경우에 서비스 대상이 재산권 귀속보다 상점의 성격을 더 잘 설명하기 때문이라고 지적하였다. 다음은 같은 부류의 쌍별 예이다.

| [2+1] | [1+2] |
| --- | --- |
| 纸板房 골판지집 | 纸房子 종이집 |
| 中药罐 약탕기 | 药罐 약탕기 |
| 水果篮 과일바구니 | 果篮子 과일바구니 |
| 陶瓷馆 도자기관 | 瓷娃娃 도자기 같은 아이 |
| 钢铁侠 아이언맨 | 铁娘子 철의 여인 |
| 枣花蜜 대추나무 꽃 꿀 | 花蝴蝶 배추흰나비 |
| 焰火节 불꽃축제 | 火疖子 불 같이 붉은 종기 |
| 木材商 목재상 | 木脑袋 돌대가리 |

午夜场 심야공연　　　　　夜生活 야간 사교활동

　첫 번째 쌍을 예로 들면, '纸板房(골판지집)'의 '纸板(골판지)'은 여전히 명확한 사물의 지칭 의미를 가지고 있으며 房子(집)의 재질을 제한한다. 반면, '纸房子(종이집)'의 '纸(종이)'는 집을 묘사하고 있는 것으로 '像纸糊的(종이를 풀칠하여 바른 것 같다)'는 의미를 가지고 있어 특정 사물을 지칭하는 능력은 약화되었지만, 대신 '纸'의 특정 속성들(가볍다, 튼튼하지 않다 등)이 현저해지면서 '纸'는 의미적으로 형용사와 같이 상태를 묘사하는 성질을 가지게 된다. 만약 지은 집이 부실하면 흔히 '这房子跟纸房子似的(이 집은 종이집과 같다)'라고 말하지, '这房子跟纸板房似的'라고는 잘 말하지 않는다. 이를 통해 개념적으로 '纸板房'이 '纸房子'보다 더 긴밀함을 알 수 있다. 그리고 '午夜场'과 '夜生活'의 경우, 전자의 '午夜(심야)는 공연 횟수의 시간을 제한하는 것일 뿐이지만, 후자의 '夜'는 오히려 '放纵(방종하다)', '灯红酒绿((도시나 유흥가가)휘황찬란하다)'와 같은 많은 이미지를 불러일으킬 수 있으며 상태묘사성을 지닌다는 것을 알 수 있다. 마찬가지로 '陶瓷馆'의 '陶瓷'는 전시관의 성격을 제한하고, '瓷娃娃'는 비정상적인 골다공증을 가진 어린이를 가리키는 데 자주 사용되는데, 이때 '瓷(도자기)'에는 '脆弱(연약하다)'의 의미가 있다. '钢铁侠'는 철갑옷을 착용한 사람이나 강철로 만든 로봇을 의미하며, '钢铁(강철)'는 특정 금속재료를 의미하지만, '铁娘子' 속의 '铁(철)'는 '强硬(강하다, 굳세다)'과 같은 금속의 특정 속성으로 이해된다.[08] 그

---

08　저자주: 영어로 STEEL warehouse는 '철강재 창고(철강재를 보관하는 창고)'이고, steel WAREHOUSE는 '철창고(철재로 만든 창고)'인데, 이 규칙은 중국어와 유사하다. (陆丙甫가 통신으로 제공)

외, '与其治这种社会病, 不如治这个病社会(이런 사회병을 고치는 것보다 병든 사회를 고치는 것이 낫다)'에서 '社会病(사회 병)'와 '病社会(병든 사회)'의 차이 역시 좋은 예이다.

두 번째 '예외'는 첫 번째와 같은 종류로, [1+2] '동사+명사'조합도 복합명사를 구성할 수 있다는 것이다. 예로는 '卷头发(곱슬머리, 파마머리)', '死脑筋(죽은 뇌, 융통성이 없는 사람)', '活菩萨(살아 있는 보살)', '睡美人(잠자는 미녀)' 등이 있으며, 수량도 적지 않다. 그러나 이들을 가지고 대응하는 [2+1]식과 비교해도 의미의 긴밀성 차이를 알 수 있다.

[2+1]　　　　　　　[1+2]
卷曲发 곱슬한 머리　　卷头发 곱슬머리, 파마머리
死亡岛 죽음의 섬　　　死脑筋 죽은 뇌, 융통성이 없는 사람
活动家 활동가　　　　活菩萨 살아 있는 보살
睡眠状 수면 상태　　　睡美人 잠든 미녀
病弱者 병약자　　　　病西施 병든 서시

쌍음절동사 '卷曲(곱슬곱슬하다)'는 머리 모양의 스타일을 한정하고, '卷曲发'는 머리 모양의 명칭이 되는 경향이 있으며 '卷曲'는 성격을 규정하는 관형어이다. 하지만 '卷头发'는 일반적으로 누군가의 머리 모양을 묘사하기 때문에 '卷(말다)'은 상태묘사성을 지닌다. 예를 들어보자.

　　直发、波浪卷曲发、天然卷曲发, 我们头发分以上三种。
　　생머리, 웨이브펌, 천연컬펌, 우리의 모발은 이상 세 가지로 나뉜다. (百度知道)

天生的卷头发怎么办啊? 帮我想想办法……
타고난 곱슬머리는 어떻게 해야 할까? 방법을 좀 생각해 주면……(网易论坛)

'卷头发'와 '卷曲发'를 서로 바꾸면 두 문장 모두 부자연스러워진다. 마찬가지로 '死亡岛(죽음의 섬)'는 '섬에 오르는 사람은 모두 죽게 된다'는 것을 의미하며, 이때 관형어 '死亡(사망)'은 '岛(섬)'의 성격을 규정한다. '死脑筋'의 '死'는 '목숨을 잃다'라는 의미와는 관계가 적고 '생각이 트이지 않는' 상태를 묘사한다.

세 번째 '예외'는 술어-목적어 구에 '出租伞(우산을 대여하다)', '批发酒(술을 도매하다)', '代表党(당을 대표하다)', '喜欢钱(돈을 좋아하다)' 등과 같은 [2+1]의 조합이 있는 것이다. 의미의 긴밀성을 보면 이 역시 아주 쉽게 이해가 된다. '出租伞'과 '出租车(택시, 렌트카)'를 비교하면, '出租车'는 일반적으로 관형어-중심어의 복합명사로 사용되고 술어-목적어 구로 사용되는 경우는 거의 없지만, '出租伞'은 이와 반대다. 그 이유는 일상생활에서 렌트, 자가(自驾), 공용 등의 방식에 따라 자동차를 분류하고 성격을 규정하는 습관은 형성되었지만, 이러한 방식으로 우산을 분류하고 성격을 규정하는 습관은 없기 때문에 '出租伞'는 단지 술어-목적어 구로만 사용될 수 있다. '批发酒'와 '批发价(도매가)'의 차이도 마찬가지인데, 가격은 도매, 소매 등의 방식으로 분류되고 성격이 규정되지만, 술은 그렇게 분류되지 않는다. 다시 '代表党'와 '领导党(당을 지도하다)'를 비교하면, 당파(党派)는 대표하는지 대표하지 않는지에 따라 성격이 규정되지 않고 집권당과 야당으로 분류된다.[09]

---

09  저자주: 예전에 '우파'를 비판하던 그 특별한 맥락에서만 '领导党'은 술목구로 이해된다.

네 번째 '예외'가 가장 뚜렷한데, '형용사+명사' 조합은 단쌍조합에 있어 특수성을 가지는 것이다. 관형어-중심어 구조는 [2+1]을 정상 상태로 간주하는데, 이는 단지 관형어가 명사 또는 동사일 때에만 적용되고, 형용사가 관형어일 경우에는 상황이 이와 정반대로 [2+1]은 제한을 받고 [1+2]가 오히려 정상적인 상태가 된다. 예를 들면 다음과 같다.

| [1+2] | [2+1] |
|---|---|
| 大房间 큰 방 | *宽大房 |
| 冷空气 찬 공기 | *寒冷气 |
| 热开水 끓여서 식힌 물 | *湿热水 |
| 白脸蛋 뽀얀 얼굴 | *煞白脸 |
| 黑皮肤 검은 피부 | *黝黑肤 |
| 小房间 작은 방 | *窄小房 |
| 新皮鞋 새 구두 | *崭新鞋 |
| 旧衣服 낡은 옷 | *破旧衣 |

형용사가 부사어가 되는 부사어-중심어 구조 역시 이 패턴인데, 예를 들면 勤练习(부지런히 연습하다)/?勤奋练', '假批判(거짓으로 비판하다)/*虚假批', '乱闹腾(이리저리 소란피우다)/*胡乱闹'가 그러하다. 이 역시 형용사가 수식하는 것이 명사인지 동사인지가 중국어에서는 결코 중요하지 않다는 것을 증명한다.

'형용사+명사' 조합의 특수성은 예외적인 것처럼 보이지만, 사실 이 역시 긴밀성의 원리를 따른다. 성질형용사는 원래 단음절 위주여서 그것들과 중심어와의 조합이 원래 개념적으로 연결이 긴밀하기 때문에 [2+1]처럼 긴밀한 음절 조합으로 바꿀 필요가 없다. 이 원리는 바로 '국부적 유표성(local markedness, 局部标记)'이라고도 부르는 '유표성 역전(标记颠倒)'인데 여기에서는 우선 잠시 접어두고, 다음 장에서 이에 대해 상세히 설명하고자 한다. 여기서는 먼저 한 가지 유사한 상황에 대해 서술하고자 한다.

'동사+명사'의 복합명사가 [1+2]식이 되는 하나의 특수한 경우인데, 그 수가 많지는 않고 대부분 '烤白薯(군고구마)', '炒年糕(구운 가래떡)', '蒸带鱼(찐 갈치)', '涮羊肉(데친 양고기)' 등과 같이 조리된 음식에 국한한다. 이는 의미의 긴밀성을 통해 보아도 쉽게 이해된다. 요리 관련 단어는 늘 사용되기 때문에 줄곧 단음절 위주로 사용되어 왔는데, 만약 요리 관련 단어가 아니라면 '烤衣服(옷을 불에 쬐어 말리다)', '炒沙子(모래를 투기하다)', '蒸针头(주사 바늘을 찌다)' 등이 복합명사가 될 수는 없다. 그 이유는 '民以食为天(백성은 음식을 하늘로 여긴다)'이라는 것에 있다. 일상생활에서 조리하는 방법에 따라 음식을 분류하는 경우가 흔하여 주로 조리법이 성격을 규정하는 역할을 한다. 예를 들어 군고구마는 찐 고구마, 삶은 고구마와 대립을 형성하고, '烤(굽다)'가 '白薯(고구마)'의 성격을 규정하여 주기 때문에 '烤白薯'의 내부 조합은 본래부터 긴밀하다. 이와 반대로 사람들은 보통 '弄干(건조하는)' 방식에 따라 옷을 분류하지는 않는다. 옷을 건조하는 방법에 여러 가지가 있기는 하지만, '烤'가 '衣服'의 성격을 규정지어 주지는 않아서 '烤衣服'의 조합이 느슨하므로 이는 술어-목적어 관계일 뿐이다.

요컨대, 이른바 '예외'라는 것이 모두 진정한 예외가 아니며, 사실 모두 다 긴밀성의 원리를 위반하지 않는다. 단어와 구의 구별은 결국은 곧 내부구조와 의미의 긴밀함·느슨함의 차이이다. 중국어는 인도유럽어와 같은 '단어-구'의 구별을 중시하지 않으며(吴长安 2012), 단쌍조합인 [2+1]과

[1+2]의 구별을 중시한다. 이러한 구별은 그 자체가 일종의 형태이므로 문법적, 의미적으로 동시에 조합의 긴밀성에 대해 상대적으로 구분할 수 있다.[10]

## 제5절 '허실도상성' 원리

### 5.1 허실도상성의 포괄성

중국어 자체의 한 가지 형태로서 쌍음절화의 문법적 역할은 '충실'로 개괄할 수 있으며, 쌍음절화에 의해 형성된 '단쌍구분'과 '단쌍조합(단쌍-쌍단)의 구분'은 '허실구분(허와 실을 구분)'의 문법적 역할을 한다. 이러한 문법적 역할은 포괄적인 성격을 띠기 때문에 '단쌍구분'은 일종의 포괄적 성격의 형태적 수단이다. 이는 다음과 같이 개괄할 수 있다.

| 음성적 소밀허실 | 단음절 박자는 공허하고 느슨 | 쌍음절 박자는 실질적이고 긴밀 |
|---|---|---|
| | [1+2]는 공허하고 느슨 | [2+1]은 실질적이고 긴밀 |
| | [X˙X]는 공허하고 느슨 | [X.X]는 실질적이고 긴밀 |

---

10 저자주: 상술한 각종 '예외'를 해결하기 위해 과거에 가졌던 생각은 '단어'와 '구'를 엄격하게 구분하는 것으로, 단어강세를 확정하는 데 중점을 두었다. 하지만 중국어에서 글자와 글자의 결합은 '강약'이 아니라 '소밀'을 근본으로 하기 때문에 그 효과는 이상적이지 않았다. 이에 대한 자세한 내용은 선쟈쉬안·커항(沈家煊·柯航 2014)를 참조하기 바란다.

| 문법적<br>소밀허실 | 구는 공허하고 느슨 | 복합어는 실질적이고 긴밀 |
| --- | --- | --- |
| | 술어-목적어 구조는 공허하고 느슨 | 관형어-중심어 구조는 실질적이고 긴밀 |
| | 동사는 공허하고 느슨 | 명사는 실질적이고 긴밀 |

| 의미적<br>소밀허실 | 단음절어의 의미는 단조롭고, 쌍음절어의 의미는 풍부하다. |
| --- | --- |

| 화용적<br>소밀허실 | 단음절어는 자유롭고, 쌍음절어는 중후하다. |
| --- | --- |

소밀과 허실은 서로 통하므로 음성, 문법, 의미 및 화용상의 소밀과 허실은 유사하며 대응한다. 음성상의 '단쌍구분'도 역시 일종의 '허실구분'이어서 단음절 박자는 공허하고 느슨하며 쌍음절 박자는 실질적이고 긴밀하다. 악곡을 예로 들면, 하나의 박자가 한 개의 음표를 포함한 경우는 듬성듬성하고 느슨하며, 두 개의 음표를 포함한 경우는 빽빽하게 차있다. 말을 할 때 '黄(노랗다)', '赌(내기를 걸다)', '毒(독)'과 '涉黄(음란물과 연관되다)', '赌博(도박)', '吸毒(마약을 빨다)'의 박자가 같다면, 쌍음절어가 단음절어보다는 틀림없이 좀좀하게 말을 했다는 것이며, 사람들의 청각에도 그렇게 들렸을 것이다. 또 '火凤凰(불사조)', '铁娘子(철의 여인)',[11] '黑牡丹(흑모란, 검고 아름다운 것)'을 말할 때는 흔히 단음절의 앞 글자인 '火(불)', '铁(철)', '黑(검다)'를 길게 늘여서 뒤의 쌍음절의 길이와 거의 같게 만들지만, 앞 박자가 뒤

---

11 역자주: 정치적으로 강경한 수단을 갖거나 일처리가 과감하고 결단성 있으며 의지가 강인한 여성을 가리킴.[출처: 네이버 중국어사전]

박자보다는 비어있고 느슨하다. 그런데 '代表党(당을 대표하다)', '出租伞(우산을 대여하다)', '批发酒(술을 도매하다)'를 말할 경우에는 단음절의 '党(당)', '伞(우산)', '酒(술)'는 길게 늘이는 경우가 많고 동시에 앞의 두 음은 수축되는데, 심지어 '喜欢钱(돈을 좋아하다)', '吓唬人(사람을 놀라게 하다)'과 같이 두 번째 음절이 본래의 성조를 잃는 경우도 나타난다. 위에서 설명한 바와 같이 '단쌍구분'이 초래한 '단쌍조합(단쌍/쌍단)의 구분'은 '허실구분'이기도 하며, 강약격 [2+1]과 [X.X]은 긴밀하기 때문에 실질적이고, 약강격 [1+2]와 [X`X]는 느슨하기 때문에 공허하다.

음성의 소밀과 허실은 문법과 의미의 소밀과 허실에 대응한다. 강약격은 단어를 구성하고 약강격은 구를 구성하는데, 당연히 단어는 긴밀하고 구는 느슨하다. 강약격은 명사성이고(복합명사 구성) 약강격은 동사성인데(동사구 구성), 이는 '명사는 긴밀하고 동사는 느슨하기' 때문이다. 랭애커(Langacker 1991: 21)에 따르면, '명사가 긴밀'한 이유는 시간축이 배제된 상태에서 '일괄적 파악(summary scanning, 整体扫描)'을 하기 때문이고, '동사가 느슨'한 이유는 시간축에 따라 사태에 대한 '요약적 파악(sequential scanning, 次第扫描)'을 하기 때문이다.[12] 하나의 복잡한 개념은 '긴밀화(tightened, 紧凑化)', 즉 하나의 덩어리로 응집한 다음에야 비로소 사람들이 이 개념에 이름을

---

12 역자주: 랭애커(Langaker)는 인간에게는 인간에게는 연속된 성분사태를 마음속에서 조합하여 더욱 정교화된 개념구조를 만들어 내는 능력이 있다고 보고, 이러한 능력을 이용하여 복합적 사태를 포착하는 두 가지 인지처리 방식을 summary scanning과 sequential scanning으로 분석하였다. (임지룡외 3인 『인지언어학 키워드 사전』, 한국문화사 2004:138-139) 이를 '일괄적 파악'과 '요약적 파악'으로 번역한 것은 임지룡 저 『인지의미론』(탑출판사 2017)을 따랐으며, '요약주사'와 '순차주사(또는 연속주사)'로 번역하기도 한다. 이에 관한 영상도식은 Langaker(1987), (*Foundations of Cognitive Grammar, Volume* Ⅰ (Standford: Standford University Press. 김종도 역 『인지문법의 토대 Ⅰ』(박이정 1999:150-155))을 참고할 것.

붙일 수 있다는 것이다. 제6장 4절에서 이미 예로 든 바와 같이, '速滑(스피드 스케이팅)'와 '跳马(도마)'는 하나의 '명칭'(스포츠종목) 같지만, '快滑(빨리 미끄러지다)'와 '骑马(말을 타다)'는 그렇지 않아 보이는 이유는 전자의 경우 단어의 의미가 긴밀하고 실질적이어서 의미가 더 풍부하기 때문이다.

이 장의 제4절에서 이미 설명하였듯이, 문법적 의미의 소밀과 허실을 고려해야 비로소 '단쌍조합' 규칙의 몇몇 '예외'라는 것에 대해서도 합리적인 해석을 할 수가 있다. 뚜안무쌴(端木三 2007)은 정보이론의 관점에서 동사는 대조항이 적기 때문에 정보량이 적고, 명사는 대조항이 많기 때문에 정보량이 많다는 점을 설명하였다. 외국의 어떤 학자는 명사의 의미 밀도(semantic density)는 높고 동사의 의미 밀도는 낮다고 말한다(胡建华 2013에서 재인용). 밀도가 높으면 자연히 실하고 밀도가 낮으면 자연히 허하다. 루빙푸(陆丙甫 2012)는 사건이 복잡하고 의미가 풍부할수록 사건을 나타내는 단어가 명사에 더 가깝다고 주장했다. 영어 act와 action, move와 movement를 예로 들면서, act와 move는 명사·동사 겸류사이지만 action과 movement는 명사일 뿐인 이유에 대해, 그는 후자가 나타내는 사건이 전자에 비해 복잡하기 때문이라고 설명하였다. '打仗(싸우다, 동사)', '战斗(전투(하다), 명사/동사)', '战争(전쟁, 명사)'라는 세 개의 중국어 단어가 나타내는 사건은 뒤로 갈수록 복잡해진다. 쌍음절화가 단어의 의미를 '정교화, 풍부화'하는 역할을 한다는 점에 대해서는 모두가 공감하는 바이다(徐时仪 2005, 吴长安 2012). 그 예로 '筹(기획하다)'는 '筹办(기획하여 실시하다)', '筹划(기획하다)', '筹措(조치를 취하다)', '筹集(조달하다)', '筹备(사전에 기획 준비하다)', '筹算(계산하다)', '筹谋(방법을 강구하다)'를 파생시켰다. 또 '出(나가다)'는 '出动(출동하다)', '出列(병사가 대열에서 몇 발자국 앞으로 나와 서다.)', '出场(배우가 무대에 나오다, (운동선수가)출장하다)', '出局(관리가 관직을 떠나다, (야구 따위에서) 아웃되다.)', '出产(생산하다)', '出面(나타나다, 출두하다)', '出版(출판하다)', '出品(출품하다)', '出售(판매하다)'를 파생시켰다.¹³ 단어의 의미가 정교할수록 의미는 더욱 풍부해지고 채워진다.

'허실도상(虚实象似)'은 또 의미의 영역에서 화용의 영역으로 확장할 수도 있다. 단어 의미의 '공식', '비공식'의 화용적인 차이도 사실은 일종의 '허실의 차이'이며, 공식적일수록 사람이 느끼는 무게는 더 무겁고 실하다. 예를 들어, 쌍음절의 '批判(비판하다)'은 단음절의 '批(비판하다)'보다 공식적이다. '打算(~하려고 하다)'과 '规划(기획하다)'의 경우, '打算'은 비교적 자의적인 계획이지만 '规划'는 공식적인 계획이이어서 '打算'보다 더 실하기 때문에 더욱더 하나의 명사와 같다.(陆丙甫 2012) 딸이 '爸爸(아빠)'라고 부를 경우, 악센트가 앞의 '爸'에 있으면 시원스럽고 빈틈없이 들리는 반면, 악센트가 뒤의 '爸'에 있으면 홍콩이나 타이완 말투이며 분명 딸이 아빠에게 애교를 부리는 것이다. 격률시의 시행에서 끝에 짝수 음보를 사용하면 사람들에게 안정적이고 정돈된 느낌을 주지만, 홀수 음보를 사용하면 쾌활하고 경쾌한 느낌을 준다.(文炼·陆丙甫 1979) 이 역시 최근에 '很黄很暴力(매우 선정적이고 매우 폭력적이다)', '很傻很幸福(매우 어리석지만 매우 행복하다)', '且行且珍惜(지금 가지고 있는 것을 소중히 아끼다)'와 같은 표현이 유행하는 이

---

13 저자주: 단음절의 '杀(죽이다)'(二桃杀三士(복숭아 두 개로 장사 셋을 죽이다, 음모를 꾸며 힘들이지 않고 남을 해치다))와 '污(더럽히다)'(以血污车轮(피로 수레바퀴를 더럽히다))는 각각 쌍음절의 '杀死(죽이다)'와 '弄脏(더럽히다)'으로 바뀌었지만, 단어의 의미는 증가하지 않았다. 하지만 이는 쌍음절화가 동결식(동사-결과보어식)으로 바뀌는 일부 소수의 경우이며, 대부분은 '破(파손되다)'가 '攻破(쳐부수다)', '打破(타파하다)', '捅破(찔러 깨뜨리다)' 등으로 바뀌면서 단어 의미가 다소 증가한 경우가 많다. 한편, '杀死'와 '弄脏'도 역시 '허실도상성'의 원리를 위반하지 않으며, 적어도 화용적인 의미에서는 어느 정도 '충실'해졌다. 이하 내용을 참조하기 바란다.

유이기도 하다. 질문과 대답을 할 때 '今天几号了?(오늘 며칠이야?)'라고 물으면 '十五(15)', '二十(20)'라고는 대답해도 되지만, 5일인 경우에는 '五(5)'라고만 대답해서는 안 되고 반드시 '五号(5일)' 또는 '初五(초닷새)'라고 대답해야 한다. 또 '你姓什么?(성씨가 어떻게 되세요?)'라고 물으면, '欧阳(어우양)', '端木(뚜안무)'라고는 대답해도 되지만, '张(장)'이라고만 대답해서는 안 되고 '姓张(성은 장입니다)'이라고 대답해야 하는데, 이 역시 화용적 각도에서만 해석이 가능하다.

## 5.2 허실도상성의 상대성

포괄적인 '허실도상'은 인도유럽어의 문법관념이 도입되기 전에 왜 중국인들이 '허'와 '실'의 구분을 그렇게 중시했는지를 일깨워준다. 보충해서 설명하여야 하는 것은, 이러한 대응 또는 도상성이 일대일 대응관계가 아니라 '비대칭 대응'(1권 제3장 2절)이므로 일종의 상대적인 도상성이라는 점이다. 형식과 의미 사이의 '비대칭 대응'과 관련하여, 자오위안런(赵元任 1968: 11)은 예를 들어 강약격[X.X](실질)의 '煎.饼(젠빙)'과 '劈.柴(패놓은 장작)'는 틀림없이 복합명사지만, 약강격[X˙X](공허)의 '煎˙饼(떡을 굽다/젠빙)'과 '劈˙柴(장작을 패다/패놓은 장작)'은 동사구일 수도 있고 복합명사일 수도 있다고 주장했다.

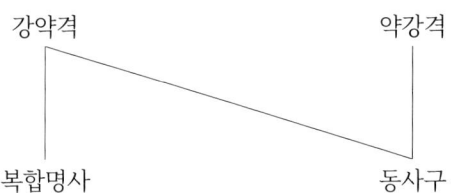

마찬가지로 [2+1]은 거의 대부분 복합명사만을 구성하지만 [1+2]는 동사구를 구성하기도 하고 복합명사를 구성하기도 한다. 여기서 비교적 추상적인 형식류(내포 의미가 많다)에 해당하는 명사와 어휘의 의미 부류(내포 의미가 적다)에 해당하는 동사 역시 비대칭 대응관계임을 보충하고자 한다.

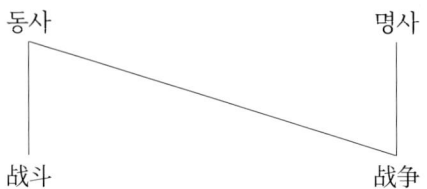

'战争(전쟁)'에 내포된 의미는 많고 복잡하나, '战斗(전투(하다))'에 내포된 의미는 적고 간단하다.

선쟈쉬안(沈家煊 1999b)에 따르면, '비대칭 대응(치우친 대응)'은 형식과 의미 간 연결의 보편적인 상태이자 정상적인 상태로, 언어 진화에서 '형식과 의미의 비동시(形义不同步)' 규칙(형식의 진화는 의미의 진화에 뒤쳐져 원래의 의미가 새로운 형식 안에 머무름)에 부합하며, 언어가 생명과 활력을 유지하는 데 필수적인 조건임을 논증하였다. 이러한 관점에서 보면, '허실도상'의 포괄적 성격은 또 공시적 현상과 통시적 과정의 종합을 의미한다.

'허실도상'의 상대성은 단쌍조합과 문법구조 사이의 관계에 대해 경향성의 예측만 가능하다. 이러한 예측은 'A가 성립하면 B도 성립하고, 그 역은 성립하지 않는다'라고 하는 '단일방향 함축식(单向蕴含式)'으로 나타낼 수 있는데, 구체적인 내용은 다음과 같다.

만약 [1+2] 관형어-중심어가 성립하면 [2+1] 관형어-중심어도 성립하지만, 그 역은 성립하지 않는다. 예를 들어, '校商店'이 있으면 '学校店'도 있지만, '煤炭店'은 있어도 '煤商店'은 없다.

만약 [2+1] 술어-목적어가 성립하면 [1+2] 관형어-중심어도 성립하지만, 그 역은 성립하지 않는다. 예를 들어, '出租房'(벽보에서 볼 수 있음)이 있으면 '租房子'도 있지만, '造房子'는 있어도 '建造房'는 없다.

만약 [2+1] 술어-목적어가 성립하면 [1+2] 관형어-중심어도 성립하지만, 그 역은 성립하지 않는다. 예를 들어, 술어-목적어 '出租房'가 있으면 관형어-중심어 '纸房子'도 있지만, 관형어-중심어 '草房子'는 있어도 술어-목적어 '建造房'는 없다.

만약 '동사+명사'의 조합 [X˙X]가 합쳐져서 명사가 될 수 있으면 [X.X]도 합쳐져서 명사가 될 수 있지만, 그 역은 성립하지 않는다. 예를 들어, 복합명사 '炒˙饭'이 있으면 복합명사 '烙.饼'도 있지만, 복합명사 '烧.纸'은 있어도 복합명사 '读˙报'는 없다.

경향성의 예측은 '약한 예측'이라고 부를 수밖에 없다. 약한 예측이기에 예측의 효력은 약하지만, 그럼에도 과학성이 결여된 것은 아니어서 거짓을 증명해낼 수도 있고 충분한 해석을 할 수도 있다. 언어체계의 개방성과 변동성으로 인해 문법 연구가 추구하는 '과하지 않는(不过分)' 목표는 언어 사실에 대해 이러한 '약한 예측'을 하는 것이다.(沈家煊 2004) 자오위안런(赵元任, Chao 1959a)은 연구자들에게 "운율적 특성과 [문법] 구조 사이에 일종의 매우 간단한 대응관계가 있을 것이라는 기대를 하지 말고", 언어현상에서 체계성과 대칭성을 찾기 위해 "너무 멀리 나가지는 말아야 한다"고 경고하였다. 지나친 것은 모자라는 것만 못하다. "과하면서" 또 "너무 멀리 나간" 결과, 충분한 해석조차도 하지 못하는 경우가 흔하다.

## 제6절 주류 문법이론에 대한 반성

중요한 것은 다른 언어에서 중요해 보이는 구분을 찾는 것이 아니라 한 언어에서 중요한 구분이 무엇인지를 분명하게 아는 것이다. 이미 많은 사람들이 쌍음절화와 '단쌍구분'이 중국어 자체의 한 가지 문법 형태라는 것을 깨닫기 시작하였지만, 그것의 중요한 위상과 역할에 대해서는 여전히 인식이 부족한 실정이다. 중국어에서 쌍음절화와 '단쌍구분'은 영어에서 V와 V-ing(동사성이 약함) 구분과 같으며, 중국어에서 N과 N-ness(명사성이 더 강함)를 구분한다. 이들의 중요성은 또 음운, 문법, 의미 및 화용의 기능을 하나로 통합하여 공시적 현실을 반영할 뿐만 아니라 통시적 과정을 설명하는 포괄적인 기능에 있다. 이것은 주류 문법이론에 대한 우리의 반성을 불러일으켰고, 중국어의 이러한 형태가 일반 문법이론의 건설에 대해 가지는 의미를 다시 생각하게 한다. 중국어 문법은 포괄적인 '대문법(大语法)'이기 때문에, 만약 음성, 문법, 의미, 화용을 각각 별도로 연구한다면 문법의 존재 형식은 파괴될 것이다.

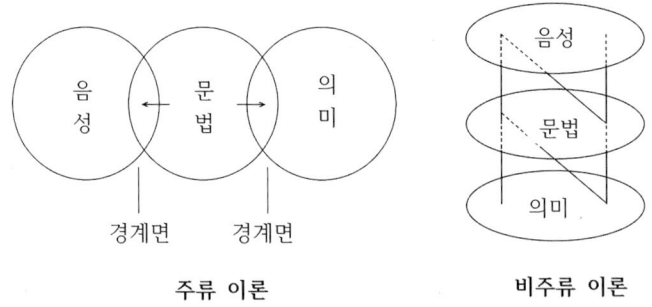

주류 이론         비주류 이론

주류 이론은 왼쪽 그림과 같이 음성, 문법, 의미가 3개의 독립적인 모듈로 되어 있으며, 핵심 위치에 자리하고 있는 문법 부분이 완전히 처리된 후에 얻어진 결과가 음성 부분에 입력되어 '병독(拼读, 병음으로 읽음)'되고, 의미 부분에 입력되어 '해독(解读)'된다고 여긴다. 그러나 중국어 현실에 비추어보면 이 가설의 보편성에 의구심이 생긴다.

이 장에서는 문법은 의미의 통제를 받아야 하며, 의미상의 '소밀과 허실'이 궁극적으로 구조의 '소밀과 허실'을 결정한다는 것을 증명하였다. 넓은 의미의 '의미'는 화용적 의미를 포함한다. 다시 말해, 이는 적어도 중국어와 같은 유형의 언어에서는 음성, 문법, 의미의 세 영역이 명확하게 분리되거나 각자 독립적인 것이 아님을 의미한다. 세 영역 사이의 관계는 '접면(interface)'이라는 것에 의존하는 것이 아니라 '소밀과 허실'의 투사 대응관계에 의존하며, 아울러 이러한 대응은 위의 오른쪽 그림과 같이 언어 진화의 법칙에 부합하는 비대칭 대응이다.[14]

요컨대, 중국어와 같은 언어에 더욱 적합한 이론은 횡적 모듈 간의 '경계면이론(界面理论)'이 아니라 종적 영역 간의 '투사이론(映射理论)'이며, 후자는 오늘날 '인지언어학'의 기본 이론과 일치한다(沈家煊 1995b). 만약 통일된 하나의 투사 각도에서 인도유럽어와 중국어를 본다면, 인도유럽어의 투사는 간접적이고 중국어의 투사는 직접적이라는 데에 차이가 있다. 이것이 바로 1권 제4장에서 서술한 '실현관계'와 '구성관계'의 차이이다.

---

14 저자주: 펑성리(冯胜利 2011)는 문법이 음성을 통제할 뿐만 아니라 음성도 역시 문법을 통제할 수 있으며 음성 부분이 문법 부분에 대해 부적격 제품을 '반품'할 수 있다는 점을 깨달았다. 하지만 이러한 표현의 출발점은 역시 음성과 문법이 각각 독립적이라는 것이다.

제6장

'유표성 역전'과
포함구도

## 제1절 국부적인 유표성 역전 현상

앞 장 4절에서 '형용사+명사'로 구성된 관형어-중심어 구조 '단쌍조합'의 특수성을 설명하였는데, 이 특수한 현상을 이해하기 위해서는 '유표성 역전' 이론에 의존할 필요가 있다.

언어학의 유표성 이론(markedness theory)은 음위체계 분석에 처음 응용되었으며, 어휘론과 문법 분석에 사용되었을 때는 표지모델의 두 가지 경우를 구분하였다. 하나는 male과 female의 '대립(对立)'으로, male이 '무표항(无标记项)'이고, 다른 하나는 man과 woman의 '대응(对待)'으로, man은 '미표항(未标记项)'이다. 이 중요한 구분에 대해서는 1권 제3장 3절에서 이미 설명한 바와 같이, 이 구분은 명사와 동사의 관계에도 역시 '대립'과 '대응'이라는 두 가지 양상이 있을 수 있으며, 이때 '대응' 관계는 곧 '포함' 관계를 말한다.

언어유형론이 발전하면서 나타난 유표성 이론의 또 다른 새로운 진전은 두 개 또는 여러 범주의 유표적인 연관성을 발견했다는 것이다(Greenberg 1963, 1966). 이는 특히 '국부적 유표성(local markedness, 局部标记)'

이라고도 불리는 '유표성 역전(markedness reversal, 标记颠倒)' 현상으로, 하나의 주범주(主范畴)와 그 안에 포함된 하나의 차범주(次范畴)가 유표성에서 서로 반대되는 양상을 말한다. 이에 대해서는 비트코브스키 & 브라운(Witkowski & Brown 1983)과 크로프트(Croft 2002: 134-147)를 참조할 수 있다.

예를 들면, 전통적인 유표성 이론에 따르면 자음이라는 범주 안에서 무성음(/p, t, k/)의 무성이 무표항이고 유성음(/b, d, g/)의 유성이 유표항인데, 이는 자음의 전체에 대해 그러하다는 것이다. 하지만 자음의 한 하위 범주인 '비음'(/m, n, ŋ/)의 경우는 그 유표성이 정반대여서 유성의 비음이 무표항이고 무성의 비음은 유표항이다(Greenberg 1966: 24).

|  | 무성음 | 유성음 |
| --- | --- | --- |
| 일반 자음 | 무표 | 유표 |
| 비음 | 유표 | 무표 |

이 유표성 역전 양상도 주된 것과 부차적인 것의 '자연적 결합(自然配对)'으로 나타낼 수 있다. 일반 자음과 무성음이 하나의 자연적 결합이고, 비음과 유성음이 또 하나의 자연적 결합이다.

|  | 자연적 결합(주된 것) | 자연적 결합(부차적인 것) |
| --- | --- | --- |
| 구강—비강 | 일반 자음 | 비음 |
| 유성—무성 | 무성 | 유성 |

앞의 자연적 결합이 주가 되고 전체 국면을 나타내며, 뒤의 자연적 결합은 부차적으로 일부분을 나타내므로 '유표성 역전'은 '국부적 유표성'

이라고도 부른다(Tiersma 1982). 지적하여야 할 것은, 전자가 주를 이루고 후자가 그 다음인 이유는 비음이 자음의 특수한 하위 부류이기 때문이거나 또는 '자음' 자체가 '미표적(未标记)' 음성의 종류로 [비음]의 특징 유무를 표시하지 않으므로 '비강자음'이 상대적으로 '유표성' 음성이어서 특별히 [비음]의 특징이 있다고 명시되어 있기 때문이라는 것이다. '원형이론'(prototype theory, 典型理论)'[01]의 견해에 따르면 일반 자음의 전형은 소리를 동반하지 않는 것인 반면, 비음의 전형은 소리를 동반하는 것이기 때문에 '유표성 역전'은 '상보적 원형(complementary prototypes, 典型互补)'이라고도 한다. 마침 일반 자음이 보통 소리를 동반하지 않기 때문에 비음이라는 하위 부류가 존재하지만, '무성자음은 무표항'이라는 주장도 역시 모두에게 받아들여졌다.

유표성 역전 현상은 언어의 다른 영역에도 존재한다. 어휘 의미의 영역을 예로 들면, '管家(집사)'는 무표항이고 '女管家(여집사)'는 유표항인데, 이는 '司机(운전사)', '经理(사장)', '校长(교장)', '大使(대사)' 등등과 같이 일반적으로 직업이나 직위를 나타내는 명사에 적용된다. 하지만 일부 소수의 명사는 이와 상반되는데, 예를 들면 '护士(간호사)', '保姆(보모)'가 무표항이고, '男护士(남자 간호사)', '男保姆(남자 보모)'는 유표항이다. '管家' 등과 같은 대부분의 명사는 '남성'과 하나의 주요한 자연적 결합을 이루고, '护士' 등과 같은 소수의 명사는 '여성'과 부차적인 자연적 결합을 이룬다. 즉, 직업이나 직위를 나타내는 명사 내에서는 '护士', '保姆' 등이 유표항의 하위부류

---

01  역자주: 프로토타입 이론(Prototype theory) 또는 원형이론은 인지과학, 특히 심리학 및 인지언어학의 범주화 이론으로, 개념적 범주에 속하는 정도가 차등적으로 존재하며 일부 구성원은 다른 구성원보다 더 중심적이다.

를 구성한다. 따라서 정확히 말하면, '管家'는 '미표항'이다. 다만 일반적으로 집사는 주로 남성이기 때문에 '管家'를 '무표항'이라고 하는 것도 수용이 가능하다.

문법영역에서도 마찬가지로 '유표성 역전' 현상이 존재하는데, 가장 두드러진 예는 명사의 단수와 복수이다. 일반적인 경우에 단수명사는 무표항이고 복수명사는 유표항이다. 예를 들어, 영어의 단수명사 oak(상수리나무)는 표지가 없고, 복수명사 branches(나뭇가지)는 표지 -es가 있다. 영어의 oak에 해당하는 타타르어(Tatar, 알타이어의 일종) imän도 표지가 없으며, branches에 해당하는 botaklar도 표지 -lar가 있다(Comrie 1981: 86). 그러나 일부 소수의 명사, 즉 집합명사는 유표성이 정반대여서 복수가 무표항이고 단수가 유표항이다. 예를 들어 러시아어의 goroxs(완두콩) 같은 경우, 그 지시 대상이 많은 미세한 입자의 집합이기 때문에 단수 gorošin이 오히려 유표항이 되어 표지 -in을 붙인다. 수단(Sudan) 동부 투르카나어(Turkana, 나일-사하라어의 일종)의 ŋɪ-tyaŋì(야생동물)는 지시 대상이 군집성(群居性)을 가지기 때문에 단수 e-tyŋ -it가 오히려 유표항이 되어 표지 -it을 붙인다. 또 투르카나어(Turkana)에서는 쌍을 이루는 신체기관의 명칭도 이와 같은데, ŋì-kì(귀)는 무표항이지만 한쪽 귀를 가리키는 a-k-it는 오히려 -it를 붙이는 유표항이다. 이러한 정황은 셈어(Semitic language)와 나일-사하라어(Nilo-Saharan languages)에서 흔히 볼 수 있는데(Croft 2002:190), 이들 언어에서 형성된 유표성 역전 양상은 다음과 같다.

|  | 개체명사 | 집합명사 |
| --- | --- | --- |
| 단수 | 무표 | 유표 |

| 복수 | 유표 | 무표 |
|---|---|---|
|  |  |  |

일반명사, 즉 개별명사와 단수는 주요한 자연적 결합을 이루고 집합명사와 복수는 부차적인 자연적 결합을 이룬다. 하나는 주요한 것이고 다른 하나는 부차적인 이유도 역시 집합명사는 일반명사의 특수하고 유표적인 한 하위 부류이기 때문이다.

|  | 자연적 결합(주된 것) | 자연적 결합(부차적인 것) |
|---|---|---|
| 개체/집합 | 개체명사 | 집합명사 |
| 단수/복수 | 단수 | 복수 |

일반명사가 개체명사라는 바로 이 이유로 인해 집합명사가 존재함에도 불구하고 '단수명사는 무표항'이라는 주장도 역시 사람들에게 받아들여진다. 두 개 또는 여러 개의 범주가 연관되어 있는 이러한 유표성 이론은 교차언어유형론 연구에 응용될 뿐만 아니라 개별 언어에 대한 연구에도 적용될 수 있다. 선쟈쉬안(沈家煊 1999a)은 이 이론을 사용하여 중국어에서 문법범주의 각종 비대칭 현상을 묘사하고 설명하였다.

또 지적하여야 할 것은, 유표성 역전의 상황이 언어뿐만 아니라 인간의 다른 활동에도 보편적으로 존재한다는 점이다. 예를 들어 7-8월에 아이스크림을 먹는 것이 정상적인 활동이고, 1-2월에 샤브샤브를 먹는 것도 정상적인 활동이다. 만약 반대로 7-8월에 샤브샤브나 1-2월에 아이스크림을 먹는다면, 그것은 특별한 유표적 활동이 된다. 그런데 이러한 유표성은 오스트레일리아에 가게 되면 역전된다. 흔히 유표적으로 생각되는 활동이 그곳에서는 무표적 활동이 되고, 흔히 무표적으로 생각되는 활동이 그

곳에서는 유표적 활동이 된다. 그렇다면 유표성 이론의 보편성이 효력을 잃은 것일까? 그렇지 않다. 왜냐하면 지구상에서 인류가 대부분이 북반구에 살고 있으므로 남반구는 하나의 특별한 하위 부류의 지역이 되기 때문에 유표성 역전은 이 일부 지역에서만 발생하는 것이다.

유표성 역전은 단지 표면적인 현상일 뿐이며, 어떤 관계의 '도상성(icobicity)', 즉 '자연적 대응관계'가 바로 배후의 본질이나 논리적 근거로 작용하고 있다. 아이스크림과 샤브샤브를 먹는 것은 일종의 '냉열도상성'으로 볼 수 있다. 날씨의 냉열과 음식의 냉열 쫓기 사이에 대응관계가 존재하는 것이다. 이러한 대응관계는 '기능주의'의 관점으로 설명할 수 있다. 즉, 음식물의 냉열 조절은 날씨의 냉열 변화에 적응하는 기능을 가지고 있다는 것이다. 마찬가지로 기능주의 언어학 역시 언어의 유표성과 유표성 역전 현상을 이러한 관점에서 보고 있다. 예를 들면, 개체명사와 단수가 하나의 자연적 결합을 이루고, 집합명사와 복수가 또 하나의 자연적 결합을 이루는데, 그 논리적 근거는 언어의 형식과 의미 사이에 '수량도상성'이라는 자연적인 대응 관계가 존재한다는 것이다. 형식의 수량은 의미의 수량을 나타내는 기능을 가진다. 의미적으로 본래 '많음(多)'을 포함하고 있는 집합명사는 형식적으로 표지를 추가할 필요가 없지만, 집합명사가 개체를 지칭할 때는 오히려 특수한 표지를 붙여야 한다.[02] 이러한 대

---

02 저자주: 유표성 역전은 사용빈도(고빈도 형식은 짧은 경향이 있음)만으로는 설명할 수가 없다. 수단 서나일(Western Nilotic)의 실루크어(Shilluk)는 한 짝의 신발은 wàːr-ûk(유표항)이고 한 쌍의 신발은 wâr(무표항)이다. 그 이유를 만약 단지 신발이 보통 쌍을 이룬기 때문이라고 한다면, 영어의 사실은 설명할 수가 없다. 드라이어(Dryer 2014)에 따르면, 2002년 구글의 빈도수 통계는 다음과 같다.

응관계는 자연스럽고 문법에서 매우 보편적이기 때문에 하이먼(Haiman 1985)은 문법을 '자연문법(natural syntax)'이라고 하였다.

## 제2절 '명동포함'과 '유표성 역전'

앞장 제1절에서 명사성의 관형어-중심어 구조는 [2+1]을 정상 상태로 하고, 동사성의 술어-목적어 구조는 [1+2]를 정상 상태로 한다고 서술하였는데, 예를 들면 다음과 같다.

| 명사성 관형어-중심어 | 煤炭店 연탄가게<br>手表厂 손목시계 공장<br>复印纸 복사용지<br>出租房 임대주택 | *煤商店<br>*表工厂<br>*印纸张<br>*租房屋 |
|---|---|---|
| 동사성 술어-목적어 | 抄文件 문서를 베끼다<br>造房子 집을 짓다<br>买粮食 식량을 구매하다<br>看大戏 가극을 보다 | *抄写文<br>*建造房<br>*购买粮<br>*观看戏 |

커항(柯航 2007)은 처음으로 '유표성 역전'을 사용하여 위의 현상을 설명

---

| crocodile | 1,350000 | crocodiles | 364,000 |
| shoe | 9,510000 | shoes | 34,700,000 |

shoes의 빈도수는 shoe보다 훨씬 더 높지만 형식은 오히려 더 길다. 인지적인 해석은 다음과 같다. 신발은 일반적으로 쌍을 이루는데, 이는 실루크어와 영어에 공통이다. 두 언어의 차이는, 실루크어는 쌍을 이루는 신발을 집합(mass)으로 보지만 영어는 이를 복수(plural)로 본다는 것이다.

하였다.

|  | 명사성<br>관형어-중심어 | 동사성<br>술어-목적어 |
|---|---|---|
| [2+1] | 무표 | 유표 |
| [1+2] | 유표 | 무표 |

이 유표성 역전도 주된 것과 부차적인 것의 자연쌍으로 나타낼 수 있다.

|  | 자연적 결합(주된 것) | 자연적 결합(부차적인 것) |
|---|---|---|
| 단쌍조합 | [2+1] | [1+2] |
| 문법구조 | 명사성/관형어-중심어 | 동사성/술어-목적어 |

이전 장에서 이미 설명한 바와 같이, 이 배후의 논리적 근거는 '긴밀도 상성'이다. 즉, 운율구조(단쌍조합)와 문법구조 사이에는 자연스러운 대응 관계가 존재한다는 것이다. 앞의 자연적 결합은 긴밀한 운율구조와 긴밀한 문법구조가 결합한 것이고, 뒤의 자연적 결합은 느슨한 운율구조와 느슨한 문법구조가 결합한 것이다.

여기서 지적하고자 하는 것은, 앞의 자연적 결합이 주가 되고 뒤의 자연적 결합은 부차적인 이유는 중국어의 동사성 단어는 명사성 단어의 특수하고 유표적인 하나의 하위 부류이며, 중국어는 '명동포함' 구도로 명사와 동사는 '대립' 관계'가 아니라 '대응' 관계이기 때문이라는 점이다. 이것은 집합명사가 명사의 특수하고 유표적인 하위 범주라는 것과 유사한 상황이다.

## 제3절 관형어-중심어 구조의 유표성 역전

### 3.1 형용사의 특수성

'형용사+명사'로 이루어진 관형어-중심어 조합이 단쌍결합에서 가지는 특수성(앞장 제4절)은 다음 표로 요약할 수 있다.

|  | [2+1] 관형어-중심어 | [1+2] 관형어-중심어 |
|---|---|---|
| 명사 | 汽车房 차고 | *车房子 |
| 동사 | 出租房 임대주택 | *租房子 |
| 형용사 | *宽大房 | 大房子 큰 집 |

명사와 동사가 한 쪽에 있고 형용사는 또 다른 쪽에 있는데, 단쌍조합의 방식은 이와는 정반대이다. 형용사의 특수한 상황도 루 & 뚜안무(Lu & Duanmu 2002)와 뚜안무(Duanmu 1997)에서 상세히 설명한 '보조성분 강조 원칙(辅重原则)', 즉 보조성분인 관형어는 반드시 음운적으로 무거운 쌍음절이어야 한다는 원칙에 위배된다. 이 문제를 해결하기 위해 뚜안무싼(端木三 2000)은 '大房间(큰 방)' 등은 문법구조가 좋지 않은 복합어로 보아, 음보 구분을 '大 | 房间'이 아니라 '大房 | 间'이라고 하였지만, 이러한 구분은 매우 억지스러우며 연독했을 때 변조와 휴지의 실제 상황과도 맞지 않는다.[03] 이에 대한 왕홍쥔(王洪君 2001)과 커항(柯航 2007:67)의 비판을 자세히 살펴보자. 왕홍쥔은 이에 '보조성분 강조 원칙'을 포기하고 방향을 바꾸어

---

03 저자주: 예를 들어 '小雨伞(작은 우산)'과 같은 세 개의 상성자(上声字, 즉 3성)로 된 경우 연독했을 때 변조로 보면 '小 | 雨伞'으로 나눌 수밖에 없다.

형용사의 특성에 중점을 두었다. 그녀는 역사적으로 단음절 형용사의 사동용법이 쌍음절로 전이되어 현대중국어 형용사의 쌍음절 형식에 사동용법(예: '柔软头发(머리카락을 부드럽게 하다)', '端正态度(태도를 단정하게 하다)')이 적지 않기 때문에 중의를 초래하기 쉽지만, 단음절 형식은 용법이 단순하기 때문에 형용사-명사로 이루어진 관형어-중심어 구조는 [1+2]를 정상적인 상태로 보았다. 이 해석의 문제는, 현대중국어에서 대량의 쌍음절 동사가 모두 목적어를 가질 수 있고 중의를 초래하기도 쉽지만 그래도 여전히 흔히 관형어가 될 뿐만 아니라, 또한 '出租房屋(임대주택)', '养殖对虾(양식새우)'와 같이 매우 좋은 관형어가 된다는 것이다. 그 밖에 또 다른 문제는, 고대중국어에서 단음절형용사가 일반적으로 사동용법(예: '静其心(그 마음을 진정시키다)', '深其宫(그 궁(의 담)을 높게 하다)')을 가지고 있다는 것이 단음절형용사가 관형어가 되는 것('静女(정숙한 여인)', '深宫(깊숙한 궁궐)')을 결코 방해하지는 않으며, 또한 '静一静心(마음을 좀 안정시키다)', '热一热饭(밥을 좀 따뜻하게 하다)'과 같이 고대중국어 단음절형용사의 사동용법이 현대중국어에도 여전히 남아있다는 것이다.

　　과거에는 '大房间(큰 방)'과 같은 [1+2] 조합이 단어인지 아니면 구인지를 논쟁하는 데에 주로 정력을 쏟았다. 그것이 단어인지 구인지를 확정하기가 어렵기 때문에 펑성리(冯胜利 2001)는 통사법이 구를 만들 수 있지만 단어도 만들 수 있다고 보았다. 그래서 '大的房间(큰 방)'은 통사적으로 구성된 구의 산물이고, '大房间'은 통사적으로 구성된 단어의 산물로 '통사어(syntactic word, 句法词)'라고 칭했는데, 이는 '구의 생성방식으로 만들어진 단어'라는 의미이다. 하지만 이러한 처리는 동사-명사 복합어인 [1+2] '租房屋'가 성립하지 않는 이유를 설명하기가 어렵다. '租的房屋(임대한 주택)'

는 통사적으로 구성된 구의 산물인데, 왜 '租房屋'는 통사적으로 구성된 단어의 산물이 될 수는 없는가? 따라서 그래서 이러한 방법으로는 문제를 해결할 수가 없다.

다른 한편으로는 관형어-중심어 구조의 중심어가 될 때는 단음절형용사가 오히려 단음절명사·단음절동사와 표현이 일치하여 모두 다 [2+1]을 정상적인 상태로 본다는 사실 역시 매우 중요하다.

汽车房 차고              全年租 연간 임대
猩红热 성홍열이 뜨겁다   煤炭店 연탄가게
三级跳 삼단으로 뛰다     妻管严 공처가
手表厂 손목시계 공장     本字考 본자(정자)를 고찰하다
夕阳红 석양이 붉다(노년기의
       행복한 생활)

대답해야 하는 문제는 3대 실사 범주 가운데 형용사의 지위에 관한 문제로, 형용사가 명사, 동사와 어떠한 관계인가의 문제이다.

## 3.2 형용사 관형어의 유표성 역전

형용사의 문제가 잘 해결되지 않는 원인은 중국어 안에서 명사, 동사, 형용사 사이의 차이를 지나치게 중시하여 인도유럽어와 마찬가지로 이들을 상호 배척하는 분립된 세 부류라고 미리 전제하기 때문이다. 그러나 사실 중국어에서 우선적으로 중시하는 것은 명사, 동사, 형용사의 구별이 아니라 '명사'와 '묘사사(状词)'의 구별이다. 이때 '묘사사'와 대립하는 '명사'는 동사와 성질형용사, 즉 동작 명칭과 속성 명칭을 모두 포함한다. 이 '대

(大)명사'의 구성원은 모두 중첩의 방식을 통해 '묘사사'('摹状词(상태묘사사)' 라고도 함)를 형성할 수 있는데, 중첩 역시 인도유럽어와는 다른 중국어의 중요한 형태론적 수단이다.(1권 제3장 5절) 먼저 '대명사'와 '묘사사'를 구분한 다음에 비로소 대명사 내부에서 명사, 동사, 형용사(성질형용사에 한함)를 구분한다.

형용사가 관형어가 될 때는 명사와 동사가 관형어가 되는 경우와 서로 반대되는 단쌍조합 방식이 나타나는데, 이 역시 일종의 '유표정 역전' 현상으로 '긴밀도상성' 원리가 작용하고 있다. '명동포함' 구도에서 명사는 '대명사(大名词)'류로 동사와 형용사를 모두 포함하기 때문에 정상 상태의 관형어-중심어 구조인 [2+1]에서 중심어가 되는 단음절어는 명사, 동사, 형용사 무엇이든 상관이 없다. 만약 먼저 형용사를 '대명사' 내부의 한 특수한 부차적 부류로 간주한다면, 형용사는 일반명사(동사 포함)가 가지고 있는 [지칭]의 자질 외에 [수식]의 자질도 별도로 가진다. 이렇게 되면 형용사는 일반명사(동사 포함)와 '유표성 역전' 구도를 형성하고, 또한 하나의 주된 것과 하나의 부차적인 것으로 이루어진 무표쌍을 이룬다고 할 수 있다.

| | 자연적 결합(주된 것) | 자연적 결합(부차적인 것) |
|---|---|---|
| 명사 동사 | 纸板房[2+1] 골판지집 卷曲发[2+1] 곱슬머리 | 纸房子[1+2] 종이집 卷头发[1+2] 곱슬머리 |
| 형용사 | 冷空气[1+2] 찬 공기 | 寒冷意[2+1] 냉기 |

주목해야 할 점은 '话里透出一股寒冷意(말에 냉랭한 기운이 새어나왔다)'와 같이 [2+1]이 절대 성립하지 않는 것은 아니라는 것이다. [2+1] 관형어-중심어를 구성할 수 있는 쌍음절형용사를 [1+2] 관형어-중심어의 단음절형

용사와 대조하면 그들의 상태묘사성을 쉽게 확인할 수 있기 때문에 이 유표성 역전의 배후 근거는 여전히 '긴밀도상성'이라고 말할 수 있다. 예를 보자.

[1+2] 성질규정 관형어

白颜色 흰 색  稳办法 안전한 방법
冷空气 찬 공기  暗房间 어두운 방
平视角 평시각  穷地方 가난한 지방
贵金属 귀한 금속  强动词 강동사, strong verb

[2+1] 상태묘사 관형어

苍白色 창백한 얼굴색  安稳觉 편안한 잠
寒冷意 냉랭한 기운  阴暗面 어두운 면
平常心 일상적인 마음  穷酸相 궁색한 모습
名贵犬 명품개  强硬派 강경파

'白颜色(흰 색)'는 색깔에 성질을 정해주는 것이고, '苍白色(창백한 색)'는 일종의 얼굴색을 묘사하고 있는 것이다. '强动词(강동사)'는 동사에 성질을 정해주는 것이고, '强硬派(강경파)'는 하나의 유파를 묘사하고 있는 것이다. 성질을 규정하는 단어와 중심어의 결합은 단단하고, 상태를 묘사하는 단어와 중심어의 결합은 느슨하다. 관형어의 전형적인 기능은 '성질을 규정하는 것(定性)'인데, 단음절의 성질규정 형용사와 중심어의 결합은 원래 단단하기 때문에 [2+1]과 같은 긴밀한 운율구조로 바꿀 필요가 없지만, 쌍음절의 상태묘사 형용사와 중심명사의 결합은 느슨하기 때문에 운율구조는 특별히 [2+1] 구조를 사용한다. 이러한 관점에서 형용사의 쌍음절화인 '白(희다)→苍白(창백하다)', '冷(춥다)→寒冷(한랭하다)' 현상을 중첩과 유사한 일종의 수단으로 충분히 볼 수 있으며, 이를 '준중첩(准重叠)'이라고 부른다. 형용사가 부사어가 되는 경우도 이와 같은데, 비교하여 보자.

[1+2] 성질규정
慢着落 느린 낙착           稳增长 안정적인 성장
细分析 세밀한 분석         深交往 깊은 교제
广搜索 광범위한 수색

[2+1] 상태묘사
缓慢落 서서히 떨어지다    平稳长 고르고 안정되게 성장
                          하다
仔细分 자세하게 나누다    深入谈 심도 있게 이야기하다
广泛搜 광범위하게 수색하다

'慢着落(느린 낙착)', '稳增长(안정적인 성장)'은 각각 '着落(떨어지다)', '增长(성장하다)'의 성격을 규정한 것이고, '缓慢落(서서히 떨어지다)', '平稳长(고르고 안정되게 성장하다)'은 각각 '着落', '增长'을 상태를 묘사하는 방식이다. 이 역시 형용사가 수식하는 것이 명사든 동사든 중요하지 않음을 나타낸다. 명사와 동사는 포함관계이고, 부사어는 일종의 '동태관형어'이다(2권 제1장 4.2절).

요컨대, 단음절형용사가 관형어가 되는 것은 무표적이고 쌍음절형용사가 관형어가 되는 것은 유표적인데, 이는 의미상 단음절형용사는 '성질

을 규정하는(定性)' 경향이 있지만 쌍음절형용사는 '상태를 묘사하는(摹状)' 경향이 있기 때문이다. 그런데 '관형어(定语)'의 전형적인 기능은 말 그대로 곧 '성질을 정하는 것'이다. 단음절과 쌍음절은 각각 성질을 규정하는 것과 상태를 묘사하는 것에 대응하는데, 이 역시 일종의 '수량도상성(多少象似)'에 해당된다. 상태를 묘사하는 형용사는 성질을 규정하는 형용사보다 내용이 풍부하기 때문에 쌍음절을 사용한다. '白(희다)'와 '煞白(창백하다)'를 예로 들면, '白'는 각종 다양한 흰 것을 외적 조응[04]하기 때문에 외연은 크지만 내포는 작아 그 자체에 정도의 의미가 없지만, '煞白'는 한 가지 종류의 흰 것만을 외적 조응하므로 외연은 작지만 내연은 커서 그 자체에 정도의 의미가 있다(沈家煊 1995a 참조). 이러한 도상성 원칙은 보편성을 가진다. 영어에서 형용사의 모음을 길게 늘이는 것 역시 정도의 의미와 상태묘사성을 증가시킬 수 있는데(Lakoff & Johnson 1980 : 127), 예를 들어 big을 bi-i-i-i-ig으로 연장하면 의미적으로 very tall과 유사해진다.

  He is very tall. 그는 키가 매우 크다.
  He is bi-i-i-i-ig! 그는 키가 크----다.

 영어의 형용사에도 중복되는 'AA형식'이 나타날 수 있는데, 이 역시 상태묘사의 기능을 한다. 예를 들면 다음과 같다.

---

04 역자주: 언어 내적으로 지시가 결정되는 것으로 텍스트 안의 어떤 표현을 가리키는 것을 내적 조응(endophora, '문맥조응'이라고도 함)이라고 하며, 언어 외적으로 지시가 결정되는 것으로 텍스트 밖의 사람이나 사물을 가리키는 것을 외적 조응(exophora, '외부조응'이라고도 함)이라 한다.

My Luve's like a *red, red* rose,

That's newly sprung in June.

내 사랑은 6월에 갓 피어난 붉디붉은 한 송이 장미 같아라.

(Red, Red Rose Robert Burns, 1794)

I'm a *big big* girl

in a *big big* world.

It's not a *big big* thing if you leave me.

나는 크디큰 소녀

넓디넓은 세상에서.

당신이 나를 떠난다고 해서 크디큰 문제는 아닙니다.

(Big, Big World Emilia, 1998)

이러한 중복 형식은 음절에 구애받지 않고 주로 관형어로 쓰이며, 중복된 횟수 또한 2회보다 더 많을 수도 있다(예를 들면, *wet wet wet* song).

| | |
|---|---|
| 단음절 | *cold cold* ground 차디찬 땅<br>*hot hot* heat 뜨겁디뜨거운 열기<br>*tall tall* grass 크디큰 잔디<br>*blue blue* heart 푸르디푸른 심장<br>*wet wet wet* song 흠뻑 젖은 노래 |
| 쌍음절 | *tiny tiny* world 작디작은 세상<br>*smelly smelly* shoes 작디작은 신발<br>*dizzy dizzy* Monday 어질어질한 월요일<br>*lazy lazy* river 느릿느릿 흐르는 강 |

| 3음절 | *beautiful beautiful* stars 아름답고 아름다운 별들<br>*wonderful wonderful* life 멋지고 멋진 인생<br>*difficult difficult* decision 어렵고 어려운 결정 |

 영어의 단어와 구는 비교적 명확한 구분이 있기 때문에 이러한 'AA형식'은 단지 '중복' 형식으로 볼 뿐이며, 이들 대부분은 임시로 구성된 구로 수사적인 수단에 속한다. 반면 중국어 형용사의 'AA식'(红红的(매우 빨갛다), 高高的(매우 높다))은 진정한 '중첩'이고 '접두어+A'식(通红(새빨갛다), 冰冷(얼음같이 차다))은 '준중첩'으로, 이들은 모두 단어를 구성하는 일종의 형태적 수단이다.('중복'과 '중첩'의 차이에 관해서는 리우단칭(刘丹青 2012b) 참조). stone cold(얼음처럼 차디 찬), stone dead(완전히 죽은), ice cold(얼음처럼 차가운), sky high(하늘을 찌를 듯한), sky blue(하늘색), iron gray(철회색), jade green(비취색)과 같이 영어에도 중국어 '通红, 冰冷'과 유사한 'N+A식'이 있다. 그런데 이들은 일반적으로 연결동사의 보어가 될 뿐 관형어가 되는 경우는 매우 드물다. 이러한 예들은 모두 형용사의 '수량도상성' 원리가 영어에서는 '문법화'되지 않았으며 소량의 표현만이 '어휘화(词化)'되었지만, 중국어에서는 이미 '문법화' 되었고 대량의 표현이 '어휘화' 되었음을 보여준다.

 그렇다면 함축 의미가 거의 없는 단음절형용사가 관형어가 될 때 중심어와 결합이 긴밀한 반면, 풍부한 함축 의미를 가진 쌍음절명사(일반명사)도 관형어가 될 때 중심어와의 결합이 마찬가지로 긴밀한 이유는 무엇일까? 그 이유는 관형어가 되는 형용사는 단지 하나의 속성을 사용해서 중심명사를 수식하지만, 관형어가 되는 명사는 사물의 많은 속성을 사용해서 중심명사를 수식하기 때문이다(Wierzbicka 1980: 468; Givon 2001: 55). 예를 들면, '新房子(새 집)', '大房子(큰 집)'라고 말할 때는 모두 '新(새롭다)' 또는

'大(크다)'라는 하나의 속성만을 사용하여 '房子(집)'를 수식하는데, 이는 형용사가 정도사의 수식을 받을 때도 마찬가지이다. 그러나 '纸房子(종이집)'라고 말할 때는 이와 다르다. '纸(종이)'의 모든 내재적 속성이 전부 '房子'를 수식하는 데 사용될 수 있으므로 특정한 문맥만 있으면 房子轻(집이 가볍다), 墙面薄(벽면이 얇다), 渗水(물이 스미다), 成本低(원가가 낮다), 可拼叠(겹쳐서 포갤 수 있다) 등등을 가리킬 수 있다. 따라서 절대 다수의 명사는 일반적으로 정도사 '很(매우)'의 수식을 받기에 적합하지 않다. 뤼수샹(吕叔湘 1987)도 '水果医院(과일병원)'과 '汽车医院(자동차병원)'을 예로 든 적이 있다. '水果医院'은 과일의 병충해를 치료해주는 병원을 가리킬 수도 있고, 과일을 사용하여 사람에게 병을 치료하는 병원을 가리킬 수도 있다. '汽车医院'은 자동차를 검사하고 수리하는 시설을 가리킬 수도 있고, 자동차에 개설된 이동식 병원을 가리킬 수도 있다. 이 원리는 보편성을 가진다. 예를 들어, 영어 London detective(런던탐정)에서 명사 London은 관형어가 되고, 이 구의 의미는 '런던으로 가는 탐정' 또는 '런던에서 태어난 탐정', '런던의 사건을 담당하는 탐정' 등등으로 이해될 수 있기 때문에(Beck 2002:35), 관형어라는 통사 위치가 사람들에게 문맥을 근거로 London에 대해 어떤 구체적인 해독을 하게 만든다. 그리하여 London은 더 이상 단순히 장소명사로는 이해될 수 없으며, 전체 구의 의미도 단순히 'London+detective'는 아니다. 이에 비해 형용사가 관형어가 되는 경우는 매우 간단하다. 예를 들어, handsome detective(잘 생긴 탐정)이라는 구의 의미는 바로 'handsome+detective'로, 잠재적인 의미는 London detective보다 훨씬 적다.

요컨대, 형용사는 본래 오직 하나의 속성만으로 중심명사의 성격을 규정하고, 명사는 원래 여러 가지 속성을 가지고 중심명사의 성격을 규정하기 때문에 명사의 경우 함축의미가 풍부하면 중심명사와의 결합이 긴밀한 반면, 형용사 경우는 함축 의미가 단순하면 중심명사와의 결합이 긴밀하다.

## 제4절 형용사의 재분류

### 4.1 상태묘사성을 강화시키는 쌍음절화

형용사 내부의 분류는 주더시(朱德熙 1956)에 따라 성질형용사와 상태형용사로 구분한다. 성질형용사는 단음절형용사와 '寒冷(몹시 춥다)', '高大(높고 크다)'와 같은 일반 쌍음절형용사를 포함하고, 상태형용사는 형용사의 중첩형식과 '煞白(창백하다)', '温热(따뜻하다)' 등과 같은 쌍음절어를 포함하며, '很冷(아주 춥다)', '怪冷的(몹시 춥다)'와 같은 구도 포함한다. 성질형용사와 상태형용사를 구분하는 기준은 다음 두 가지이다.

(1) 성질형용사는 '很'의 수식을 받을 수 있지만, 상태형용사는 이의 수식을 받을 수 없다.
(2) 성질형용사의 중첩은 '冷冷清清(몹시 쓸쓸하다)'과 같은 AABB식이고, 상태형용사의 중첩은 '冰冷冰冷(얼음같이 차다)'과 같은 ABAB식이다.

사실 이 두 가지 기준은 완전히 신뢰하기도 어렵고, 또 그다지 중요하지도 않다.

첫째, '冷(춥다)'과 같은 성질형용사는 '很'을 붙여 상태형용사 '很冷'으로 변함으로써 상태묘사성이 증가하는데, 상태형용사는 '很'을 붙일 수는 없지만 성질형용사와 마찬가지로 '雪白淋淋(온통 새하얗다)', '浓黑烈烈(몹시 새까맣다)'와 같은 ABCC식의 중첩을 통해 상태묘사성이 증가된다.

둘째, 일상생활에서 상태형용사에 '很'을 붙인 용례가 많이 나타나고 있는데, 중국 최대의 검색 엔진 바이두(baidu.com)에서 일부 상용어를 검색해 보면 거의 모든 단어에 '很'을 붙인 용례를 찾을 수 있다(李劲荣 2007 참조).

为什么一到冬天我的手脚就很冰冷、而夏天反而身体很烫?
왜 겨울만 되면 내 손발이 아주 시리고, 여름만 되면 몸이 뜨거울까?

我的皮肤算得上是白, 但不是很雪白的那种, 有点黄。
내 피부는 하얀 편이지만, 아주 새하얀 그런 것은 아니며, 약간 노란색이다.

孩子的心灵是很雪亮的, 所以我们要保持童心。
아이의 마음은 매우 밝기 때문에 우리는 동심을 유지해야 한다.

为什么有的人喝酒后脸上会很通红, 有的人就不红?
왜 어떤 사람은 술을 마신 뒤에 얼굴이 매우 붉어지는데, 어떤 사람은 얼굴이 붉어지지 않을까?

最近申彗星把自己练得很结实, 晒得很黝黑, 看上去很男人。
요즘 선후이싱은 자신을 매우 튼튼하게 단련하고, 아주 까맣게 태워서 정말 상남자처럼 보인다.

是不是女人抽烟喝酒, 去酒吧玩就很稀烂?
여자가 술 담배를 하고 술집에 가서 놀면 완전히 망가진 거 아니야?

路边有一种树, 闻起来很喷香, 有很小的白色花朵, 谁知道是什么树吗?

길가에 나무가 한 그루 있는데, 냄새를 맡으면 향기가 매우 좋고, 아주 작은 흰색 꽃송이가 있는데, 무슨 나무인지 아는 사람 있을까요?

右后胎爆了, 爆得很坚决, 很彻底, 很粉碎! 没啥说的, 为自己的急躁买单吧。

오른쪽 뒤 타이어가 펑크 났어, 아주 확실하게, 아주 철저하게, 아주 박살이 날 정도로 터졌어! 뭐 할 말이 없지, 나의 조바심 때문에 대가를 치르라고.

이러한 현상이 나타나는 원인은 분명히 상태형용사의 상태묘사성이 마모되어 약화되었기 때문이다. 따라서 특정한 방식을 통해 상태묘사성을 새롭게 강화시킬 필요가 있다. '冰冷(얼음같이 차다)'과 '火热(불같이 뜨겁다)', '彤红(매우 빨갛다)'과 '苍白(창백하다)'를 각각 비교하면, 차이는 단지 '冰冷', '彤红'의 상태묘사성이 '火热', '苍白'만큼 심하게 마모되지 않았다는 것이므로 '冰冷', '彤红'은 일반적으로 '很'의 수식을 받을 수 없다.

셋째, '很'을 추가할 수 없는 많은 쌍음절형용사는 '白白亮亮(몹시 밝고 환하다)', '红红胖胖(불그스름하고 뚱뚱하다))'과 같은 AABB 중첩식이 있는데, '很'을 추가할 수 있는 쌍음절형용사 역시 '软绵软绵(매우 푹신푹신하다)', '苍白苍白(몹시 창백하다)', '穷酸穷酸(몹시 궁상스럽다)', '阴暗阴暗(매우 어두침침하다)' 등과 같이 ABAB 중첩식을 완전히 배제하지는 않는다. 작가 옌롄커

(阎连科)[05]의 작품에는 AABB로 중첩되는 쌍음절형용사 가운데 성질을 나타내는 것('美丽(아름답다)', '柔和(연하고 부드럽다)'와 같이 '很'을 붙일 수 있음)도 있고, 상태를 나타내는 것('红胖(붉고 통통하다)', '白亮(희고 밝다)'과 같이 '很'을 붙일 수 없음)도 있다. 그 밖에 또 한 가지 ABCC식 중첩도 흔히 볼 수 있는데, 이때 AB도 성질형용사와 상태형용사 두 종류를 모두 포함한다.

**AB가 성질형용사('很'을 붙일 수 있음)**

暴虐汹汹 포학하고 저돌적이다    枯瘦黄黄 누렇게 말라빠지다
苍老荒荒 낡고 황량하다          亮堂洁洁 몹시 밝고 환하다
潮润烂烂 축축하고 질퍽하다       明亮晃晃 반짝반짝 밝게 빛나다
潮湿雾雾 아주 눅눅하다          清脆哗哗 소리가 맑고 낭랑하다
迟缓慢慢 느릿느릿하다           威严森森 몹시 위엄이 있다
光亮嫩嫩 반들반들 빛나다         稀疏飘飘 드문드문 나부끼다
恍惚悠悠 어리둥절하다           狭长弯弯 구불구불 좁고 길다
浑浊厚厚 덕지덕지 어리석다       鲜活生生 선명하고 생생하다
火热腾腾 불같이 뜨거운 기세      脏旧兮兮 구질구질 더럽고 낡다
         가 등등하다

**AB가 상태형용사('很'을 붙일 수 없음)**

鲜红艳艳 눈부시도록 붉고 아    雪白淋淋 온통 새하얗다
         름답다

---

05  역자주: 옌롄커(阎连科 1958-): 중국의 소설가. 현대 중국 문학계의 대표적인 거장 중 한 명으로 꼽힌다.

| | |
|---|---|
| 血红艳艳 피처럼 새빨갛고 아름답다 | 惊白茫茫 머리가 하얘질 정도로 놀랍다 |
| 黑红暖暖 검붉고 따뜻하다 | 惨白凄凄 아주 창백하다 |
| 黑红艳艳 검붉고 아름답다 | 浓黑烈烈 몹시 새까맣다 |
| 红艳阵阵 발그스레하다 | 白亮嘎嘎 쨍쨍 밝고 환하다 |
| 红灿烂烂 붉고 찬란하다 | 赤裸条条 적나라하게 벌거벗다 |

요컨대, 쌍음절형용사는 성질을 나타내는 것이든 아니면 상태를 나타내는 것이든 모두 여러 가지 수단을 통해 상태묘사성을 강화하거나 회복할 수 있으며, '很'를 추가하는 것은 그 가운데 하나의 수단에 불과하다. 그런데 중첩에도 또 여러 가지 방법이 있으며, 중첩 방식의 선택은 절대적인 것이 아니어서 어떤 중첩 방식은 성질형용사와 상태형용사 모두에 적용할 수 있다. 이러한 모든 수단('冰(얼음)', '黝(거무스레하다)' 등의 접두어를 추가하는 것도 포함)은 '중첩과 첨가(叠添)'로 요약할 수 있다.

이상은 현대중국어의 공시적 측면의 상황이다. 역사적으로 보아 스친(石毓 2010)은 고대중국어 단음절어가 중첩되어 상태묘사어가 되어도 명사, 동사, 형용사의 세 종류를 모두 포함한다는 것을 발견하였다. 그는 또 다른 두 가지 중요한 사실을 발견하였다. 하나는 선진(先秦)시기 중국어 단음절형용사 가운데 일부는 상태형용사이며, '萋萋萋(풀이 무성하다)', '忡有忡(마음속 근심이 깊다)'과 같이 역시 중첩과 첨가를 통해 상태묘사성을 강화하였다는 것이다. 다른 하나는 뒷날 성질을 나타내는 '灿烂(찬란하다)', '悠久(유구하다)', '苍白(창백하다)'와 같은 쌍음절형용사도 원래는 단음절에서 중첩과 첨가를 통해 생성된 상태묘사어라는 것이다. 왜냐하면 상태묘사성이 감퇴하고 나서야 성질형용사로 변하기 때문이다. 따라서 동적인 관점에서 보면, 중국어는 고대와 현대를 막론하고 항상 진행되는 두 가지 변화가 있어왔다. 하나는 속성사(属性词)가 다양한 중첩·첨가 수단을 통해 상태묘사성을 강화시키는 것인데, 여기에는 쌍음절화도 포함된다. 다른 하나는 상태사(状态词)의 상태묘사성이 감퇴하면서 속성사 쪽으로 이동하는 것인데, 이후 새로운 중첩·첨가 수단을 통해 다시 상태묘사성을 회복하는 것이다.

형용사의 경우도 마찬가지로 쌍음절화가 상태묘사성을 강화시키는 일종의 중첩·첨가 수단인데, 이러한 인식은 매우 중요하다. 역사적으로 단음절형용사가 나타내던 사동 용법도 쌍음절형용사로 옮겨갔다(예: 端正态度(태도를 단정히 하다))고 말하는 것보다는, 역사적으로 단음절형용사의 사동 용법이 아직 완전히 쌍음절형용사로 옮겨가지는 않았기 때문에 현대중국어 쌍음절형용사의 사동 용법이 아직까지 고대중국어의 단음절형용사만큼 광범위하고 다양하지 않다고 말하는 것이 오히려 더 정확하다. 왕커중(王克仲 1989)은 고대중국어 단음절형용사가 동사로 활용되는 것에 대해 다음 몇 가지로 상세히 묘사하였다.

첫째, 사동 용법은 다음 예와 같이 매우 보편적이다.

  宁吾族姓(使宁静: 안녕하게 하다)
  동족을 안녕하게 하다

  深其宫(使深广: 깊고 넓게 만들다)
  그 궁전을 넓고 깊게 만들었다

  肥牺牲(使肥美: 기름지고 맛있게 하다)
  희생을 기름지고 맛있게 하다

能富通者在我(使富裕: 부유하게 하다)
부유하고 통달하게 할 수 있게 하는 건 내게 달려있다

弱寡王室(使衰弱: 쇠약하게 하다)
왕실을 쇠약하게 하다

兄不安弟(使安宁: 안심하게 하다)
형이 동생을 안심하지 못하게 하다

静之(使安静: 조용하게 하다)
그를 조용하게 하다

현대중국어로 번역할 경우, 괄호 안에 상응하는 쌍음절형용사는 모두 사동으로 사용될 수가 없다. 현대중국어에서 일부 쌍음절형용사가 사동 용법을 가지고는 있지만, 사용 범위는 제한적이다. 예를 들어, 고대중국어에서 '丰民人'(使人民丰富、丰裕: 백성들을 넉넉하고 풍요롭게 한다)이라고 말하지만, 현대중국어에서는 단지 '丰富生活(삶을 풍부하게 하다)'라고만 말할 수 있고 '丰富人民(백성을 넉넉하게 하다)'이나 '丰裕人民'이라고 말하지는 않으며, '丰裕生活'라고 말하지도 않는다.

둘째, 고대중국어 단음절형용사는 결과초래(致使)의 의미 외에, 왕커중(王克仲 1989)에서 말한 '지배(支配)'와 '귀속(意为)'의 의미를 나타낼 수도 있다.

车邻, 美秦仲也。
「거린」은 진중을 찬미한 것(시(诗))이다.
(美秦仲: 진중을 찬미하다) ←지배관계

(『诗·秦风·车邻小序』)

吾妻之美我者, 私我也。
내 아내가 나를 아름답다고 여기는 것은 나에게 사사로운 감정
을 두었기 때문이다.
(美我: 나를 아름답다고 여기다) ← 귀속관계

(『战国策·齐策一』)

'지배'와 '귀속'의 의미는 추상적이고 의미가 허화된 '결과초래'이기 때문에 이 두 개의 '美'는 말이나 인식에서 대상이 미적 속성을 갖게 만든다. 결국 결과초래, 지배, 귀속 가운데 어느 것을 나타내는지는 앞뒤 문맥을 통해 판단할 수 있다.

父不宁子, 兄不安弟。
아버지는 아들을 편안하게 하지 못하고, 형은 동생을 편안하게
하지 못한다.
(安弟: 동생을 편안하게 하다) ← 결과초래관계

(『汉书·伍被传』)

及齐, 齐桓公妻之, 有马二十乘。公子安之。
제나라에 이르러 제 환공이 딸을 그(重耳)에게 아내로 주고 말 20
승까지 주니, 공자는 제나라의 생활에 안주하였다.
(安之: 제나라의 생활에 안주하다) ← 귀속관계[06]

(『左传·僖公二十三年』)

---

06 저자주: 왕커중(王克仲 1989)에서는 이 예를 '지배'관계로 분류하였으나, '安'의 의미가 '……편안하다고 생각하다'이므로 '귀속'관계로 분류하는 것이 더 타당하다.

上多昉有理剧才, 改南京副留守。
황제는 실방이 판단력이 있고 큰 재주가 있다고 칭찬하고는 남경부유수로 개차하였다.
(多昉: 실방을 칭찬하다) ← 지배관계

『辽史·室昉传』

天将多阳虎之罪以毙之, 君姑待之, 若何?
하늘이 양호의 죄를 많게 하여 그를 죽이려는 것이니, 임금께서는 우선 기다리심이 어떻겠습니까?
(多阳虎之罪: 양호의 죄를 많게 하다) ← 결과초래관계

『左传·定公六年』

群士皆少丞相, 而多彼贤人。
많은 선비들이 모두 승상의 인물됨을 폄하하였으며, 저 어진 사람을 높이 평가하였다.
(少丞相: 승상을 폄하하다) ← 지배관계

『新论·谴非』

惠帝怪相国不治事, 以为"岂少朕与?"
혜제는 상국 조참이 정사를 돌보지 않는 것을 괴이하게 여기고는 "어찌 내 나이가 어리다고 여기는 것인가?"라고 생각하였다.
(少朕: 내 나이가 어리다고 여기다) ← 귀속관계

『汉书·曹参传』

그러나 현대중국어의 쌍음절형용사는 기본적으로 단지 단순한 결과초래를 표현하는 데에 국한되어 있을 뿐, 아직 지배와 귀속 의미까지 파생되

지는 못하였다.

요컨대, 현대중국어 쌍음절형용사가 사동으로 쓰이는 것은 모두 고대중국어에서 상응하는 단음절어를 찾을 수 있지만, 고대중국어 단음절형용사가 사동으로 쓰이는 것은 현대중국어에서 상응하는 쌍음절어를 반드시 찾을 수 있는 것은 아니다. 이러한 상태를 초래한 원인은, 고대중국어의 단음절형용사가 쌍음절화 되면서 상태묘사성이 강화되었고, 그 결과 현대중국어의 쌍음절형용사도 여전히 상태묘사성을 가지게 되었기 때문이다. 따라서 사동 용법은 그렇게 광범위하고 다양하게 확대되지는 못하고, 쌍음절형용사 가운데 상태묘사성이 이미 아주 심하게 마모되어서 속성사에 이르게 된 것들만이 사동 용법을 가지게 되었다.

### 4.2 형용사의 재분류

형용사의 쌍음절화가 상태묘사성을 강화시켰다는 인식이 생겼으므로 현대중국어 형용사 내부의 구분 방식도 이제 새로이 고려해야 할 것이다. '通红(새빨갛다)', '煞白(창백하다)', '冰冷(얼음같이 차다)', '死灰(불기 없는 재 같이 활기가 없다)' 등과 같은 쌍음절형용사의 일부는 단지 중첩이 아니라 '通(대단히)', '煞(대단히)', '冰(얼음)', '死(죽다)' 등과 같은 접두어 추가를 통하여 형성되었을 뿐, 일찌감치 묘사사로 분류되었다. '伟大(위대하다)', '奇怪(괴상하다)', '豪华(호화롭다)', '敞亮(넓고 환하다)', '糊涂(어리석다)' 등과 같이 흔히 말하는 쌍음절의 '성질형용사'도 본래는 상태묘사성이 있는 형용사였다. 단지 높은 사용빈도로 인해 상태묘사성이 마모되어 약해지면서 상태묘사성 형용사가 이미 속성사로 변하였거나 변화하고 있을 뿐이다. 일부는 이미 제한된 범위 내에서 직접 관형어가 될 수도 있는데, 예를 들면 '豪华间(스위트룸)', '聪敏人(똑똑한 사람)', '糊涂虫(바보)', '安稳觉(편안한 잠)'와 같은 것은 '纸板房(골판지집)', '出租房(임대주택)'처럼 [2+1]의 관형어-중심어 구조를 형성하였다. 상태묘사성이 약해졌기 때문에 이들은 '很'의 첨가나 중첩 등의 방법을 통하여 상태묘사성을 새로이 강화하여야 한다. 음절의 중첩과 첨가를 통해 상태묘사성을 회복하는 이러한 변화는 끊임없이 진행되고 있는데, 이는 단음절 위주의 단계에서도 그러하고 단음절과 쌍음절이 병존하는 단계에서도 마찬가지다. 한편, 쌍음절형용사는 속성사쪽으로 이동하고 있음에도 불구하고 여전히 묘사사의 본성을 간직하고 있다. 과거에는 두 가지 기준에 따라 '寒冷'과 '苍白'와 '冷', '白'를 모두 합쳐 '冰冷', '煞白'와 같은 상태형용사에 대립하는 성질형용사(속성사)로 보았다. 이제 이 두 가지 기준이 결코 신뢰할 수도 없고 중요하지도 않다는 것을 알게 되었다. 신뢰할 만한 기준은 단음절과 쌍음절의 구분이고(왜냐하면 이것이 아니면 저것이기 때문이다), 중요한 기준은 단음절과 쌍음절의 결합방식 [2+1][1+2]이다(왜냐하면 구조유형과 의미를 구분할 수 있기 때문이다). 관형어가 된다는 관점에서 보면, [2+1]은 정상적인 상태이고 [1+2]는 제약을 받는데, 제약을 받는 쌍음절형용사는 성질형용사든 상태형용사든 상관이 없다. 바로 이것이 성질형용사와 상태형용사로 나누던 원래의 형용사 분류법을 새롭게 바꾼 이유이다. 먼저 단음절과 쌍음절을 근거로 두 부류의 형용사를 구분하는데, 똑같이 쌍음절인 '寒冷'·'苍白'와 '冰冷'·'煞白'를 모두 상태묘사사(depictive, 摹状词)라고 하는 한 부류의 단어로 분류한다. 이는 단음절의 성질규정사(定性词) '白', '冷' 등과 대립된다.

```
  전통적 분류              새로운 분류
    성질        冷    白 ──── 단음절(성격규정)
              寒冷  苍白  ⎫
    상태 ──── 冰冷  煞白  ⎬ 쌍음절(상태묘사)
                          ⎭
```

전통적인 분류는 '단쌍구분(单双区分)'의 중요성을 과소평가하여 분명히 신뢰할 수 있고 중요한 기준을 내버려두고서 사용하지 않았는데, 이것은 인식의 착오 때문이다. 즉, 단음절형용사가 직접 관형어가 될 때 받는 제약을 지나치게 중시함에 따라 형용사-명사로 이루어진 관형어-중심어는 [1+2]를 정상적인 상태로 한다는 사실을 간과한 것이다. 주더시(朱德熙 1956)는 '白纸(흰 종이)'라고는 말하지만 '白手'라고는 말하지 않고, '重箱子'라고는 말하지 않고 '很重的箱子(아주 무거운 상자)'라고만 말하는 것에서 보듯이 단음절형용사가 직접 관형어가 되는 것에 제약을 받는다고 말했다. 자오위안런(赵元任 1968: 304)은 이러한 제약을 "일종의 경향성이라고 말할 수 있을 뿐, 규칙으로 보지는 않는다"고 하면서, '重箱子'가 절대 불가능한 표현은 아니며 '你不累吗, 老提溜着那么个重箱子?(힘들지 않아? 늘 그렇게 무거운 상자를 들고 다니는데)'와 같은 표현은 매우 자연스럽다고 지적하였다. 또 '凉水(차가운 물)'는 흔히 말하지만 '凉脸'은 찾기가 어려운데, '别拿你那凉脸挨着人!(너의 그 쌀쌀맞은 얼굴을 남에게 들이대지 마!)'은 문법에 맞는 문장으로 본다고 지적하였다. 선쟈쉬안(沈家煊 1997)은 '白纸'라고는 말하지만 '白手'라고는 말하지 않는 이유는 우리가 일반적으로 종이는 색깔에 따라 분류하지만 손은 색깔에 따라 분류하지 않기 때문인데, 특정 문맥에서 색깔에 따라 손을 분류하는 것이 허용되기만 하면 화자는 조금도 망설임 없이 '白'로 '手'를 직접 수식할 것이라고 지적하였다. 그 예로 그는 유치원

선생님이 아이들에게 "伸出你们的小手来看看谁是白手谁是黑手(누가 흰 손이고 누가 검은 손인지 여러분의 조막손을 내밀어봅시다)"라고 말하는 경우가 그러하다고 하였다. 이를 통해 단음절형용사가 직접 관형어가 될 수 있는지 여부는 주로 의미의 문제로, 위에서 언급한 '의미의 긴밀성(语义松紧)'과 관련이 있음을 알 수 있다.

형용사 내부에서 먼저 음절에 따라 단음절과 쌍음절의 소부류로 나누는 것이 곧 쌍음절형용사 내부에서 다시 구분을 할 필요가 없음을 의미하지는 않는다. 하지만 이 구분은 두 번째 단계에서 해야 할 일이다. 먼저 문법 기능이 다른 두 종류의 형용사를 단음절과 쌍음절로 구별하는 것은 인도유럽어와 구별되는 중요한 중국어의 특징이다.

요컨대, 국부적인 '유표성 역전'은 하나의 주범주와 그에 속하는 하나의 부차적 범주 사이에 유표성이 상반되는 상황을 가리킨다. 중국어의 명사(구)와 동사(구)는 단쌍조합에서 유표성 역전을 보이는데, 이는 동사(구)가 명사(구)의 한 부분적인 하위 부류이기 때문이다. 명사(동사 포함)와 형용사(속성어)는 관형어가 될 때 단쌍조합에서도 유표성 역전을 보이는데, 이 역시 중국어의 형용사가 명사(동사 포함)의 부분적인 하위 부류이기 때문이다. 역으로 말하면, 이 두 가지 국부적인 유표성 역전은 명사와 동사, 형용사 세 실사의 관계가 두 개의 포함관계임을 증명한다. 즉, 유표성 역전 이론과 명동포함 이론은 상호 인증관계인 것이다.

## 제5절 언어표현의 '주관성'

유형론의 연구에서 형용사가 명사에 가까운 언어도 있고 동사에 가까운 언어도 있는데, 이는 형태표지가 증거가 된다. 중국어의 명사와 동사는 형태표지가 없으므로 형용사가 어느 한쪽에 근접하면 항상 논쟁이 생겼다. 자오위안런(赵元任 1968: 292)은 형용사가 동사와 마찬가지로 직접 술어가 될 수 있고, '不'의 수식을 받을 수 있기 때문에 동사의 한 하위 부류로 간주하였다. 이러한 처리하는 것도 설득력이 없지는 않다. 형용사가 직접 술어가 될 수 있다는 것은 확실히 중국어가 영어 등의 인도유럽어와 구별되는 중요한 특징이며, 직접 술어가 될 수 있는지 여부, 연결사에 의존하는지 여부와 어떻게 의존하는지는 명사와 형용사를 구별하는 중요한 기준이기 때문이다(Dixon 2004). 하지만 그럼에도 혹자는 중국어의 형용사가 적어도 어떤 면에서는 명사에 가깝다고 보았으며(沈家煊 1997, 张伯江 2011b), 형용사와 명사의 차이는 형용사와 동사의 차이보다 많이 크지 않다고 보았다. 특히 관형어가 될 때 단음절형용사는 단음절명사와 더욱 가까우며, 단음절명사가 관형어가 되는 숫자가 단음절동사보다 훨씬 많다고 하였다. 예를 들면, '假老虎(가짜 호랑이)'는 '纸老虎(종이 호랑이)'와는 가깝지만, '打老虎(호랑이를 잡다)'와는 거리가 아주 멀다는 것이다. 이와 같이 형용사가 양면성을 지니고 있기 때문에 선쟈쉬안(沈家煊 2011c)은 형용사를 동사의 하위 부류로 분류하는 것에 대해 유보의 입장을 밝히면서, 형용사의 지위를 베이징에 바로 인접해 있는 옌자오(燕郊)에 비유하였다. 옌자오는 행정구역상으로 허베이성(河北省)에 속해 있지만, 베이징의 영향을 받아 부동산 상황은 베이징과 유사하다는 것이다. 형용사에게 있어 쌍음절화의 기능은 '충실화'를 통해 지칭성을 강화시키는 것이 아니라(앞의 장 제2절), 주로 상태묘사성을 강화시키는 것이다.

과거에 형용사의 지위에 대해 논쟁을 벌일 때, '명동분립'을 출발점으로 하여 명사와 동사를 양쪽 끝에 놓고 형용사가 어느 끝에 더 가까운지를 분석하였다. '명동분립'에서 출발하면, 주어-술어 관계가 기본적이고 핵심적인 관계이며 기타 구조관계는 하위의 종속적인 관계이다. 문장은 술어 동사를 중심으로 하기 때문에 중국어의 형용사가 동사와 마찬가지로 직접 술어가 될 수 있다는 점을 특히 중요하게 생각하였다. 그런데 사실 형식적 근거로 보면, 중국어 술어에는 명사, 동사, 형용사의 구분보다 더 중요한 단언과 서술의 구분이 있다(2권 제4장 4절). 만약 '명동포함'의 관점으로 바꾸어 말하면, 주술관계와 기타 구조관계는 지위가 기본적으로 평등하고(1권 제1장 1절) 술어가 근본적으로 지칭성을 가지므로 주술관계는 지칭어와 지칭어의 병치관계가 되는데, 이러한 병치관계가 바로 중국어 구조의 근본적인 관계이다(1권 제6장 3.3절). 그리하여 형용사가 수식어가 될 때 '단쌍조합'의 유표성 역전 현상이 매우 중요해진 반면, 형용사가 명사에 가까운지 동사에 가까운지의 문제는 중국어에서 그다지 중요하지 않게 된다. 따라서 중국어 명사(동사 포함)와 수식사의 구분이 주요 구분이고, 명사와 동사의 구분은 부차적인 구분이라는 2권 제1장 5절에 제시된 품사의 구도는 매우 합리적이다.

요컨대, 중요한 것은 명확한 형식적 관점에서 한 언어의 문법이 어떠한 구분을 중요시하는지를 파악하는 것이다. 단쌍구분과 단쌍조합 방식, 그리고 중첩은 모두 중국어 자체의 형태 수단이다. 형용사가 수식어가 되는 형태상의 '유표성 역전' 현상은 중국어 문법이 '상태묘사(摹状)'와 '비상태묘사(非摹状)'의 차이를 중시한다는 것을 더욱더 확실히 증명한다. 가장 중요한 구분인 '묘사사(状词)'와 '대명사(大名词)'는 '상태묘사'와 '비상태묘사'의 구분이다(1권 제3장 5절). 형용사는 먼저 단음절과 쌍음절로 구분하는데,

이는 '성격규정'과 '상태묘사'의 구분이다. 대명사가 관형어가 될 때 형용사는 명사, 동사와 '유표성 역전'을 이루는데, 이 역시 형용사가 가진 '형용(形容)'의 특성이 '상태묘사'와 직접적인 관계가 있기 때문이다.[07] 2권 제4장에서 논술한 한 "是'와 '有'의 구분'과 '시비/단언/비직설'과 '유무/서술/직설'의 구분이 중국어의 중요한 구분이라는 점을 종합해 볼 때, 중국어 문법은 분명한 형태적 수단을 사용하여 화자의 태도와 감정을 언어에 각인시키는 것을 중시하며, 이러한 각인이 바로 일반적으로 말하는 언어의 '주관성'이다. 자세한 내용은 선쟈쉬안(沈家煊 2015d)을 참고할 수 있다.

---

07 저자주: 『현대한어사전』에 품사 표기가 없을 때 명사와 동사는 전문적인 해석 용어를 사용해서 따로 구분하지 않았지만, 형용사를 해석할 때는 항상 '…를 형용함'이란 표현을 사용하였다.

결론

# 문법연구의
# 파괴와 건립

## 제1절 '파기와 습득' 이후

앞에서 행한 것은 '파기와 습득' 사이의 중간 작업이었다. 파기한 것은 '명동분립'과 '동사중심'의 구도이고, 습득한 것은 '명동포함'과 '명사중심'의 구도이다. '파기와 습득' 이후에 우리는 중국어의 '명사'와 '동사'라는 두 범주에 대해 새로운 인식을 가지게 되었다. 명사는 큰 범주인 '대명사(大名词)'이며, 동사는 명사에 속하는 '동태명사'이다. '명사'와 '동사'의 내포(의미)와 외연이 모두 바뀐 것이다. 그런데 중국어 문법을 논할 때 우리는 여전히 이 한 쌍의 명칭을 계속 사용할 수 있는데, 그 이유 가운데 하나는 사람들의 고착화된 용어 사용 습관을 고려한 것이고, 또 하나는 다른 언어와의 비교를 용이하게 하기 위함이다.[01] 그러나 명사와 동사의 내포와 외연, 그리고 상호관계는 인도유럽어의 '명사', '동사'와 중요한 차이가

---

01 저자주: 필자는 명칭의 변경을 주장하지 않는다. '大名'의 '名'은 예로부터 중국인이 사용해 온 명칭이기 때문에 중국어의 명칭을 변경하는 것은 중국의 입장에서 불공평하다. 따라서 필자는 명칭의 변경을 주장하지 않는다. 상대방이 고정관념을 고치도록 해야 할 것이다.

있다는 것을 기억해야 한다.

'명동포함'을 중심으로 이와 관련된 일련의 새로운 인식들은 주로 다음과 같은 것들이다.

중국어의 명사는 지칭어이고, 동사는 진술어이다. 주어는 화제이고 문장은 발화이다. 문법범주와 화용범주의 관계는 직접적인 실현관계이며, '구성관계'라고도 한다. 중국어의 문법은 용법에 포함되어 있으며, 용법을 떠나서는 문법을 논할 수 없거나 논할 수 있는 문법이 거의 없다.

인도유럽어의 '실사'는 명사와 동사의 총칭으로, 그 의미(정의)는 공허하다. 하지만 중국어의 '실사'는 '명사(대명사)'와 동등하며 실질적인 의미의 '지칭성'을 가진다.

명사와 동사의 비대칭은 사물과 동작의 인지적 비대칭에 뿌리를 두고 있다. 사물의 개념은 동작의 개념과 독립적으로 존재할 수 있지만, 동작의 개념은 항상 그와 관련된 사물의 개념에 의존한다. 이것이 바로 명동비대칭의 '편향성'과 명사의 근본성을 결정한다. '명동포함 이론'은 명사와 동사의 '비구분(不分)'적인 일면을 강조하지만, 이들이 '구분(分)'적인 일면도 있음을 부정하지는 않는다.

중국어의 동사가 주어, 목적어가 될 때 이른바 '명사화' 또는 '지칭화'가 없는 이유는 동사가 원래 명사에 속하기 때문이다. 즉, 진술어가 원래 지칭성을 가지고 있기 때문이다. 영어의 'V-ing 형식'에 해당하는 중국어의 형식은 단지 소위 말하는 '동명사'만이 아니라 전체 동사범주이다. 이른바 '중심확장 원칙'과 '병렬조건'의 문제는 더 이상 문제가 되지 않는다.

명사성 성분도 술어가 될 수 있다. 중국어의 이러한 특징은 동사가 주어·목적어가 될 수 있는 것보다 더 중요하다. 이것은 명사도 서술성이 있기 때문이 아니라, 서술어도 지칭성이 있고 술어도 지칭어이기 때문이다. 중국어의 보어도 일종의 목적어, 즉 '동태결과목적어(목적어를 보어로 바꾸어 부름)'이다. 중국어의 부사어도 일종의 관형어, 즉 '동태관형어'이다. 중국어의 주술문은 가장 작은 조합으로 이루어진 '무종지문(流水句)'이다. 무종지문은 일련의 지칭성 절이 병치된 것이다.

'명동포함' 구도는 인류 언어 품사체계의 '순환적 진화' 과정의 한 일환이다. 중국어는 '명사중심' 언어로, 동사는 명사에 포함되어 있다. 반면, 라틴어는 '동사중심' 언어로, 동사가 이미 명사로부터 분열되어 하나의 독립된 품사가 되었다. 그런가 하면 통가어는 이러한 분열의 중간 단계에 있으며, 영어는 현재 '동사중심' 언어에서 '명사중심' 언어로 회귀하고 있다.

인도유럽어는 '명동분립'이며, '是'와 '有'가 포함관계로 '有'도 역시 일종의 '是'이다. 그런데 중국어는 '是'와 '有'가 분리되어 있으며 '명동포함'이어서 동사도 역시 일종의 명사이다. 인도유럽어는 '是不是'를 중시하는 반면, 중국어는 '有没有'를 중시한다. '명동분립'과 '명동포함'은 그 철학적 배경이 서로 다르다.

과거에는 '명동분립'이라는 관념의 지배하에 중국어에서 명사와 동사의 구분을 지나치게 강조하여 많은 시행착오를 겪었다. 그 대표적인 두 가지 예로 고대중국어의 '명之동' 구조와 현대중국어 '都'의 양화 방향을 들 수 있다. '명동분립'을 대신하는 '명동포함'으로 인해 복잡한 듯 보이는 문제들이 매우 간단해졌다.

'명동포함'의 구도를 확립함으로써 S→NP+VP라는 생성문법의 기본 규칙이 중국어에서 제한적으로 유지될 수 있게 되었다. 또 이로써 기능문법의 '연속범주' 이론은 중국어 품사 분류에 사용해야 더욱 합리적이다.

'명동포함' 이론이 급진적이라고 주장하는 이도 있지만, 사실 그것은 중국어의 본래 모습일 뿐이다. 아울러 언어 진화의 관점에서 보아도 그것이 언어의 본모습일 가능성 또한 매우 크다.

## 제2절 중국어 대문법

파괴가 최우선이고 건립은 그 안에 있다(破字当头, 立在其中).[02] '명동포함' 구도는 중국어의 명사와 동사의 구분이 그렇게 중요하지 않으며, 명사와 동사의 구분보다 더 중요한 구분이 있음을 의미한다. 중첩, 쌍음절화, 단쌍음절의 조합방식은 모두 인도유럽어와는 다른 중국어의 중요한 형태적 수단이며, 포괄적인 특성을 가지고 있어서 운율과 문법, 의미와 화용의 기능을 하나로 통합한다. 중첩은 '명사(동작명사와 속성명사 포함)'를 상태를 묘사하는 '묘사사'로 바꾸고, 쌍음절화의 기능은 '명사화'가 아닌 '명사성의 강화와 동사성의 약화'이다. 중국어는 현재 쌍음절동사가 명사로 빠르게 변화하고 있는 것이 아니라 쌍음절명사에서 동사로의 심도 있는 허화가 아직 진행되지 않은 상황이다. 형용사와 명사, 동사의 구별은 명사와 동사의 구별 못지않게 중요하며, 심지어는 더욱더 중요하다. 객관적인 서술과 주관적인 판단, 직설과 비직설, 성격규정과 상태묘사의 구분이 중국어 문법의 주요 구분이다.

'명동분립'이라는 낡은 관념을 타파하고 '명동포함'이라는 새로운 관념

---

02 역자주: 기존의 개념이나 체계를 비판하고 파괴하여 새로운 개념이나 체계를 구축하는 것을 의미한다.

을 확립한다면 기존의 중국어 문법체계를 근본적으로 개선하여 '자기일관성'과 '간결성'을 가지게 할 것이다. 새로운 문법체계를 구축하기 위해서는 여전히 많은 작업이 필요한데, 다음은 몇 가지 초보적인 구상이다.

먼저, 중국어 '대문법(大语法)'의 개념을 확립해야 한다. 대문법은 문법과 의미, 화용은 물론이고 심지어 음성까지도 통합한 개념으로, 이들을 분리해서 연구하게 되면 문법의 완전성을 파괴하게 된다. 구조 유형을 말하기 위해서는 반드시 강약과 음절의 단·쌍음절, 그리고 단·쌍음절의 조합과 연결되어야 하며, 또한 의미(화용의미 포함)와도 반드시 연결되어야 한다. 중국어 문법을 논하려면 전체를 사용해서 부분을 통제해야 하며, '아래에서 위로(bottom-up)'의 방식에서 '위에서 아래로(top-down)'의 방식으로 바뀌어야 한다.

다음으로 중점의 이동이다. 위에서 아래로의 방식과 관련하여 다음 8가지를 생각해볼 수 있다.

첫째, 논의의 초점을 문법에서 용법으로, '통사론'에서 '화용론'으로 전환한다. 중국어에서 문법적으로 성립하지 않는 문장은 극히 드물며, 대부분 일정한 문맥에서 모두 성립 가능하다. 어떤 문장이 성립하지 않는다고 말하는 것보다는 어떤 표현이 가장 적합한지를 말하는 것이 더 낫다. 화제와 평언을 논하는 것이 주어와 술어를 논하는 것보다 더 중요하고, 지칭과 서술을 논하는 것이 명사와 동사를 논하는 것보다 더 중요하며, 단락을 논하는 것이 문장을 논하는 것보다 더 중요하다.

둘째, 논의의 초점을 '완전문'에서 '불완전문'과 '무종지문'으로 전환하고, 불완전문의 독립성, 무종지문의 병치성과 지칭성, 그리고 병치형식으로부터 '온라인'으로 다양한 구조관계를 도출하는 데 중점을 둔다.

셋째, 논의의 초점을 이른바 '광의의 형태'에서 중국어 자체의 직관적 형태, 즉 중첩 및 쌍음절화로 전환한다. 광의의 형태는 '是/的'와 '有/了'의 체계적인 차이에 주의를 기울여야 한다.

넷째, 논의의 초점을 두 범주의 '대립'관계에서 '대응'관계로 전환하고, 형식과 의미 사이의 '일대일 대응'보다는 '비대칭 대응'에 중점을 둔다. 범주의 '문법화'와 '어휘화' 연구에 주의를 기울인다. 또 통시적 연구와 공시적 연구를 명확하게 구분할 수는 없다는 점을 중시한다.

다섯째, 논의의 초점을 인도유럽어의 '동사중심'에서 중국어의 '명사중심'으로, 또 서술어에서 지칭어로 전환한다. 명사가 직접 술어가 되고(부사의 수식을 받음) 자유롭게 관형어가 되는 현상을 중시한다.

여섯째, 논의의 초점을 품사에서 문장유형과 구조유형으로 전환한다. 중국어의 문장유형은 먼저 직설과 비직설로 나누고, '有'자문과 '是'자문, 객관적인 서술과 주관적인 판단을 구분한다. 문장과 구는 구조원리가 같으며, 여러 가지 복잡한 조합은 제한된 몇몇 유형(연합, 주술, 술보, 수식)이 겹겹으로 쌓여 이루어진 산물이다. 문형 연구는 수평적인 구조변환 관계에서 수직적인 동일구조 사상 관계로 논의의 초점을 전환해야 한다.

일곱째, 품사는 먼저 첩어와 비첩어, 즉 '묘사사(状词)'와 '대명사(大名词)'로 나눈다. '대명사'는 먼저 단음절어와 쌍음절어로 나누는데, 쌍음절어는 술어성이 강하고 단음절어는 지칭성이 강하다. 형용사 역시 단음절어와 쌍음절어로 나누는데, 단음절어는 관형어성의 경향이 있고 쌍음절어는 묘사성의 경향이 있다. 형용사와 명사·동사의 차이 및 수식어와 피수식어의 차이를 강조하는 반면, 명사와 동사의 차이는 상대적으로 희석시킨다. 타동사와 자동사의 차이는 중요하지 않으며, 목적어의 종류만 다를 뿐 동사는 모두 목적어를 가질 수 있다.

여덟째, 보어와 목적어는 대립하는 문장성분이 아니므로 '목적어'라는 명칭을 취소하고 모두 '보어'로 통일하며, '명사성 성분은 보어가 되지 않는다'라고 하는 인위적인 제약을 취소한다. 원래의 보어는 그 가운데 하나인 성질·상태를 나타내는 결과보어이다. 관형어와 부사어 역시 대립하는 문장성분이 아니다. 부사어는 관형어의 일종으로 동태관형어이다.

## 제3절 범주의 '대립'과 '대응'

아무리 깊이 있는 문법이론이라도 철학적 기초가 없으면 안 된다. 우리의 문법이론을 건립하기 위해서는 중국어의 사실을 중시하고 존중해야 할 뿐만 아니라 그 나름의 철학적 기초도 반드시 필요하다.

갑과 을이라는 두 범주가 있을 때, 이들은 분리되어 있거나 아니면 통합되어 있다는 관념이 서양 언어학자들 사이에 깊이 뿌리를 내리고 있다. 그것이 아니라면 그들은 기껏해야 갑, 을(예를 들면, 명사와 동사) 두 범주가 명확한 경계선 없이 점진적으로 전환된다는 '연속체' 이론을 제시할 뿐이다. 하지만 연속체의 양끝은 여전히 명확하게 분리되어 있으므로 연속체 이론도 역시 근본적으로는 '갑을분립'의 개념에 기반하고 있다. 에반스 & 레빈슨(Evans & Levinson 2009)과 같이 명동분립이 언어 보편성이라는 관점을 비판하는 사람들도 이 보편성이 거짓이라는 것을 입증할 수 없다는 관점에서만 설명을 하며, 갑과 을의 두 범주가 '다르면서도 같고' 나뉘면서도 나뉘지 않는 '갑을포함'의 관계라는 개념은 결여되어 있다. 가령, 일부 유형론자들은 명사와 동사가 구분되지 않고 명사만 있고 동사는 없는 언어도 있다고 주장한다. 사실 '동사가 없다'는 것은 단지 '독립된' 동사범주만 없을 뿐인데, 그 유형론자들은 독립적인 하나의 동사범주가 없다는 것은 곧 동사범주가 없는 것이라고 생각한다. 하지만 이러한 생각은 일부 언어는 동사만 있고 명사는 없다고 말하는 것과 마찬가지로 '동사중심론'이라는 편견이다. 그러나 중국인들은 명사에 속하면서 독립적이지 않은 하나의 동사범주가 있다는 것은 이미 하나의 동사범주가 '생겨난'(무에서 유로) 것이라고 생각한다.

문법과 용법이라는 두 범주의 관계에 대해서도 서양 언어학자의 관념은 분립이거나 통합 둘 가운데 하나이다. 예를 들어 뉴메이어(Newmeyer 2003)와 바이비(Bybee 2005)는 문법과 용법의 분립과 통합에 관한 논쟁을 하면서, 한 명은 '문법은 문법, 용법은 용법'이므로 "나는 문법만 연구할 뿐, 용법은 상관하지 않는다"라고 말하는 반면, 다른 한 명은 적어도 "문법도 용법이고 용법도 문법이다"라고 표현한다. 그런데 분립과 통합이라는 두 주장 모두 분립되면서도 통합되고 통합되면서도 분립되는 '갑을포함'의 관념이 부족하다. '갑을포함'의 관점으로 문법과 용법을 보면, "문법은 곧 용법이지만, 용법이 다 문법은 아니다".

요컨대, 범주관과 관련하여 서양인은 '是不是(이다/아니다)'를 중시하는 반면, 중국인은 '有没有(있다/없다)'를 중시한다. 이는 마치 물 반병에 대해서 어떤 사람은 "물이 반병뿐이다"라고 말하지만, 다른 사람은 "물이 반병이나 있다"라고 말하는 것과 같다. 서양인은 **'갑과 을이 분립되어야 두 개의 범주'**로 보는 경향이 있고, 중국인은 **'갑이 을을 포함하면 두 개의 범주가 있는 것'**으로 보는 경향이 있다. 이것이 바로 '범주관'에 대한 동서양의 근본적인 차이점이다. 서양의 범주관은 그 근원을 따지고 보면, there is(있다)와 is(이다)가 분리되지 않아서 there is도 역시 is라는 것이다. 따라서 '是不是'가 가장 중요한 문제가 된다. 그런데 중국의 범주관은 그 근원을 따지고 보면, 중국어의 '有'와 '是'는 분리되어 있기 때문에 '是不是'의 문제에 대해 규명할 필요가 없다. 즉, 중요한 것은 '有没有'의 문제인 것이다.

두 범주관의 차이는 '대립'과 '대응'이라는 한 쌍의 명칭으로 요약할 수 있다. '갑을분립'은 갑과 을이 '대립'하는 관계이고, '갑을포함'은 갑과 을이 '대응'하는 관계이다. '갑을포함'이라고 말하는 것은 을도 역시 갑임을 강조하고, '갑을대응'이라고 말하는 것은 갑이 모두 을은 아님을 강조한다. 중국 철학과 중국어에서 '대응'관계는 비상식적이거나 과도기적인 상태가 아니라 일반적이고 정상적인 관계로, 이 세상 모든 것의 출발점이 된다. 장둥쑨(张东荪 1938)은 서양의 명학적인 분류는 동일률에 바탕을 두기 때문에 '갑'과 '비갑(非甲, 갑이 아닌 것)', '선(善)'과 '비선(非善, 선이 아닌 것)'으로 반드시 이분(dichotomous division)되어야 한다고 보았다. 분류 규칙은 반드시 배타적(exclusiveness)이어야 하며, '정의하는 것(定者)'과 '정의되는 것(定之者)' 사이에 반드시 등호가 성립될 수 있어야 한다. 하지만 중국인의 사상은 동일률에 의존하지 않고 '대응'의 관계를 출발점으로 한다. '갑'과 '을'은 대응하며 서로 의지하고 협력한다. 직접 정의를 할 수가 없으며 반의적으로만 의미를 명확히 말할 수 있다. 이것은 다른 종류의 명학이자 사상체계이다.(朱晓农 1991, 1997, 2015, 順眞 2015) 장둥쑨의 이러한 견해는 아주 심오하지만, 이러한 '대응'관계에 대한 명확한 정의가 없는 것이 서양 학자들의 눈에는 중국 전통 철학의 단점이다. 이러한 단점을 보완하기 위하여 필자는 '대응'관계를 '갑을포함'의 관계로 명확히 확정하고자 한다.

중국 철학에서 '천(天)'과 '인(人)'이라는 개념의 관계에 대해 탕이졔(汤一

介 2013)는 '천인합일(天人合一)'은 대립되는 '인'과 '천'이 하나로 합쳐진 것이 아니라, '인'이 '천'의 일부이며 '인간의 첫 탄생은 하늘에서 얻어졌다(人之始生, 得之于天)'로 이해해야 한다고 지적했다. 이것이 바로 '천'과 '인'은 서로를 배척하는 '대립'의 관계가 아니라, 하나가 다른 하나를 포함하는 '대응'의 관계라는 것을 보여준다.[03] 탕이제는 또한 유교와 기독교의 차이에 대해 다음과 같이 주장하였다. 서양의 기독교는 외적 초월 문제에 편중되어 있는데, 반드시 하나의 하나님이 있고 인간이 구원을 받는 최후의 힘은 하나님으로부터 나오며 인간 스스로는 자신을 구원할 수 없다고 한다. 하지만 유가는 외적인 '하나님'을 설정하지 않고, 인간이 어떻게 '범속을 초월하여 성인에 들어갈지'는 전적으로 자신에게 달려있기 때문에 공자는 '어짊을 실천하는 것은 자기에게 달린 것이지 남에게 달린 것이겠는가?(为仁由己, 而由人乎?)'[04]라고 하였다.(赵嘉·陈岸瑛 2002에서 재인용) 따라서 서양인과 하나님의 관계는 분리관계이고, 중국인과 성인(圣人)의 관계는 포함관계이다. 성인도 인간이며 누구나 성인의 반열에 들어갈 수 있어서이다.

중요한 개념인 '유(有)'와 '무(无)'의 관계도 마찬가지다. '유는 무에서 생긴다(有生于无)'는 견해는 노자(老子)가 독립 명제로 제시한 것으로 중대한 철학적 의의를 가지고 있다. 펑여우란(冯友兰 2013:94)의 해석에 따르면,

---

03  저자주: '천인합일(天人合一)'에 대한 이 해석은 이미 '갑을포함'의 범주관으로, '주체가 객체에 녹아들거나 객체가 주체에 녹아든다'는 주장(金岳霖 1943)보다 정확하다. '하늘의 이치를 담고, 인간의 욕정을 멸한다(存天理,灭人欲)'는 주희의 주장은 하늘과 인간이 서로 갈라져 대립한다는 오해를 불러일으키기 쉬워, 이론적으로 '자가당착'을 초래하였다. 후에 왕양명은 하늘의 이치는 인간의 욕망을 포함하고, 인간의 욕망은 하늘의 이치를 구현한다는 의미로, '마음이 곧 이치(心即理)'라는 주장을 함으로써 이 오해를 바로잡게 되었다. 이에 대해서는 주샤오펑(朱晓鹏 2015)을 참조할 것.

04  역자주: 원서에는 '曰'로 되어 있으나 원전에는 '而'로 되어 있어 수정함.

'도'는 '무(无)' 또는 '무명(无名)'으로, 만물이 생겨나는 것이다. 논리적으로 '유' 이전에는 반드시 '무'이어야 하며, '무'에서 '유'가 생겨났다. 천샤(陈霞 2011)는 이러한 포함관계에 대해 명확하게 설명하였는데, 그에 따르면 '무'는 아무것도 없는 것이 아니라 무한한 가능성을 의미하며, '유는 무에서 생긴다'의 진정한 의미는 '무'는 '유'를 포함하고 규범화하는 것이다. '무는 유를 포함하고, 유는 무에서 생긴다'라는 관념이 바로 노자의 이른바 '도(道)'이다. '체(体)'와 '용(用)'[05]의 개념도 마찬가지로 대응 포함관계인데, 중국 철학의 주류로 볼 때 대부분의 철학자들은 체와 용이 하나라는 '체용불이(体用不二)'에 찬성하고 '체용'의 분리나 분할에는 반대한다. 가령 엄복(严复)은 "체와 용이라는 것은 한 가지 사물에 대해서 말하는 것이다. 소의 본질이 있다면 무거운 것을 짊어지는 기능이 있고, 말의 본질이 있다면 먼 곳을 가는 것이 기능이 있다. 소를 본질로 하면서, 말을 기능으로 한다는 얘기는 아직 들어본 적이 없다."라고 하였다.(严复 1902) 또 웅십력(熊十力)은 『체용론(体用论)』(2009: 7)에서 "실체(实体)는 기능(功用) 그 자체이다", "기능 외에는 실체가 없다", "기능과 분리하면 말할 수 있는 실체가 없다"라고 하였다. '체'와 '용'에 대한 변론과 '도(道)'와 '기(器)'에 대한 변론은 대응관계에 있으며, '도'와 '기'의 관계에서 보면 '체용불이'는 추상적인 '도'가 구체적인 '기' 속에 포함됨을 의미한다. 일찍이 주희(朱熹)도 "도(道)와 기(器)는 하나이니, 사람에게 기를 보여주면 도는 그 가운데 있다"라고 하였다.(杨国荣 2014, 李承贵 2014)[06]

---

05 역자주: '체'와 '용'은 각각 '본질(essence)'과 '기능(function)'으로 이해할 수 있다.
06 역자주: '도'와 '기'에 관한 도기론은 도가와 유가에 모두 있는데, 유가의 도기론에서는 형이상의 도와 형이하의 기가 서로 일치한다. 이에 관련하여 아래 내용은 정두호(2024:68) 「유

중국어 문법범주의 '대응'관계는 중국 철학범주의 '대응'관계와 일맥상통한다. 후자는 전자의 기초가 되며 전자를 통해 실증된다. '천'은 '인'에 대응하는데, 넓은 의미의 '천'이 없으면 '인'도 없고, '인'을 떠나면 좁은 의미의 '천'도 없다. '명사(名)'는 '동사(动)'에 대응하는데, 넓은 의미의 '명사'가 없으면 '동사'도 없고 '동사'를 떠나면 좁은 의미의 '명사'도 없다. 두 개의 '천'과 '명사'가 있는 것이 아니라 오직 하나의 '천'과 '명사'만 있는데, 두 가지 이해가 가능한 것이다.[07]

'갑을대응'의 범주관은 '갑을대립'이라는 전통적인 관념을 깨뜨리며 많은 다른 분야에서 중요한 발견의 돌파구가 되었다. 예를 들어, 경제학 분야 '코스의 정리(Coase theorem)'[08](코스는 이로 인해 노벨경제학상을 수상함)는

---

가 기술철학의 정립 가능성을 위한 시론」, 『인문논총』 제63집에서 재인용하였음을 밝힌다.

주희(朱熹)는 리기불상리불상잡(理氣不相離不相雜)의 관점에서 "기(器) 또한 도(道)이고, 도(道) 또한 기(器)이다. 도(道)와 기(器)는 분별이 있으나, 서로 떨어지지 않는다"(『朱子語類』 卷75 「易十一」, "器亦道, 道亦器, 有分別而不相離也.")라고 말하였다. 따라서 도(道)와 기(器)는 구분되지만 기(器)는 도(道)에서 파생된 것이기 때문에 분리될 수 없는 두 항이다. 도기론에 대한 자세한 내용은 남상호(2006), 「중국철학의 본체론」, 『동서철학연구』 제41호, 한국동서철학회 참조. 또한 '유가' 도기론으로 지칭하는 이유는 도가의 도기론과 구분하기 위함이다. 도(道)와 기(器), 두 개념을 처음 사용한 노자(老子)는 기(器)의 가치를 배제하지만 유가 철학은 기(器)를 성인(聖人)이 갖추어야 하는 네 가지 덕(德) 중 세 번째, 기(器)를 잘 제작하는 것 또한 성인이 갖추어야 할 중요한 도(道)로 여기는 점에서 도(道)와 기(器)를 모두 중시하고 도(道)를 응용하여 현실에 구체적으로 실현해야 한다는 유가 철학의 도기론은 도가의 그것과는 다르다고 할 수 있다. 도가와 유가의 도기론에 대한 보다 자세한 내용은 정병석(2020), 「『易傳』의 『老子』道器觀의 수용과 새로운 해석」, 『철학논총』 제99집, 새한철학회 참조.

07 저자주: 1권 제3장 3절의 man과 woman의 대응, dog와 bitch의 대응을 참조하면, man과 dog는 모두 오직 하나의 단어항목이지만 두 가지 의미를 가지고 있다.

08 역자주: 로널드 코스(Ronald H. Coase)가 만든 경제학 이론으로, 민간경제의 주체들이 자원의 배분 과정에서 아무런 비용을 치르지 않고 협상을 할 수 있다면, 외부효과로 인해 초래되는 비효율성을 시장에서 그들 스스로 해결할 수 있다는 정리이다. 이 정리는 경제적 효

'거래 비용'의 개념을 도입하여 실제 세상의 모든 거래는 비용이 든다고 주장했다. 이것은 사실상 '거래'를 '비용'의 하위범주로 간주한 것으로, 이들은 비용이 거래를 포함하는 '대응관계'이다. 이에 대해서는 부록3을 참조하기 바란다. 또 정치철학 분야에서는 자오딩양(赵汀阳)의 '천하이론'이 광범위한 영향을 미친다. 여기서 설명하는 '천하에는 바깥이 없다는 '천하무외(天下无外)'의 개념은 곧 '중국'과 '이방'을 '대립'이 아닌 '대응'의 관계로 보고 있다. 이에 대해서는 부록4를 참조하기 바란다.

중국어 문법범주의 '갑을대응' 상황은 상당히 보편적이며 일반적인 경우이기 때문에, 이 책에서 설명한 '용법과 문법의 대응'이나 '명사와 동사의 대응', '관형어와 부사어의 대응', '보어와 목적어의 대응' 등등에만 국한되지 않는다. 예를 들어, 뤼수샹(吕叔湘 1979:94)은 서양 언어의 조어법은 파생 위주여서 어휘의 '어근'(조어의 기본성분)에 상대적인 것이 '접사(词缀)'이지만, 중국어의 조어법은 복합 위주여서 '어근'에 상대적인 것이 '어근어(根词)'(단어를 구성할 수도 있고, 단독으로 사용할 수도 있음)이다. 이는 서양의 '어근'과 '접사'는 '대립'관계로, 하나는 기본성분이고 다른 하나는 파생성분인데 반해, 중국어의 '어근'과 '어근어'는 '대응'관계로, '어근어'는 '어근'을 포함하며 '어근'은 '어근어' 내에서 점차적으로 만들어지는 종속성을 가진 일종의 '어근어'라고 말하는 것과 같다. 예를 들어 '羊毛(양털)'와 '驼毛(낙타털)', '驼色(낙타색)'라는 세 복합어에서 '羊(양)', '毛(털)', '驼(낙타)', '色(색깔)'는 모두 어근어인데, 여기에는 '驼'와 '色'(이미 단독으로는 사용이 불가능하다)라는 어근도 포함된다. 그리고 자오위안런(1968: 350)은 인도유럽

---

율성 및 정부의 자산 분배와 관련이 있으며, 거래 비용의 존재에 대한 이론적 바탕이 된다. (인터넷 위키백과)

어처럼 전치사와 대립하는 접속사가 중국어에는 없다는 점을 지적하였다. 다음 예를 보자.

**전치사:**

我<u>和</u>他要了张电影票。 나는 그에게 영화표를 한 장 요구했다.
我<u>跟</u>他聊了自己的事情。 나는 그에게 자신의 일을 말했다.
我<u>同</u>小张毫无关系。 나는 샤오장과 아무런 관계가 없다.

**접속사:**

我<u>和</u>他看了场电影。 나와 그는 영화를 봤다.
我<u>跟</u>他是北大学生。 나와 그는 베이징대학 학생이다.
我<u>同</u>小张都在二班。 나와 샤오장은 모두 2반이다.

쟝란성(江蓝生 2012)은 소위 '和, 跟, 同'이 사실은 '접속-전치사'(접속성 전치사)임을 입증했다. 이는 인도유럽어에서 전치사와 접속사가 '대립'관계인 것과 달리, 중국어의 전치사와 접속사는 '대응'관계로, 접속사는 아직 독립적인 품사가 아니라는 것이다. 다시 말해, 중국어에서 현재 접속사가 형성되고 있는 중이기는 하지만, 그래도 사실 아직까지는 전치사에 포함되어 있다.[09] 중국어의 동사와 전치사를 역사적 출처와 공시적 분포의 관점에서 보면 전치사는 동사에 속하기 때문에 이 둘은 '대응'관계라는 것

---

09 저자주: 서양 언어에서 접속사와 전치사가 '대립'하는 것은 나름대로의 이유가 있는데, 전치사는 명사와만 결합하고 동사와는 결합하지 않기 때문이다. 동사와 달리 명사는 격변화가 있는데, 이는 전치사(영어 to her/*to she)에 의해 결정된다. 그런데 중국어는 '명동포함' 언어여서 전치사가 명사와 동사 모두와 결합한다.

이 더욱 분명해진다.

중국어의 품사 '쌍쌍'들 사이의 관계는 대부분 포함의 관계인 대응관계 ('겹겹의 포함'을 파생시킬 필요가 없음)이기 때문에, 실제로 '다른 품사의 단어에는 없고 이 품사의 단어에만 있는 문법적 특성'을 찾는 것이 불가능하다.(袁毓林 1995) 또 인도유럽어와 같이 이산적인 품사 구분도 역시 중국어 문법에서는 발붙이기 어려운 반면, 연속적인 품사 구분은 비교적 쉽게 받아들여진다. 저우런(周韌 2014)의 관점으로 말하면 중국어의 품사 분류는 '배타법', 즉 배면적인 정의에 중점을 두어야 한다. 중국어의 '명사', 즉 전통적으로 말하는 '소명사(小名詞)'는 배면적인 측면에서만 정의할 수 있는데, 이는 오직 '명동포함'의 구도에서만 합리적이다. 또한 품사 쌍쌍의 사이는 포함 대응관계여서 겸류사가 존재하지 않기 때문에 겸류사의 문제(1권 제2장 5절 참조)도 더 이상 존재하지 않는다.

중국과 서양의 두 가지 범주관은 모두 그 나름의 존재 가치와 장단점을 가지고 있다. 서양에서도 갑과 을의 두 범주는 분립과 포함이라는 두 가지 관계가 있다는 것을 인식하고 있다. 하지만 '是(이다)'와 '不是(아니다)'라는 두 범주에 지나치게 치중한 나머지, 갑을 두 범주가 포함관계를 나타내면 두 개의 범주가 '有(있는 것)'로 보는 중국의 관념에 대해서는 이해가 부족하다.

우리는 '是不是(이다/아니다)'의 문제에 너무 관심이 없다. 두 범주의 '대응'관계가 도대체 어떤 관계'인지'에 대해서는 전통 철학도 상당히 모호하다.('상호의존'이라는 표현은 여러 가지로 이해할 수 있다) 펑여루란(冯友兰 2013: 311-325)은 형이상학적 방법에 대한 중국과 서양의 차이를 '정면적 방법'과 '배면적 방법'으로 요약하고, 두 방법이 서로를 보완한다고 지적하였

다. 중국과 서양은 서로에게 배우면서 장점은 취하고 단점은 보완해야 할 것이다.[10]

## 제4절 언어의 다양성 중시

자오위안런(赵元任, Chao 1975)은 일찍이 다음과 같이 말한 바 있다.

> 현대언어학을 연구하는 학자들은 연구 대상 언어에 대해 우리가 예전에 우연히 말할 수 있었던 언어에서 아주 익숙한 것들을 애써 찾을 것이 아니라, 우리가 실제로 무엇을 발견하였는지 확인하고 그것에 적절한 명칭을 붙여야 한다는 데 동의한다.

이러한 관점에 대해서는 이 책에서 이미 여러 차례 강조한 바 있다.
중국어의 동사는 원래 주어·목적어가 될 수 있고, 지칭성을 가진다. 주어·목적어가 될 때 이른바 '명사화'나 '지칭화'라고 하는 변화가 발생하지 않는데, 왜 굳이 중국어에 '잠재적' 명사화나 지칭화를 가정해야 하는가? 중국어에는 원래부터 '명사범주'에 대립하는 '동사범주'가 없다. 이른바 '동사'라고 하는 것은 모두 다 '동태명사'이다. 그런데 왜 반드시 중국어에서 명사와 동사를 대립시켜야 하는가? 또한 중국어의 주어와 술어의 관계

---

10 저자주: 류징팡(刘静芳 2014)은 철학은 소통의 학문인데, 서양 철학이 추구하는 소통에서 편중된 것은 보편과 특수 사이의 소통이지만, 중국 철학이 추구하는 소통에서 편중된 것은 전체와 부분의 연결이라고 하였다. 그는 이 두 종류의 소통이 각각 장점을 가지고 있으며 공존이 가능한데, 후자가 전자를 포괄한다고 주장했다. 갑을포함의 범주관은 전체와 부분의 관계를 근본으로 하면서도 보편과 특수의 관계도 포괄한다.

는 화제와 평언의 관계로 원래 느슨할 수 있다. 주어가 술어 동사의 논항이 아닐 수도 있는데 왜 반드시 중국어에 하나의 논항으로 이루어지는 '공주어(empty subject, 空主语)'를 가정해야 하는가? 중국어에는 원래부터 '화제'와 대립하는 '주어'가 없으며, 이른바 '주어'라고 하는 것은 일종의 특수한 화제인데 왜 반드시 중국어에서 '화제'와 '주어'를 대립시켜야 하는가?

중국어에는 원래 '有'도 나타내면서 '是'도 나타내는 'there is'가 없다. '有'는 '有'이고 '是'는 '是'인 것이다. 그런데 왜 반드시 중국어에서 '有'와 '是'를 한데 묶어서 논하는가? 또 중국어에는 영어 'no, all, some'에 해당하는 형용사가 원래 없다. 명사는 원래 부정되지도 않고 전칭, 부분칭의 양화도 받지 않으며, 이에 상응하는 논리 개념은 모두 부사와 동사를 사용해서 나타낸다. 논리 개념 'and'와 'or'의 표현은 원래 형태가 있는 접속사를 통해 나타내지 않고 '병치'를 통해 나타냈다. 그런데 왜 반드시 중국어에서 영어와 같은 표현 형식을 찾아내어 사용해야 하는가?

주어가 없는 문장도 중국어에서는 정상적인 문장이다. 중국어에는 영어 'It rains'(독일어 'Es regnet', 프랑스어 'Il pleut')의 추상적인 체언성 주어인 it가 존재하지 않는다. 이로 인해 혹자는 중국인의 사고가 실체적인 물질을 객관적으로 고찰하는 능력이 부족하여 서양 과학이 도입되기 전까지는 자연과학 체계를 발전시키지 못했다고 추측한다. 이러한 추측에 대해 자오위안런(Chao 1955)의 대답은 다음과 같다. 첫째, 현대의 서양과학은 거의 최근 300-400년 사이에 일어난 것일 뿐으로, 이것이 전체 인류 문화사에서 차지하는 비중은 극히 작다. 둘째, 실체적인 물질의 개념은 서양 과학 사상의 특정 발전 단계의 산물일 뿐이며, 20세기 현대물리학 이론에는 물질 없이 발생할 수 있는 장(fields), 그리고 물질의 진동 없이 발생할 수 있는 파동(waves)이 등장했다.(부록5 참조) 논리학의 경우, 중국어의 논리는 여러 방면에서 현대 논리의 표현형식과 정확히 일치한다. 그래서 자오위안런은 마지막에 다음과 같이 말했다.

> 중국어를 모국어로 쓰는 사람의 입장에서는 중국어가 과학적으로 서양 언어보다 더 우수하다는 것을 보여주고 싶었다. 하지만 언어를 연구하는 학자의 입장에서는 가능한 한 어느 한쪽으로 치우치지 않아야 하기에 언어와 과학에 대한 가장 훌륭한 개괄은 어떠한 개괄도 하지 않는 것이다.

지난 100-200년 동안 서양의 언어학자들이 인간 언어의 본질을 탐구하는 데 있어 아주 중요한 공헌을 해왔음은 부인할 수가 없다. 그들의 시야는 광범위하고 주목해온 언어는 수량과 종류에 관계없이 상당히 훌륭하며, 명확한 이론적 탐구와 끊임없는 방법의 혁신은 충분히 본받고 참고할 만한 가치가 있다. 한편, 서양 학자들이 제시한 언어이론은 '인도유럽어 중심'의 흔적이 다소 있고, 중국어의 실제 상황에 대해서는 이해가 부족한 측면도 보인다. 그들은 대부분 '참고 문법서'를 찾아 낯선 언어를 이해하는 데 익숙한데, 이러한 참고 문법서는 기본적으로 인도유럽어의 문법 개념에 기초한다. 이는 마치 외국의 중식당과 마찬가지여서 서양인의 입맛에 맞추기 위해 만들어진 음식은 더 이상 정통 중국 음식이 아니다.

1950년대와 1960년대부터 촘스키가 개척한 '생성문법' 이론은 인간 언어의 보편성이 언어 구조에 존재한다고 믿었다. 따라서 원칙적으로는 언어(예: 영어)의 구조에 대해 깊이 연구하고 가장 추상적인 규칙을 요약하면 언어의 보편성을 찾을 수가 있다. 반세기가 넘게 국제 언어학계의 주류들은 이 신념에 따라 언어의 보편성을 모색해왔으며, 한때 다음과 같은 명언이 널리 퍼지기도 했다. "촘스키는 화성인 과학자가 지구를 방문하여 관찰한다면 단어만 서로 이해하지 못할 뿐 지구인들은 모두 하나의 언어를 사용한다고 결론내릴 것이라고 하였다."(Pinker 1994:232) 그렇다면 지금까지 언어 보편성에 속하는 극도로 추상적인 구조 규칙을 찾아내었을까? 언어의 원시적 형태를 찾았을까? 이러한 규칙을 가정하고 논증하는 사람들이 끊임없이 있었지만, 더 많은 언어를 가지고 테스트를 해 본 결과 결국은 보편성이 결여되어 있음을 알게 되었다. 그래서 규칙에 대해 수많은 조정과 수정을 거쳤지만 결과적으로 일부 언어는 예외라는 것을 발견하였다. 언어학의 새로운 흐름은 언어의 보편성을 탐색하던 원래의 길이 맞는지에 대해 반성하기 시작한 것이다. 언어의 진정한 보편성을 찾기 위해서는 먼저 언어 구조의 다양성을 충분히 이해하고 연구의 초점을 일치성에서 다양성으로 전환해야 할 것이다.(Evans & Levinson 2009) '생성문법' 학파 내부에서도 일부 학자들은 언어 자체의 구조에 지나치게 의존하는 것이 하나의 교훈이라는 것을 깨닫고, 인간 언어와 다른 생물학적 체계의 공유 단계에서 '보편문법'을 모색하기 시작했다. 또 다른 교훈은 "본 것이 곧 얻은 것"이라는 이론 법칙을 버리면 안 된다는 것이다. 과거에는 추상적인 규칙을 만들 때 언어 표면에서는 볼 수 없는 여러 가지 추상적인 범주를 많이 설정하였는데, 이는 일정 범위 내에서는 성립하였지만 범위를 확대하면 결국 문제가 되었다.(宁春岩 2011) 이러한 성찰은 앞으로 언어학과 인지과학의 발전 방향에 중요한 영향을 미치게 될 것이다.

필자가 보기에 언어는 크게 같으면서도 크게 다르다. 위에서 언급한 명언은 이렇게 바꾸어야 할 것이다. "지구를 방문한 화성인 과학자는 틀림없이 지구에는 생물도 다양하고 인류의 언어도 다양하다고 결론내릴 것이다." 언어의 보편성은 언어의 다양성에 내재되어 있다. 언어의 다양성을 충분히 중시해야 언어의 보편성에 대한 연구가 진정한 성과를 볼 수 있다. 진정한 언어 보편성은 언어의 구조가 아닌 언어의 사용에 있으며, 적어도 후자를 벗어날 수는 없다. 또 진정한 언어 보편성은 언어들 사이에 공통되는 핵심에 있지 않고 언어들 사이에 '서로 통하는 것'에 있다고 할 수 있다. '보편성'은 곧 '상통성'인 것이다.

언어의 다양성이라는 관점에서 보면 언어 연구는 곧 언어의 비교 연구이다. '루산(庐山)의 진면목을 알지 못하는 것은 단지 몸이 이 산중에 있기 때문'이라고 했다. 이 산이 그러하면 저 산도 역시 그러하다. 영어만을 분석해서 언어 보편성을 찾아내려고 하는 것이 불가능한 이유는 영어를 통해서만 영어를 보면 영어가 잘 보이지 않기 때문이다. 비교는 끝이 없고, 이를 통해 얻게 된 언어에 대한 인식은 끊임없이 갱신된다. 이 책은 단지 명사와 동사의 관계를 주제로 하여 필자의 제한된 안목과 학식을 가지고 비교를 통해 얻은 약간의 새로운 인식일 뿐이다. 부족한 점과 잘못된 점은 후세에 수정을 기대할 따름이다.

부록

[부록 1]
# 영·일·중 아동의 명사와 동사 습득

　　Haryu, et al.(2005)과 Imai et al.(2008)은 아동이 명사와 동사의 구별을 습득하는 것과 관련한 심리언어학의 실험 연구(이하 실험 A라 함)를 보고하였다. 실험에서 사용한 방법은 실험 대상 아동에게 새로운 단어를 제시된 사물이나 동작과 짝을 맞추게 하는 '매칭법(匹配法)'이었다. 실험 결과에 따르면, 영어나 일본어, 중국어의 세 언어권 아동들은 모두 3세 때 이미 하나의 새로운 명사와 하나의 새로운 사물을 연결할 수 있었다. 그런데 5세의 영어권 아동과 일본어권 아동은 모두 하나의 새로운 동사와 하나의 새로운 동작을 연결할 수 있지만, 5세의 중국어 아동은 5세가 되었어도 아직 하나의 새로운 동사와 한 가지 새로운 사물을 연결하는 경향이 있는 것으로 나타났다.

　　이 결과에 대한 해석은, 사물 개념을 습득하는 것이 동작 개념을 습득하는 것보다 쉬우며, 아동이 명사와 동사를 습득할 때 '명사 편향성(noun bias, 名词偏向)'을 가지고 있어 하나의 새로운 단어를 만났을 때 명사가 아니라 동사라는 상반된 단서가 있지 않는 한, 아동은 먼저 그것을 명사로

묵인하고 새로운 사물과 연결시킨다는 것이다. 동사라고 판단하는 데 사용되는 주요 단서에는 두 가지가 있다. 하나는 논항구조 정보인데, 논항(argument)은 동사와 호응하여 출현하는 주어와 목적어 성분이다. 다른 하나는 특별히 동사에 붙는 각종 형태표지이다. 영어는 논항의 자리가 비워져 있어서는 안 되고, 문장에는 주어가 반드시 필요하며 목적어 역시 함부로 생략되어서는 안 되지만, 동사의 형태는 일본어만큼 발달하지 못하였다. 일본어는 논항의 자리를 비울 수 있지만, 동사의 형태가 영어보다 발달되어 있다. 중국어는 이 두 가지 단서가 모두 부족해서 하나의 새로운 단어를 새로운 동작과 연결하기가 매우 어렵다. 따라서 위아래 문장이나 문맥의 정보에 의존할 수밖에 없는데, 이로 인해 중국어권 아동들은 동사를 습득하는 것이 영어권과 일본어권 아동들보다 느리다.

과거 어떤 사람들은 일본어와 마찬가지로 중국어도 '동사 친화'적 언어라고 생각하였다. 영어와 달리 중국어와 일본어의 논항은 모두 자리를 비울 수 있지만, 중국어의 논항은 일본어보다 더 자유롭기 때문에 '동사 친화'의 정도는 중국어가 가장 높다. 이 견해에 따라 중국어권 아동들은 명사보다 동사를 더 빨리 습득하는 것으로 추론해야 하며, 또 일부 연구자들은 '동사 친화'적인 중국어와 한국어 그리고 일본어는 모두 아동 어휘 가운데 동사가 명사보다 더 많다는 것을 발견했다. 이 '발견'의 문제는, 연구가 모두 매칭실험을 사용하지 않고 어머니와 연구자 스스로가 동사인지 명사인지를 판단한 것인데, 이러한 판단은 신뢰성이 매우 떨어진다. 설령 아동이 동사 하나를 말했다고 해도 이 역시 아동이 어른처럼 이미 이 동사의 기능과 의미를 파악했음을 나타내는 것은 아니기 때문이다. 특히 한 개의 단어나 두 개의 단어를 말하는 단계에서는 아동이 말한 단어가 아동의 마음속에서 명사인지 동사인지를 연구자가 결코 알 수가 없다. 이것은 아동이 오직 특정한 문맥 속에서 하나의 새로운 동사와 한 가지 새로운 동작을 매칭시킬 때만이 비로소 아동이 이미 이 동사의 용법을 정확하게 파악했음을 설명할 수 있다.[01]

찬 외(Chan et al. 2011)(이하 실험 B라 함)은 실험 A와 상반된 결론을 도출하였다. 이 실험 역시 매칭 방법을 사용하여 영어와 중국어 아동들이 새로운 단어를 만났을 때 이를 물체와 매칭시키는 경향이 더 높은지 동작과 매칭시키는 경향이 더 높은지를 관찰하였다. 이 실험 B가 실험 A와 다른 것은 습관화 단계와 테스트 단계의 두 단계로 나누었다는 것이다. 습관화(habituation) 단계에서는 실험자가 새로운 물체를 이용하여 새로운 동작을 시연하는데, 두 세트의 실험조건으로 나눈다. 한 세트는 동작조건으로, 동일한 물체에 대해 서로 다른 두 가지 동작을 수행하는 것이다. 예를 들면, 물체 A의 음성자극은 sug으로 하고, 물체 B의 음성 자극은 keet로 한다. 테스트 단계에서는 유아들이 습관화 단계와 서로 같은 두 단락의 동영상을 보았지만, 들은 것과 동영상과 일치하는 두 개의 목표 단어 중 하나는 그대로 유지되고 하나는 변환된다. 예를 들어, 동작조건에서는 keet라고 하는 동작을 음성자극 sug으로 바꾸고, 물체조건에서는 sug라고 하는 물체를 음성자극 keet으로 바꾼다. 즉, 유아들이 테스트 단계에서 만난 자극 가운데 하나는 익숙하고 습관화 단계와 서로 같은 것이지만, 다른 하나는 낯설고 습관화 단계와 서로 다른 것이다. 아동들이 낯선 새로운 자극에 직면

---

01  저자주: 이것은 또한 문법학자에게 시사하는 바가 있는데, 한 언어에서 동사가 많이 쓰인다고 해서 그것을 '동사 친화적' 언어라고 인정할 수 없다. 왜냐하면 소위 '동사'도 '묵시적 명사'일 가능성이 크기 때문이다.

했을 때 주시하는 시간이 익숙한 옛 자극보다 틀림없이 길 것으로 추측할 수 있다.

실험 B의 결과는 영어권 유아가 18개월 때에는 새로운 단어를 동작이나 물체와 매칭시킬 수 있지만, 14개월 때에는 둘 다 완성할 수 없다는 것을 발견하였다. 중국어권의 유아는 14개월과 18개월 때에 새로운 단어를 동작과는 매칭시킬 수 있었지만, 물체와는 매칭시킬 수 없었다. 이 결과는 중국어권 유아가 영어권 유아보다 동사를 일찍 습득한다는 것을 보여주는데, 이로써 실험자들은 영어권 유아의 어휘 습득은 명사 편향적이지만 중국어권 유아는 동사 편향적인 것으로 보았다.

다음은 필자의 논평이다. 두 연구는 각자 나름의 실험 데이터가 뒷받침을 하며 서로 같은 매칭 방법을 사용하였음에도 상반된 결론이 도출된 이유는 근거로 삼은 품사이론에서 문제가 생겼기 때문이다. 두 실험 모두 '명동분립'의 견해를 바탕으로 이루어졌는데, 이른바 '명사 편향' 또는 '동사 편향'이라는 것은 사실 대단히 모호한 표현으로, 관점에 따라 이해도 다를 수 있다. 만약 '명동포함'의 구도에서 본다면, 중국어의 실사는 애초부터 모두 명사이므로 하나의 단어가 명사인지 아닌지는 중요하지 않고 동사인지 여부야말로 중요한 것인데, 이 관점에서 말하면 중국어는 동사에 편중된다 할 수 있다. 그러나 다른 각도에서 말하면, 중국어의 동사는 명사의 하위 부류일 뿐, 명사와 대립하는 부류를 형성하지 않으며 명사가 근본이므로 중국어는 명사에 편중된다 할 수 있다.

'명동포함' 구도는 존재하는 듯 보이는 두 실험 결과의 모순을 제거할 수 있다. 실험 B는 습관화 단계와 테스트 단계 두 부분으로 나뉘는데, 자세히 분석해보면 습관화 단계를 거치면서 유아는 이미 동작과 물체에 서로 다른 라벨이 있다는 것에 익숙해져 있음을 발견할 수 있다. 즉, 유아들은 이미 음성적으로 명사와 동사는 반드시 그러해야 한다고 구분하는 것에 익숙해져 있다는 것이다. 이 단계를 설정하는 목적은 바로 유아가 명사와 동사의 음성 구분에 익숙해지도록 훈련시키는 것이다. 따라서 후속 테스트 단계에서 유아의 관심사는 음성 라벨에 변화가 생겼는지 여부이며, 테스트한 것은 사실 이미 구분된 명사와 동사에 음성적으로 발생된 변화에 대한 유아의 민감도이다.

그러나 실험 A에서는 피험자가 훈련 습관 단계를 거치지 않아, 줄곧 훈련 학습 중에 처해 있다고 할 수 있으므로 유아의 관심사는 두 종류의 단어를 구별할 수 있는 단서를 찾는 것이다. 그런데 중국어 동사는 동사임을 판단할 단서가 부족하기 때문에 유아는 동사와 명사를 구별하는 것이 비교적 어려울 것이다. 그러나 일단 명사와 동사를 구별한 다음에는 동사를 특히 중시하게 되는데, 이는 그것이 명사 안에서 하나의 특수한 하위 부류이기 때문이다. 이것이 실험 B테스트 단계에서 얻은 결과이다. 실험 A는 또 중국어 어린이와 성인의 신조어 매칭 상황을 비교하였는데, 그 결과 어린이는 물체로 명명(命名)하려는 경향이 있는 반면, 성인은 동작으로 명명하려는 경향이 있는 것으로 나타났다. 이는 성인의 경우 이미 명사와 동사의 차이를 파악한 후에 동사를 중시하는 것으로 해석할 수 있다.

요컨대, 훈련을 받지 않은 아동에게는 '명사 편향성'이 있음을 인정해야 한다.

[부록 2]
# 명사와 동사 뇌 영상의 영중 비교

　기존의 신경언어학 연구에 따르면, 영어와 기타 인도유럽어는 대뇌피질에서 명사와 동사의 특징이 나타나는 영역이 다른데, 동사의 특징이 드러나는 영역은 전두피질(frontal cortex)에 있고, 명사의 특징이 드러나는 영역은 후두피질(posterior cortex)의 측두엽-후두엽(temporal-occipital regions)에 있는 것으로 나타났다. 뇌 영상 실험에서도 동사의 제시는 뇌의 앞부분을 강하게 활성화시키지만, 명사의 제시는 뇌의 뒷부분을 강하게 활성화시키는 것으로 나타나는 것 같다. 이 발견은 일부 실어증 연구 결과와도 일치한다. 브로카(Broca) 실어증[01] 환자는 동사 처리에 장애가 있는데, 브로카 영역은 대뇌 앞부분 전두엽 영역에 있다. 반면 베르니케(Wernicke) 실어증[02] 환자는 명사 처리에 장애가 있는데, 베르니케영역은 대뇌 뒷부분 후두

---

01　역자주: 좌반구 아래 전두엽 영역에 손상을 입어 말하는 능력에 문제가 생기게 된 병증. 다른 사람의 말을 들을 수 있고, 발음 기관에도 이상이 없지만 말을 하지 못하는 증상이 나타난다. 프랑스의 외과 의사 브로카(Broca)의 이름을 따서 병명을 붙였다.
02　역자주: 언어 중추의 파괴로 인해 스스로 말은 할 수 있으나, 다른 사람의 말은 소리만 들을 뿐 뜻을 이해하지 못하는 장애. 독일의 정신 병리학자 베르니케(Wernicke)가 발견하였다.

엽 영역에 있다.

리핑 외(李平 외, Li, et al. 2004)의 「중국어 명사와 동사의 신경학적 특성: 기능적 자기공명영상(fMRI) 연구(汉语名词和动词的神经表征: 一项fMRI研究)」라는 논문에서 중국어 품사에 대한 핵자기공명 뇌 영상 형성실험을 보고하였다. 실험 방법은 어휘판정법(lexical decision)이고, 실험 자료는 중국어 쌍음절의 명사(道路, 电影, 观众)와 동사(担任, 打破, 告诉), 동명겸류사(变化, 编辑, 建议)이다. 이 실험의 결과는 다음 두 가지로 정리된다.

(1) 중국어 명사와 동사가 활성화되는 영역은 뇌의 앞부분과 뒷부분에 분산되어 있다. 동사만 뇌의 앞부분을 활성화하는 영어와 달리, 중국어는 동사와 마찬가지로 명사도 앞부분을 활성화하였다. 연구자들은 이것은 중국어 문법에서 명사와 동사의 특수성, 즉 동사가 자유롭게 주어·목적어가 될 수 있고, 명사가 자유롭게 술어가 될 수 있는 것과 관련이 있다고 생각하였다.

(2) 미상핵(caudate nucleus)만이 유일하게 명사와 동사가 차이를 보이는 영역인데, 이 부위에서는 명사의 활성화가 동사보다 강하다. 기존 연구에서는 사람들이 많은 인지적, 언어적 작업을 수행할 때 미상핵과 전두엽전영역에 유사한 기능이 있다고 밝혔다. 실험자들은 왜 미상핵 부위에서 명사만을 강렬하게 활성화하는지를 알지 못한다고 말하였다.

위에서 서술한 실험 결과는 찬 외(Chan et. al. 2008)와 양 외(Yang et al. 2011)의 두 가지 실험 연구에서 진일보 실증되었다. 이 두 연구는 기능적 자기공명영상 기술을 사용하여 모국어가 중국어인 초기와 후기 이중 언어(중국어와 영어) 구사자의 대뇌 영상에 나타난 두 언어의 명사와 동사의 유사점과 차이점을 고찰한 것이다.

초기(3세)와 후기(12세) 이중언어 구사자의 뇌가 중국어의 명사와 동사를 처리할 때는 모두 위의 실험과 서로 일치하는 정황을 보여 주었다. 명사와 동사의 대뇌 활성화 영역에는 차이가 없었다. 그렇지만 초기 이중언어 구사자가 영어의 명사와 동사를 처리할 때는 대뇌 활성 영역의 분포에 차이가 있었고, 후기 이중언어 구사자가 영어의 명사와 동사를 처리할 때는 그들이 중국어의 명사와 동사를 처리할 때와 유사하여 뚜렷한 차이 없이 모두 광범위한 뇌 영역을 활성화시켰다. 이 두 연구에서 제2언어를 늦게 배운 사람들은 모국어의 명사와 동사를 처리하는 대뇌의 활성화 패턴을 제2언어 처리에 그대로 투사하는 것으로 나타났다. 후기 이중언어 구사자의 제2언어 학습은 늦게 전개되어 그 수준이 모국어보다 낮기 때문에 모국어의 영향을 받기 쉬운데, 이는 언어습득의 연령적 효과를 나타낸다.

실험 결과를 해석할 때, 연구자들은 문법이론, 특히 품사이론의 뒷받침이 부족함을 느꼈다. 중국어는 정말 명사와 동사의 구분이 없는가? 만약 정말 그렇다면, 왜 미상핵만이 명사와 동사가 차이를 나타내는 영역인가?

다음은 필자의 논평이다. '명동포함 이론'은 실험 결과의 합리적인 해석에 일종의 가능성을 제공해준다. 다음의 설명도를 보자.

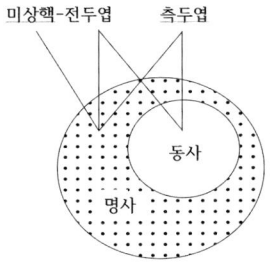

　중국어에서 동사는 명사의 한 하위 부류로 명사 안에 포함되는 동명사이다. 동명사는 술어가 될 수 있을 뿐만 아니라 일반명사와 마찬가지로 주어·목적어도 될 수 있다. 따라서 전두엽과 함께 측두엽도 활성화할 수 있으므로 그림에서 보이는 바와 같이 동사와 명사가 모두 측두엽을 활성화할 수 있다. 한편, 중국어의 명사가 모두 동사인 것은 아니며, 동사가 아닌 그 일부 일반명사도 술어가 될 수 있기 때문에 동사와 마찬가지로 전두엽을 활성화할 수 있다. 명사가 술어가 되는 것은 결국 특수하고 조건이 있는 것이기 때문에 전두엽을 활성화하는 것 외에도 전두엽의 기능과 관련이 있는 미상핵 부분도 활성화할 필요가 있다.

　그렇다면 미상핵의 기능은 무엇인가? 미상핵의 기능은 단어의 '지칭성/서술성'의 강도를 조절하는 것이라고 가정할 수 있다. 동사와 일반명사는 모두 '지칭성'을 가지고 있으며, 차이점은 일반명사는 동사가 가진 '서술성'을 가지고 있지 않다는 것이다. 뇌의 전두엽 영역과 미상핵이 모두 단어의 '서술성'과 관련이 있고 전두엽 영역의 기능이 단어의 서술성을 나타내는 것이라고 가정한다면, 미상핵의 기능은 '명사가 술어가 되는 문턱을 낮추는 것'으로 가정할 수 있다. 최근 몇 년 동안의 관련 연구에 따르면, 대외에 나타난 언어의 특징과 처리는 구별되어야 한다. 최근의 『사이언스(Science)』저널은 여러 언어를 구사하는 사람이 서로 다른 언어로 말할 때 대뇌가 여러 언어를 전환해야 하며, 이때 좌측 미상핵이 언어 전환의 '스위치' 역할을 담당한다고 보고했다. 물론 이상의 내용은 단지 추측과 가설일 뿐이며 검증이 필요하지만(杨静·董燕萍 2014 참조), 품사이론의 갱신이 서로 다른 언어의 품사에 대한 뇌 영상 비교연구에 새로운 설계 아이디어와 해석의 각도를 제공함으로써 대뇌에 나타난 특징과 언어 처리의 신경메커니즘에 대한 우리의 이해를 심화시킬 것이라고 믿는다. 케머러 & 이글스톤(Kemmerer & Eggleston 2010)은 만약 세계에서 통용되는 강력한 언어가 영어가 아닌 통가어나 중국어라면 품사에 대한 실험적 연구는 어떠한 것일지에 대해 질문을 던졌다.

[부록3]
# 코스(Coase)이론의 '거래 원가'

2013년 9월 2일, 노벨 경제학상 수상자인 영국의 로널드 코스(Ronald Harry Coase, 1910-2013)가 102세의 나이로 세상을 떠나자, 언론에는 코스의 학설을 기념하고 소개하는 많은 글이 실렸다.[01] 코스는 독창적인 사상을 가진 몇 안 되는 경제학자로 제도경제학과 재산경제학의 창시자 중 한 사람이다. 그는 길지 않은 논문 몇 편을 가지고 새로운 연구 패러다임을 개척하였다. 코스 이전의 신고전경제학은 추상적인 시장(로빈슨 이코노미)에서 출발하여 시장(가격 메커니즘)의 작동 과정에서는 거래에 원가가 없다(거래 원가 0)고 가정하였다. 그것이 형식화와 수량화 방면에서는 눈부신 진전을 이루었지만, 동시에 이로 인해 실물경제 문제에 대한 해석력이 부족하다는 대가를 치렀다. 즉, 시장이 사람들이 생산 활동에서 협력을 하는 가장 효과적인 형태인데, 기업이 왜 또 존재하겠느냐는 것이다. 왜 시장에는

---

01  저자주: 아래 소개는 주간지 「난팡저우모(southern-weekly), 南方周末」 2013년 9월 5일자 정치판의 청훙(盛洪), 장웨이잉(张维迎) 등의 시리즈 기사와 평론가의 논평, 그리고 코스의 '거래 비용'에 대해 설명한 더우딩닷컴(docin.com)의 PDF 강의를 근거로 하였다.

여러 가지 시장거래 형식이 존재할 수 있는가? 코스는 26살 때 「기업의 본성(The nature of the firm)」이라는 논문을 발표하였다. 그는 여기서 순진함에 가까운 문제를 제기하였는데, 그것은 왜 많은 사람들이 자기고용을 통해 서로가 계약으로 연결되기보다 회사에 들어가 다른 사람의 명령과 감독 하에 일하기를 선호하느냐는 것이다. 코스는 이 문제에 대해 이렇게 설명하였다. 기업 조직이 없다면 소비자는 최종 제품에 기여한 매 생산 요소에 대해 별도로 돈을 지불해야 하므로 거래 비용이 너무 높아져서 거래를 계속할 수 없게 된다. 기업은 시장 거래 비용을 절약하기 위해 존재하지만, 기업 규모 확장의 경계선은 바로 기업 내부의 관리 및 조정 비용이 시장 거래 비용과 동일하게 높아지는 것이다.

실제 시장에서 출발하여 코스는 시장에서의 거래가 실제로는 많은 비용이 든다는 것을 발견하였고, 이를 '거래 비용'이라고 하였다. '최신 팔그레이브 경제학사전(The New Palgrave Dictionary of Economics)'의 '거래 원가(transaction costs)에 대한 설명은 다음과 같다.

> 가장 광범위한 의미에서 거래 비용에는 재산권도, 거래도, 어떤 하나의 경제 조직도 가지지 않는 로빈슨 이코노미(Robinson Economy)에선 존재할 수 없는 비용을 포함한다. 거래 원가의 정의가 이렇게 광범위할 필요가 있는 이유는 여러 유형의 원가를 구분할 방법이 없는 경우가 매우 많기 때문이다. (张五常)

이렇게 정의된 '거래 비용'은, 거래 대상과 가격 검색 비용, 흥정 비용, 거래 중 분쟁 발생 및 분쟁 해결 비용 등 물질 생산 과정에서 직접 발생하지 않는 모든 비용을 포함하는 일련의 제도적 비용으로 볼 수 있다. 넓게 말하면, 거래 원가는 사람과 사람 사이의 거래에 드는 비용이며, 이러한 원가는 가상의 로빈슨 경제에서만 존재하지 않는다.

「기업의 본성」이라는 논문이 발표된 후 상당 기간 경제학계의 주목을 받지 못하다가 1960년 「사회적 비용 문제(The Problem of Social Cost)」가 발표되어 경제학계의 센세이션을 일으킨 뒤에야 비로소 사람들은 '거래 비용' 이론의 가치를 탐구하기 시작했다. 「사회적 비용 문제」라는 글은 거래 비용이 0이거나 무시할 수 있는 상황에서 재산권이 명확하게 정의되어 있는 한, 재산권의 소유 여부에 관계없이 시장 거래는 항상 자원의 최적 할당에 도달할 수 있다는 것을 논증하였는데, 이것이 바로 유명한 코스의 정리(Coase theorem)이다. 당신이 기르던 소가 이웃집 밭에 뛰어 들어가 밀을 먹어 이웃에게 손실을 입혔고, 어떤 사람이 시장이 효력을 잃었으니 정부가 개입해서 과세하라고 요구한다. 하지만 이 문제에 대한 코스의 해석은 새롭고 독창적이다. 밀밭을 동일한 크기의 작은 조각으로 나누어 재산권이 명확해지기만 하면, 이웃이 밀을 손상받지 않을 권리가 있든 소가 이웃의 밀을 먹을 권리가 있든 상관없이 소가 먹은 작은 밀밭의 수, 즉 난간이 설치된 경계는 동일하다. 쌍방은 소가 살이 쪄서 오른 가치가 밀의 손실과 같을 때까지 그 작은 밀밭의 밀을 계속 먹게 할 것이라는 것이다. 실제 세계에서는 거래 비용이 제로이거나 무시할 수 없기 때문에 코스 정리는 서로 다른 권리의 정의와 분배는 서로 다른 효과와 이익의 자원 배분[02]을 가져온다는 것으로 바뀌었다. 이를 통해 사람들은 재산권 제도가 생산 과정에서 중요하지 않은 것이 아니라는 것을 깨달았고, 그 이후로 경제학에서

---

02 역자주: 자원의 희소성의 전제하에 자원을 서로 다른 사용자나 용도에 따라 효율적으로 나누는 것

매우 중요하고 없어서는 안 될 분석 대상이자 내재적 변수가 되었다.

코스의 정리는 중국 경제 변혁의 기본 원리가 되어 재산권을 명확히 하고 제도를 혁신한 것이 거래 비용을 줄일 수 있었지만, 거래 비용이 감소하면서 부의 창출이 기하급수적으로 증가할 것이다. 중국이 30년간 이어온 개혁의 실천이 이 점을 증명하였기 때문에 우징롄(吳敬璉)[03]은 코스 이론이 중국 개혁의 등불이고 코스 역시 머나먼 동양에서 많은 지음을 얻었으며, 그의 이론은 영향력 있는 중국 경제학자들에게 영향을 미쳤다고 말했다. 코스는 세상을 떠나기 전에 중국의 개혁 실천이 그가 지향하는 실제 사례에 기반한 경제 이론을 탄생시킬 수 있기를 희망하면서 중국에 희망을 걸었다.

다음은 필자의 논평과 해석이다. 코스의 '거래 비용'은 '일부 거래 비용'을 의미하지 않는다는 점에 특히 유의하여야 한다. 이러한 좁은 의미의 이해는 단지 둘 사이에 약간의 교차가 있다는 것을 인정할 뿐, 여전히 비용과 거래의 '분립'이라는 통념에서 벗어나지 못하고 있다.

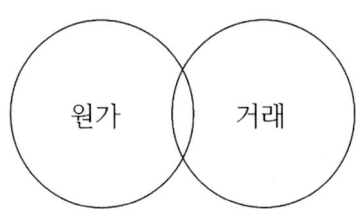

일부 거래는 노정이 포함되어 있다고 가정할 때 교차 부분은 거래를 실현하기 위한 노정 비용을 나타낼 수 있다. 그런데 이러한 좁은 의미의 이

---

03 역자주: 중국 경제학계의 태두.

해는 결코 코스의 본의가 아니며, 만약 '거래 원가'가 단지 이러한 의미일 뿐이라면 독창적인 사상이라고 할 것도 없고, 코스도 코스가 되지 못했을 것이다. 코스의 '거래 원가'의 함의는 넓은 의미로, 실제 세계에서는 거래 원가가 0이 될 수 없으며 모든 거래에 다 원가가 있고(특히 제도적 비용으로 나타남), 거래 자체도 일종의 원가이다. 그렇지 않으면 모든 사람이 자기 스스로를 고용하여 자신이 사장이 되니 기업의 존재가 필요하지 않게 될 것이다. 따라서 코스 이론은 거래와 원가는 '분립관계'가 아니라 다음 그림과 같이 원가가 거래(거래원가)를 포함하는 '포함관계'로 해석할 수 있다.

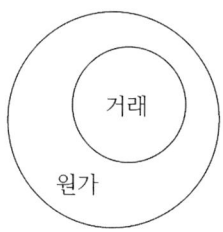

코스가 제시한 '거래 비용' 개념에 대해 엇갈리는 의견이 존재하지만, 해결하는 방법은 코스 이전의 전통 이론으로 회귀하는 것이 아니라 코스의 사상을 지속적으로 발전시키고 심지어 대안이론까지 제시한다는 점을 신문에 실린 글은 지적하고 있다.

[부록4]
# '천하이론'의 '천하무외' 원칙

철학계에서 자오팅양(赵汀阳 2011)의 『천하의 체계: 세계 제도의 철학 입문(天下体系: 世界制度哲学导论)』에서 상세히 설명한 '천하의 체계'는 세계 정치제도에 관한 체계로, 국내외에서 큰 영향을 미쳤다. 아래의 소개는 자오팅양(赵汀阳)(2007)에서 발췌하였다.

서양 정치철학의 발판은 가장 작은 정치 단위인 '개인'에서 출발한 것인데, 이에 개인의 권리(rights)가 어떻게 정의되고, 어떻게 보호될 것인가 하는 권리의 문제가 대두되었다. 이를 바탕으로 국가(현대 민족국가를 지칭)를 건설하였고, 국가와 개인 사이에는 동형사상(isomorphic mapping, 同构映射)의 관계가 생겼으며, 국가의 절대 주권도 절대적인 개인 권리와 마찬가지로 신성불가침이었다.

철학적으로 현대 국제정치가 추구하는 '주체 사이'의 관계(intersubjectivity, 상호주관성) 또는 '중간성'(interness, 各方间性)이 모든 갈등의 근원인데, 이 인터니스가 최상위 구조인데 정치적 의미의 '세계'는 존재하지 않는 '비세계'(non-world)'에 불과하기 때문이다. 이것은 서구 이론의 근본적인 허점으로, 세계에까지 생각이 미치지 못하여 세계에 대한 정치 이론이 없다.

중국 고대의 '천하이론'은 아마도 유일한 세계 이론일 것이다. '천하'라는 개념에 내포된 정치이론은 구조적으로 서양과 완전히 상반된 것으로, 중국은 우선 가장 큰 정치 분석 단위를 가지고 있다. 천하는 곧 세계 전체를 가리키고 천하의 정치제도는 곧 세계 정치제도이다. 천하 정치이론의 정치질서는 '위로에서부터 아래로', 즉 천하, 국가, 가정이다. 이것은 윤리 질서인 가정, 국가, 천하와 공교롭게도 상호 논증을 이룬다.

'천하'의 개념은 적어도 세 가지 의미를 가진다. 첫째는 지리학적 존재로, 지리학적 의미의 세계 전체이다. 둘째는 유가가 가장 즐겨 말하는 '민심(民心)'으로, 마음(心)이 없는 세계는 죽은 것이라는 심리학적 의미의 세계이다. 민심의 문제는 정치적 합법성 문제의 핵심이다. 셋째는 세계 정치제도, 즉 가장 큰 정치학 세계이다. 이런 세 가지 의미를 충족시키는 세상만이 진정한 세상이다.

'천하'라는 관념의 근본 원칙은 '무외(无外)' 원칙이다. 이는 단지 안에만 있고 밖에는 없는 것뿐으로, 진정한 의미의 적은 없다는 의미이다. '무외'는 곧 'interness'가 없다는 것이다. 서양의 정치는 '적군과 아군을 구별하는 것'에서 출발했고, 중국의 정치는 '적을 벗으로 바꾸는 것'에서 출발했다. 서양철학은 먼저 개체와 개체는 모두 평등하다는 개체의 존재 문제에서 착안한 다음, 두 사람 사이에 어떤 관계가 있는지를 묻는다. 중국 철학에서는 당연히 존재하는 개체의 존재 여부는 토론할 필요가 없으며, 둘 사이에 관계가 있는지 없는지가 가장 먼저 논의되어야 하는 것이어서 우선 전체(관계)에 중점을 둔다. 그런데 그 관계는 평등하게 대립하는 관계가 아닌 '무외'의 관계이다. '무외'는 '민심'이 밖에 없다는 것으로, 민심을 얻어야 비로소 천하를 얻을 수 있다.

다음은 '갑을포함(甲乙包含)'의 범주관을 통한 필자의 설명이다. 국제정치제도에 대한 서구와 고대 중국의 두 가지 서로 다른 이념은 아래의 그림으로 나타낼 수 있다.

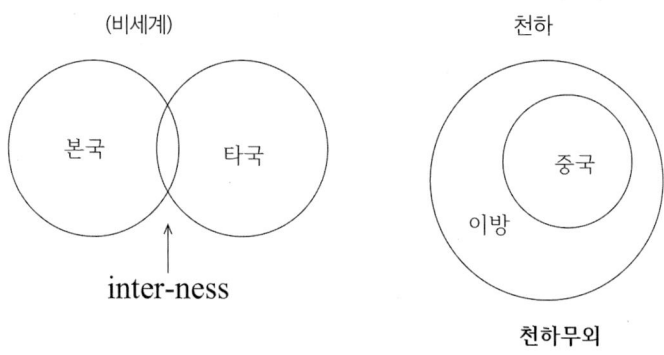

현대 서양의 이념은 이러하다. 본국 밖에는 다른 나라가 분립되어 있으며, 그 다음에 국가와 국가 간의 관계, 즉 inter-ness가 있다는 것이다. 세상은 정치제도도 없이 텅 빈 논월드(nonworld)일 뿐이다. 개인에서 국가, 그리고 세계에 이르기까지 개체가 전체를 지배하고 민주와 법치로 국가를 다스린다. 반면, 중국 고대의 이념은 천하무외로, 단지 친소관계의 차이가 있는 '이방(异邦)'이나 '사이(四夷, 네 오랑캐)'만 있을 뿐, 외재하는 적대적 '타국(他国)'은 없으므로, 이른바 국가와 국가의 inter-ness는 존재하지 않는다. 천하는 포화상태이고, 정치체제가 있는 world이다. 천하에서 국가, 그리고 개인에 이르기까지 전체가 개체를 지배하고, 민심을 얻는 사람이 천하를 얻어 덕으로 나라를 다스린다.

현대 중국의 독창적인 '일국이체제(一國兩制)' 정치모델은 중국과 홍콩도 분리 독립의 관계가 아닌 포함관계라는 것이다. 현재 중국 대륙과 대만의 중국인들은 모두 포함모델을 받아들이며(누가 누구를 포함하느냐에 차이가 있을 뿐), 일부 소수만이 그것을 분립관계로 바꾸려고 하는데, 이는 사람들의 마음을 얻지 못한다. 서양 사람들은 이러한 포함관계를 동·서독과 같은 분립관계로 곡해하는 경향이 있으니, 그들도 역시 이러한 포함관계를 다루는 데 서투르다고 하겠다.

'천하무외 이론(天下无外说)'은 본서에서 상세히 서술한 '명동포함 이론'과 일치한다. '명동포함' 구도에서는 명사와 동사의 접면(interface)이 존재하지 않으며, 동사는 명사의 밖이 아닌 안에 있다.

[부록5]
# 양자물리학의 '불확정성 원리'

양자론과 '불확정성의 원리'에 대한 아래의 소개는 모두 차오티안위안(曹天元)의 『양자물리의 역사 이야기(量子物理史话)』에서 발췌·인용한 것이다. 소개는 엄밀함과 정확성을 추구하지 않았으며 단지 참조를 위한 것에 불과하다.

빛의 본질은 무엇인가? 미립자인가, 파동인가? 두 결론은 모두 광원이 판의 작은 구멍을 통과하여 형광 스크린에 고정된 스폿이 나타나게 하는 실험과, 광원이 판의 얇고 긴 두 개의 구멍을 통과하여 형광 스크린에 명암이 서로 뒤섞인 간섭 줄무늬가 나타나게 하는 실험에 의해 증명된다. 17세기부터 300년간의 논쟁을 거쳐 양자물리학자들은 마침내 전자가 입자이면서 동시에 파동이며, 입자와 파동의 두 가지 상태가 중첩되어 불가분의 총체를 구성한다는 것을 인식하게 되었다. '입자이면서 동시에 파동'이라는 것이 무슨 의미인지 처음에는 도저히 납득할 수가 없었다. 이 두 가지는 분명히 서로 배척하지 것이지 않은가?

결출한 양자물리학자 하이젠베르크가 깨달은 일의 진실은 다음과 같다. 우리의 결론은 관찰 행위 자체와 크게 관련이 있다. 그 물리량을 측정하는 방법을 먼저 기술하지 않는 한, 어떤 물리량을 이야기하는 것도 다 무의미하다. 고전 이론의 관점에서 볼 때, 돌의 '객관적인 중량'이 얼마인지는 측정된 데이터가 얼마인지에 따라 달라진다. 돌은 하나의 절대적이며 객관적인 외부 세계에 존재하는 반면, 나(관찰자)는 이 세계에 영향을 미치지 않거나 적어도 그 영향은 무시할 수 있을 정도로 미미하다. 하지만 양자 세계는 이와 달리, 측정 대상이 너무 작기 때문에 관찰자로서 우리의 개입이 치명적인 간섭을 초래한다. 우리의 교란으로 인해 측정은 원칙적으로 극복할 수 없는 불확정성으로 가득해진다. 관찰 방법이 달라짐에 따라 얻을 수 있는 답도 달라진다. 양자론에서는 외부세계와 내가 구분되지 않고, 우리는 객관적 세계는 천인합일처럼 융합되어 하나가 된다.

하이젠베르크에 의해 제기된 Uncertainty Principle을 처음에는 '측정 불확실성 원리(測不准原理)'로 번역하였지만, 지금은 대부분 더욱 보편적인 의미를 가진 '불확정성 원리(不確定原理)'로 번역한다. 이 원리는 양자론의 가장 핵심적인 기반 가운데 하나로 아인슈타인의 상대성이론에 필적할 만하다. 하이젠베르크는 이 공로를 인정받아 1932년의 노벨 물리학상을 수상하였다. 철학자로서의 하이젠베르크의 지위도 확고했고, 주체성에 관한 그의 과학적 논증은 철학과 학생들이 반드시 갖추어야 할 필수 지식이 되었다.

하이젠베르크의 스승이자 양자혁명의 기수였던 덴마크의 물리학자 닐스 보어(Niels Henrik David Bohr)[01]는 불확정성의 원리를 다음과 같이 해석하

---

[01] 역자주: 닐스 보어(1885-1962, Niels Henrik David Bohr) 19~20세기 덴마크의 현대 물리학자. 원자구조와 핵분열 이론을 규명하고 양자역학 성립에 기여했다. 거의 반세기동안 양자물

였다.

우리가 전자를 관찰할 때마다 항상 당연히 입자든 파동이든 하나의 속성만을 나타날 수 있다. ·········그런데 전자라는 전체 개념으로 말하면, 일종의 파동-입자 이중성을 나타내어 입자의 일면을 보일 수도, 파동의 일면을 보일 수도 있다. 이는 전적으로 우리가 그것을 어떻게 관찰하느냐에 달려 있다. 우리가 입자를 보고 싶어 하는가? 좋아, 그렇다면 형광 스크린에 작은 점이 되게 해달라고 하자. 봐, 입자야! 우리가 파동을 보고 싶어 하는가? 그래 좋아. 이중슬릿을 통해 간섭무늬를 형성하라고 하자. 봐, 파동이야!

보다 전문적인 단어를 사용한다면, '파동-입자 이중성'은 다음과 같이 설명할 수 있다. 이른바 '파동'은 우리가 관측하기 전에는 불확정 상태에 있는 입자를 말하며, 그 파동함수(위치에 대한 각종 가능성이 중첩되어 있음)[02]는 공간에 퍼져나가 그것의 확률을 나타낸다. 그런데 우리가 파동을 관측할 때 파동함수는 '붕괴하고(collapse, 坍缩)',[03] 전자가 무작위로 정해진 위치

---

리학을 이끌어온 인물로 주요한 공헌을 했으며, 1922년 노벨 물리학상을 받았다.
02 역자주: 파동 함수는 측정 이전에만 존재하며 실제로 측정이 이루어지는 순간 확률로 바뀐다.
03 역자주: 양자역학에서 파동 함수 붕괴(영어: Wave function collapse)는 처음에는 여러 고유 상태의 중첩에서 파동 함수가 외부 세계와의 상호작용으로 인해 단일 고유 상태로 될 때 발생한다. 이 상호 작용을 관찰이라고 하며, 위치 및 운동량과 같은 고전적인 관측 가능량과 파동 함수를 연결하는 양자 역학적 측정의 본질이다. 붕괴는 양자 시스템이 시간에 따라 진화하는 두 가지 과정 중 하나이다. 다른 하나는 슈뢰딩거 방정식에 의해 지배되는 연속적인 진화이다. 붕괴는 고전적인 환경과 열역학적으로 비가역적인 상호작용을 위한 블랙

에서 우리 앞에 나타난다.

관찰의 결론은 관찰의 방식과 매우 관련이 있으며, 이 이치는 사실 양자 세계에만 적용되는 것이 아니다. 같은 말 한 마리를 놓고, 나는 하얀색이라고 말하는데 색맹은 틀렸어, 붉은색이라고 말한다. 내가 만약 빨간색 안경을 쓰면 말이 빨간색이라고 말할 것인데, 이는 내가 관찰하는 방식을 바꿔 안경을 썼기 때문이다. 그래서 말의 '원래' 색깔에 대해서는 아예 말을 할 수가 없다. 보어는 다음과 같이 의미심장하게 말한다.

> 나는 전자가 '본래' 무엇이었는지에 전혀 관심이 없으며, 그것이 무의미하다고 생각한다. 사실 또 나는 자연이 '본래' 무엇인지에 대해서도 관심이 없고, 단지 우리가 '관찰할 수 있는 자연이 무엇인지에만 관심이 있다.……여기서 관건은 전자가 '정확히' 무엇인지가 아니라, 우리가 그것을 '어떻게' 관찰하는가이다.

양자론의 이면에는 매우 형이상학적인 것들이 있는데, 그것은 양자혁명이 우리의 세계관의 근본적인 변화와 우주에 대한 우리의 인식 방법에 영향을 미쳤다는 것이다.

양자론은 관념주의 철학이 아니라 과학 실험과 엄밀한 수학 공식 위에 세워졌지만, 지나치게 기발하고 당혹스러워서 거의 90년 동안 모든 방면에서 의심과 비난 그리고 공격을 받지 않은 날이 하루도 없었다. 만약 당신이 혼랍스럽고 방황하고 있다면, '만약 양자론에 대해 당혹스러움을 느끼지 않는다면, 그는 양자론을 이해하지 못한 것이다'라는 보어의 명언이

---

박스이다. 위키백과

당신에게 약간의 위안을 줄 수 있을지도 모른다. 당신은 아마도 자신의 곤혹스러움과 방황에 대해 매우 자랑스러워 할 것이다. 이 문제에 대한 아인슈타인의 곤혹스러운 방황이 정말로 당신 못지않게 컸기 때문이다.

여기까지 발췌 인용하고, 다음은 '불확정 원리'를 가지고 언어학 문제를 바라본 연구 하나를 소개하고자 한다. 바이쉬(白硕 2014)는 전산언어학의 관점에서 '这本书的出版(이 책의 출판)'이 X-bar 이론과 양립할 수 없는 문제, 즉 '중심확장 규칙'에 위배되는 문제를 다루었다. 그는 먼저 이 둘을 호환하고자 하는 것은 외국 문물에 대한 맹목적인 숭상도, 촘스키에 대한 개인적인 숭배도 아니라고 지적했는데, 그 이유는 CFG(문맥 자유 문법)가 X-bar 이론과 호환되면 분석기의 성능이 매우 우수하다는 것을 보장할 수 있으므로 컴퓨터 언어학에서 당연히 중요한 좋은 소식이기 때문이라는 것이다.

바이쉬(白硕 2014)는 X-bar 이론과 호환될 수 있는 '미정이론(待定说)'을 제안했는데, 이는 '出版' 자체가 명사와 동사의 이중성을 가지고 있으므로 품사 표기를 급하게 확정해서는 안 되고 미정의 X로 표기할 수 있다는 것이다. 이에 상응하는 '不出版(출판 불원)', '迟迟不出版(지지부진한 출판 불원)' 등등도 모두 'XP'일 뿐이며, X가 무엇인지에 대해서는 분석의 가장 큰 투사인 '出版'이 중심어의 가장 큰 성분이 되는(예: '这本书的迟迟不出版(이 책의 지지부진한 출판 불원)') 단계에 가서 문맥에 따라 결정한다. 일단 NP로 확정되고 나면 반대로 아래의 모든 X를 N으로 교체할 수 있으며, 교체된 후의 결과는 X-bar 이론과 호환된다. 컴퓨터 처리의 관점에서 보면, 상응하는 통사 분석 과정은 더 이상 순수한 '바텀 업(바닥에서 위로)'이 아니며, 중심어의 품사에 불확정성이 있을 때는 X를 사용하여 불확정성을 최대투사로 유지하다가 품사가 확정이 되면 '톱다운(위에서 아래로)'으로 '역 치환(回代)'(계산 복잡성의 수준을 높이지 않음)한다. 어쩌면 혹자는 N 또는 NP와 같은 명사적 성분은 '不', '迟迟' 등의 수식을 받을 수 없는데도 '역 치환' 이후에 이들의 수식을 받는 상황이 나타났다고 할 수도 있다. 그러나 이러한 수식 관계는, V와 관련된 구성 규칙이 먼저이고 X가 N으로의 역 치환이 뒤에 발생하므로 뒤에 발생하는 행위가 먼저 발생한 행위의 결과를 바꾸었다는 것을 근거로 한다. 따라서 이전에 부사의 동사 수식 규칙을 사용했다고 해서 최종 결과가 이 규칙에 의해 이루어졌다고 판단할 수 없으며, 최종 결과는 최대투사의 구조에 대한 '강제'에 의해 이루어졌음이 분명하다.

바이쉬(白硕 2014)는 양자역학의 '중첩 상태' 관점에서 '미정이론'을 생각하고 인증하였다. 미확정의 그 통사범주 X는 양자역학에서의 중첩 상태를 자연스럽게 유추할 수 있다. 관찰하기 전에는 N과 V 두 가지 가능성을 모두 가지고 있으므로 N의 통사규칙을 적용할 수도, V의 통사규칙을 적용할 수도 있다. 그러나 관찰(즉, 구조적 강제성)이 발생한 다음, 이 중첩 상태 X는 유일한 가능성인 N으로 '붕괴' 된다. 이러한 '붕괴'는, 부분에 대한 전체의 강제적인 제약이며, 중첩 상태 고유의 불확정성에 대한 관측을 철저하게 종결하는 것이다.

이 연구는 마지막으로 현재의 컴퓨터는 병렬성이 약한 중첩 상태의 진화와 붕괴를 '시뮬레이션'할 수 있을 뿐이라고 하였다. 만약 양자컴퓨터를 분석기로 사용한다면, 이러한 N和V의 혼합된 중첩 상태와 붕괴를 물리적 장치에서 자연스럽게 구현할 수 있을 것이다. 다행히 '这本书的出版'과 관련한 중첩 형태의 진화는 병렬성이 강하지 않아 지금은 일반 컴퓨터에서 만들 수가 있다.

이것은 한 컴퓨터 언어학자가 전산의 각도에서 명사·동사의 이중성을 지닌 '出版'이 어떻게 관측(구조적으로 강함)을 통해 단일한 명사로 '붕괴' 되는지를 설명한 것이다. 우리가 강조하고자 하는 것은 단지, '去'('他的去'와 '他的迟迟不去')와 같은 중국어의 단음절동사도 똑같이 X-bar와 호환되는 문제가 있다는 것이다. 중국어는 동사류 전체가 명사·동사 이중성을 가지고 있으며, 구조 '강제'(분석자의 관측이나 개입으로 간주될 수 있음)를 통해 단일한 명사로 '붕괴'된다는 것이다. 이상은 중국어의 컴퓨터 통사 분석을 위한 구체적인 방안을 제공하는 것이 아니라 단지 새로운 아이디어를 개척하기 위한 것이다.

# 참고문헌

敖镜浩 1998, 论"之"的语法性质, 载『古汉语语法论集』, 149-160, 语文出版社.

白 硕 2014, 论"这本书的出版"与X-bar 理论的兼容性, 载于博客论坛 http://blog.sina.com.cn/s/blog-729574a00102uzf6.html.

蔡淑美·施春宏 2007, 阎连科作品中的重叠形式探析,『语言教学与研究』第4期, 1-9.

蔡维天 2010, 谈汉语模态词的分布与诠释之对应关系,『中国语文』第3期, 208-221.

曹逢甫 2004a, 唐诗对偶句的形式条件与篇章修辞功能,『从语言学看文学: 唐宋近体诗三论』, 中研院语言学研究所, 97—173.

曹逢甫 2004b, 从主题-评论的观点看唐宋诗的句法与赏析,『从语言学看文学: 唐宋近体诗三论』, 中研院语言学研究所, 49-96.

曹天元 2006,『上帝掷骰子吗—量子物理史话』, 辽宁教育出版社.

柴世森·张智慧 1999, 试谈汉语语法学史研究中的几个问题,『中国语言学报』第九期, 123-135.

陈承泽 1922,『国文法草创』新一版(1982), 商务印书馆.

*陈 刚·沈家煊 2012, 从"标记颠倒"看韵律和语法的象似关系,『外语教学与研究』第4期, 483-495.

陈国华 2009, 从"的"看中心语构造与中心语的词类,『外语教学与研究』第2期, 92-98.

陈嘉映 1999, 事物, 事实, 论证, 赵汀阳主编『论证』1, 辽海出版社, 1-25.

陈嘉映 2003, 万德勒的『哲学中的语言学』, 赵汀阳主编『论证』3, 473—495.

陈满华 2008,『体词谓语句研究』, 中国文联出版社.

陈宁萍 1987, 现代汉语名词类的扩大,『中国语文』第5期, 379-389.

陈 平 1981,『英汉否定结构对比研究』, 中国社会科学院研究生院语言系硕士学位论文.

陈 平 1987, 释汉语中与名词性成分相关的四组概念,『中国语文』第2期, 81-92.

陈 霞 2011, 试论"道"的原始二重性: "无"和"有",『哲学研究』第4期, 68-74.

陈小荷 1999, 从自动句法分析角度看汉语词类问题,『语言教学与研究』第3期, 63-72.

陈 晓 2009, 论"这个/ 那个+VP"特殊结构,『南开语言学刊』第2期, 97-107.

陈新仁 2010, 中国学生二语产出中的光秃可数名词短语—概念认知与语言表征,『外语研究』第1期, 15-20.

陈泽平 1998,『福州方言研究』,福建人民出版社.

陈祝琴 2009, "子产而死""富而可求"类句子的语义问题,『南京师范大学文学院学报』第2期, 159-165.

程 工 1999,『语言共性论』, 上海外语教育出版社.

程湘清 2003,『汉语史专书复音词研究』, 商务印书馆.

储泽祥 2001, "名+数量"语序与注意焦点,『中国语文』第5期, 411-417.

崔山佳 2013,『汉语欧化语法现象专题研究』, 巴蜀书社.

戴浩一 1997, Category Shifts and Word-Formation Redundancy,『中国境内语言暨语言学』第3期, 435-468.

戴浩一 2002, 概念结构与非自主性语法: 汉语语法概念系统初探,『当代语言学』第1期, 1-12.

戴庆厦 2002, 景颇语的"体"和"貌", 载『中国民族语言文学研究论集』第二辑, 民族出版社.另载『戴庆厦文集』第一卷, 286-298.

邓 盾 2015, 上古汉语"主之谓"结构的句法分析及相关问题,『语言学论丛』第51辑, 296-332.

邓思颖 2002, 汉语时间谓语句的限制条件,『中国语文』第3期, 217—221.

邓思颖 2006, 以"的"为中心语的一些问题,『当代语言学』第3期, 205-212.

刁晏斌 2004, 试论现代汉语形式动词的功能,『宁夏大学学报(人文社会科学版)』第3期, 33-38.

刁晏斌·李艳艳 2010, 试论"有+ 单音节动素"式动词,『语言教学与研究』第1期, 38-43.

丁声树 1935, 释否定词"弗""不",『历史语言研究所集刊外编·庆祝蔡元培先生六十五岁论文集』下册, 国立中央研究院历史语言研究所, 967-996.

丁声树 1940, 诗卷耳苤苢"采采"说,『(国立)北京大学四十周年纪念论文集』乙编上, 国立北京大学出版组, 1-15.

丁声树·吕叔湘·李 荣等 1979,『现代汉语语法讲话』, 商务印书馆.

董秀芳 2002, "都"的指向目标及相关问题,『中国语文』第6期, 495-507.

董秀芳 2004,"是"的进一步语法化:由虚词到词内成分,『当代语言学』第1期, 35-44.

董秀芳 2012, 上古汉语议论语篇的结构特点:兼论联系语篇结构分析虚词的功能,『中国语文』第4期, 356-366.

董秀芳 2013, 词汇双音化对论元结构的影响,『汉语史学报』第十三辑, 17-25.

端木三 2000, 汉语的节奏,『当代语言学』第4期, 203—209.

端木三 2007, 重音、信息和语言的分类,『语言科学』第5期, 3-16.

段 晴 2001,『波你尼语法入门』, 北京大学出版社.

范继淹 1985, 汉语句段结构,『中国语文』第1期, 52-61.

范 晓 1992, VP 主语句—兼论"N 的V"做主语,『语法研究和探索』第6辑, 176-189.

范晓林 2012, 晋北方言领属代词的重叠,『中国语文』第1期, 56-57.

方光焘 1997,『方光焘语言学论文集』, 商务印书馆.

方 梅 2011, 北京话的两种行为指称形式,『方言』第4期, 368-377.

冯胜利 1997,『汉语的韵律、词法和句法』, 北京大学出版社.

冯胜利 2000,『汉语韵律句法学』, 上海教育出版社.

冯胜利 2001, 论汉语"词"的多维性,『当代语言学』第3期, 161—174.

冯胜利 2011, 韵律句法学研究的历程与进展,『世界汉语教学』第1期, 13-31.

冯友兰 1964,『中国哲学史新编』第2册, 人民出版社.

冯友兰 2013,『中国哲学简史』, 涂又光译, 北京大学出版社.

冯志伟 2006, 术语命名中的隐喻,『科技术语研究』第3期, 19-20.

傅 玉 2010, 最简句法框架下的谓词省略研究,『外国语』第4期, 253-267 页.

高名凯 1953, 关于汉语的词类分别,『中国语文』10月号, 13-16.

高 松 2013, 真理之争—胡塞尔与弗雷格论"真",『哲学研究』第5期, 73-81.

龚 波 2010, 从假设句的否定形式看甲骨文中的"勿"、"弜"与"不"、"弗"之别,『中国语文』第2期, 162-167.

古川裕 2009,"变化"事件的两种认识及句式特点,『汉语学报』第4期, 23-30.

郭 锐 2002,『现代汉语词类研究』, 商务印书馆.

郭 锐 2011, 朱德熙先生的汉语词类研究,『汉语学习』第5期, 14—26.

郭绍虞 1979,『汉语语法修辞新探』, 商务印书馆.

何乐士 1989,『左传』的[主·"之"·谓]式, 载何乐士『〈左传〉虚词研究』, 商务印书馆, 66-77.

何莫邪(Harbsmeier, Christoph)1983—1985, 先秦汉语的名词从何处来? (*Where do Classical Chinese nouns come from*?)『古代中国』(Early China)9-10期, 77-163.

洪 波 2008, 周秦汉语"之s"的可及性及相关问题,『中国语文』第4期, 304-316.

洪 波 2010, 周秦汉语"之s"可及性问题再研究,『语言研究』第1期, 21-29.

胡建华 2009, 焦点与量化,『汉语的形式与功能研究』, 商务印书馆, 83-91.

胡建华 2013, 句法对称与名动均衡,『当代语言学』第4期, 1-19.

胡明扬 1995, 现代汉语词类问题考察,『中国语文』第5期, 381-389.

胡明扬·劲 松 1989, 流水句初探,『语言教学与研究』第4期, 42—54.

胡文泽 2011, "处所词+ 是+ 名词"功能特性及其对汉语作为外语教学的启示,『语言科学』第5期, 473-481.

胡裕树主编 1979,『现代汉语』, 上海教育出版社.

华玉明 2008,『汉语重叠功能的多视角研究』, 南开大学文学院博士学位论文.

黄彩玉 2012, "V双+N双"歧义结构的实验语音学分析,『语言教学与研究』第3期, 98-104.

黄昌宁·姜自霞·李玉梅 2009, 形容词直接修饰动词的"a+v"结构歧义,『中国语文』第1期, 54-63.

黄和斌 2014, 质疑"两个问题"与"一个难题"—对布氏向心结构观的认识,『外国语』第4期, 41-48.

黄师哲 2008, 语义类型相配论与多种语言形名结构之研究,『汉语学报』第2期, 53-61.

黄瓒辉 2013, "都"和"总"事件量化功能的异同,『中国语文』第3期, 251-264.

黄正德 1988, 说"是"和"有",『中研院历史语言研究所集刊』第59本第1分, 43-64.

黄正德 2010, 从"他的老师当得好"谈起,『吕叔湘先生百年诞辰纪念文集』, 商务印书馆, 126-143.

江蓝生 2012, 汉语连-介词的来源及其语法化的路径和类型,『中国语文』第4期, 291-308.

蒋静忠·潘海华 2013, "都"的语义分合及解释规则,『中国语文』第1期, 38-50 页.

蒋绍愚 1990,『唐诗语言研究』, 中州古籍出版社.

蒋 严 1998, 语用推理与"都"的句法/语义特征,『现代外语』第1期, 11-24.

蒋 严 2013,『语义学』导读, 载 Kate Kearns 著 Semantics( 2nd edition), 世界图书出版公司, 15—54.

姜望琪 2006, 汉语的"句子"与英语的sentence, 载杨自俭主编『英汉语比较与翻译』6, 上海外语教育出版社, 198-217.

姜自霞·丁崇明 2011, 虚义动词的完句功能及特点——以"进行"为例,『汉语学习』第2期, 83-88.

金立鑫 1987, 关于"向心结构"定义的讨论,『语文导报』第7期, 30—32.

金立鑫 2009, 解决汉语补语问题的一个可行性方案,『中国语文』第5期, 387-398.

金立鑫 2011, 从普通语言学和语言类型学角度看汉语补语问题,『世界汉语教学』第4期, 449-457.

金岳霖 1926, 说变,『晨报副刊』第61期, 又载刘培育编『哲意的沉思』, 2000, 百花文艺出版社, 137-146.

金岳霖 1943, 中国哲学, 载刘培育选编『金岳霖学术论文选』, 1990, 中国社会科学出版社.

柯 航 2007,『现代汉语单双音节搭配研究』, 中国社会科学院研究生院语言系博士学位论文.『中国语言学文库』第三辑, 2012, 商务印书馆.

蓝 鹰 1990, 从少数已族语言看"而"的虚化演变,『古汉语研究』第1期, 64—70.

黎锦熙 1924,『新著国语文法』, 商务印书馆.

李葆嘉 2014, 屈折语词类划分的背景及对沈家煊『我看汉语的词类』的质疑,『英汉对比与翻译』第二辑, 上海外语教育出版社, 84-99.

李承贵 2014, 以"行"释义: 儒家诠释文本的独特方式,『哲学研究』第11期, 46-53.

李劲荣 2007, "很雪白"类结构形成的动因与基础,『汉语学习』第3期, 39-44.

李 强·袁毓林 2013, "都"和"只"的意义和用法同异之辨析, 语言中的显著性与局部性研讨会论文(北京语言大学).

李如龙 1986, 闽南话的"有"和"无".『福建师范大学学报』(哲学社会科学版)第2期, 76—83.

李文莉 2011, 从修辞角度看涪陵方言单音节动词重叠,『当代修辞学』第5期, 2-13.

李 湘 2011, 从实现机制和及物类型看汉语的"借用动量词",『中国语文』第4期, 313-325.

李亚非 2015, 也谈汉语名词短语的内部结构,『中国语文』第2期, 99-104.

李行健主编 2004,『现代汉语规范词典』, 外语教学与研究出版社/ 语文出版社.

李艳惠 2008, 短语结构与语类标记: "的"是中心词?『当代语言学』第2期, 97-108.

李宇明 1996, 非谓形容词的词类地位,『中国语文』第1期, 1-9.

李占炳·金立鑫 2012, 并列标志的类型学考察,『民族语文』第4期, 23-31.

李佐丰 1983,『左传』中体之谓短语与主谓短语的区别,『内蒙古大学学报』第1期, 95-104.

李佐丰 1985,『左传』"日有食之"中的"有",『内蒙古大学学报』第2期, 111-119.

李佐丰 2004,『古代汉语语法学』, 商务印书馆.

李佐丰 2009, 上古汉语的字、词系统与词类划分,『语言学论丛』第40辑, 111-119.

李佐丰 2011, 上古汉语的"也"和句子分析,『历史语言学研究』第四辑, 160-173.

林素娥·郑幸 2014, 宁波话"还是"差比句,『方言』第1期, 21—27.

林华勇 2011, 廉江粤语的两种短语重叠式,『中国语文』第4期, 364—371.

刘丹青 1983, 三种补语, 三种否定,『语文月刊』第9期, 另载『现代汉语补语研究资料』, 475-477.

刘丹青 2005, 从所谓"补语"谈古代汉语语法学体系的参照系,『汉语史学报』第5期, 37-49.

刘丹青主编 2008,『语法调查研究手册』, 上海教育出版社.

刘丹青 2008, 汉语名词性短语的句法类型特征,『中国语文』第1期, 1—20.

刘丹青 2010, 汉语是一种动词型语言,『世界汉语教学』第1期, 3—17.

刘丹青 2012a, 汉语差比句和话题结构的同构性: 显赫范畴的扩张一例,『语言研究』第4期, 1—12.

刘丹青 2012b, 原生重叠和次生重叠: 重叠式历时来源的多样性,『方言』第1期, 1-11.

刘丹青 2013, 汉语特色的量化词库: 多/ 少二分与全/ 有/ 无三分,『木村英樹教授還暦紀念 中國語文法論叢…』(日), 白帝社, 54-72.

刘静芳 2014, 如何在中国哲学中安顿"普遍性"?『哲学研究』第10期, 33-40.

刘利民 2009, 先秦"辩者二十一事"的语言哲学解读,『哲学研究』第9期, 43—49.

刘宋川·刘子瑜 2006, "名·之·动/ 形"结构再探讨,『语言学论丛』32辑, 244-286.

刘探宙 2009, 一元非作格动词带宾语现象,『中国语文』第2期 110-119.

刘探宙·石定栩 2012, 烟台话中不带指示词或数词的量词结构,『中国语文』第1期, 38-

49.

刘探宙·张伯江 2014, 现代汉语同位同指组合的性质,『中国语文』第3期, 211-221.

刘勋宁 2006, "得"的性质及其后所带成分, 日中对照言语学会编『中国語の補語』(日), 白帝社, 193-208.

龙果夫 1958,『现代汉语语法研究』, 科学出版社.

陆丙甫 1985, 关于语言结构的内向、外向分类和核心的定义,『语法研究和探索』第3辑, 338-51.

陆丙甫 2005, 语序优势的认知解释(上、下)—论可别度对语序的普遍影响,『当代语言学』第1期, 1—15;第2期, 132—138.

陆丙甫 2009, 基于宾语指称性强弱的及物动词分类,『外国语』第6期, 18-26.

陆丙甫 2012, 汉、英主要"事件名词"的意义特征,『当代语言学』第1期, 1-11.

陆丙甫 2014, 沈家煊"名动包含"理论正反说,『英汉对比与翻译』第二辑, 上海外语教育出版社, 71-83.

陆俭明 1990, 汉语句法成分特有的套叠现象,『中国语文』第2期, 81—90.

陆俭明 2003, 对"NP+ 的+VP"结构的重新认识,『中国语文』第5期, 387-391.

陆俭明 2013, 浅议"汉语名动形层层包含"词类观及其他,『汉藏语学报』第7期, 137-146.

陆俭明 2014, 怎么认识汉语在词类上的特点?『英汉对比与翻译』第二辑, 上海外语教育出版社, 29-39.

吕叔湘 1942, 论毋与勿, 原载『华西协和大学中国文化研究所集刊』1卷4期, 又载『吕叔湘全集』第2 卷, 商务印书馆, 1990, 69-97.

吕叔湘 1942/1982,『中国文法要略』(新1 版), 商务印书馆.

吕叔湘 1944/1984, 个字的应用范围, 附论单位词前一字的脱落,『汉语语法论文集』商务书馆, 145 —177.

吕叔湘 1954, 关于汉语词类的一些原则性问题,『中国语文』第9期, 6—14 ;第10期, 16-22.

吕叔湘 1963, 现代汉语单双音节问题初探,『中国语文』第1期, 10—22.

吕叔湘 1979,『汉语语法分析问题』, 商务印书馆.

吕叔湘 1981, 关于"的、地、得"和"做、作",『语文学习』第3期, 52-53.

吕叔湘主编 1981,『现代汉语八百词』, 商务印书馆.

吕叔湘 1984a, 关于"的"、"地"、"得"的分别,『语文杂记』, 上海教育出版社, 50-51.

吕叔湘 1984b, 作状语用的形名短语,『语文杂记』, 上海教育出版社, 54.

吕叔湘 1987, 汽车医院和水果医院, 载吕叔湘『语文近著』, 上海教育出版社, 300-301.

吕叔湘 2002, 语法研究中的破与立,『吕叔湘全集』第十三卷, 商务印书馆, 402-404.

吕叔湘·朱德熙 1979『语法修辞讲话』第二版, 中国青年出版社.

罗仁地 2010, 菲律宾塔伽洛语(Tagalog)的词类范畴,『语言学论丛』第41辑, 1-14.

马建忠 1898/1983,『马氏文通』(新1版), 商务印书馆.

马庆株 1991, 顺序义对体词语法功能的影响,『中国语言学报』第4期, 59-83.

马 真 1983, 关于"都/全"所总括的对象的位置,『汉语学习』第1期, 27-34.

梅祖麟 2011, 从形态到语法—上古汉语的两种表达方式, 在中国社会科学院语言研究所的演讲.

苗 千 2013, 虫洞与量子纠缠,『三联生活网』2013.11-29.

木村英树 2003, "的"字句的句式语义及"的"字的功能扩展,『中国语文』第4期, 303-314.

宁春岩 2011, 在MP 理论平台上的人类语言研究,『当代语言学』第3期, 226-236.

潘海华 2006, 焦点、三分结构与汉语"都"的语义解释,『语法研究与探索』第13辑, 163-184.

潘海华·陆 烁 2013, DeP 分析所带来的问题及其可能的解决方案,『语言研究』第4期, 53-61.

潘 慎等 1996, 古代汉语中无词类活用, 载『语文新论』, 山西教育出版社, 69-76.

朴重奎 2003, 单个动词作主语的语义语法考察,『汉语学习』第6期, 25-31.

启 功 1997,『汉语现象论丛』, 中华书局.

钱 捷 2012, 近代自然科学发端于近代哲学,『中国社会科学报』5 月21 日.

裘荣棠 1994, 名动词质疑—评朱德熙先生关于名动词的说法,『汉语学习』第6期, 15-20.

全国科技名词审定委员会2006,『中医药学名词』, 连载于『科技术语研究』第1-4期.

任 鹰 2009, " 领属"与"存现":从概念的关联到构式的关联—也从"王冕死了父亲"的生成方式说起,『世界汉语教学』第3期, 308-321.

杉村博文 1999, 的字结构承指与分类, 江蓝生, 侯精一主编『汉语现状与历史的研究』,

中国社会科学出版社, 47-66.

杉村博文 2010, 可能补语的语义分析—从汉日语对比的角度,『世界汉语教学』第2期, 183-191.

上海外国语学院英语系英语教研组编 1964,『中国学生英语典型错误分析』, 上海教育出版社.

尚 杰 2009, 横向的逻辑与垂直的逻辑,『中国社会科学院研究生院院报』第4期, 32-36.

尚 新 2009, 时体、事件与"V 个VP"结构,『外国语』第5期, 28—37.

尚 新 2011, 集盖、事件类型与汉语"都"字的双层级量化,『外语教学与研究』第3期, 363-374.

邵敬敏 1984, "动+ 个+ 形/ 动"结构分析,『汉语学习』第2期, 另载『现代汉语补语研究资料』504-508.

邵敬敏 2013,『汉语语法的动态研究』, 商务印书馆.

沈家煊 1985, 词序与辖域: 英汉比较,『语言教学与研究』第1期, 96 —104.

沈家煊 1989, 不带说明的话题,『中国语文』第5期, 326—333.

沈家煊 1991, "语义的不确定性"和无法分化的多义句,『中国语文』第4期, 241-250.

沈家煊 1994, 语法化研究综观,『外语教学与研究』第4期, 17-24.

沈家煊 1995a, "有界"与"无界",『中国语文』第5期, 367-380.

沈家煊 1995b, 正负颠倒和语用等级,『语法研究与探索』第7辑, 237-244.

沈家煊 1997, 形容词句法功能的标记模式,『中国语文』第4期, 242 —250.

沈家煊 1998, 语用法的语法化,『福建外语』第2期, 1—8, 14.

沈家煊 1999a,『不对称和标记论』, 江西教育出版社, 2015 商务印书馆再版.

沈家煊 1999b, 语法化和形义间的扭曲关系, 载『中国语言学的新拓展』, 香港城市大学出版社, 217-230.

沈家煊 2001, 语言的"主观性"和"主观化",『外语教学与研究』第4期, 268-275.

沈家煊 2004, 语法研究的目标—预测还是解释?『中国语文』第6期, 483-492.

沈家煊 2006a, "语法隐喻"和"隐喻语法",『语法研究和探索』第13辑, 1-14.

沈家煊 2006b, "王冕死了父亲"的生成方式—兼说汉语"糅合"造句,『中国语文』第4期, 291-300.

沈家煊 2006c, "糅合"和"截搭",『世界汉语教学』第4期, 5-12.

\* 沈家煊 2007a, 汉语里的名词和动词,『汉藏语学报』第1期, 27-47.

沈家煊 2007b, 也谈"他的老师当得好"及相关句式, 国际中国语言学会第15 届年会(纽约)论文, 载『现代中国语研究』(日), 第9期, 1-12.

沈家煊 2008, "移位"还是"移情"—析"他是去年生的孩子",『中国语文』第5期, 387-395.

\* 沈家煊 2009a, 我看汉语的词类,『语言科学』第1期, 1-12.

\* 沈家煊 2009b, 我只是接着向前跨了半步—再谈汉语的名词和动词,『语言学论丛』第40辑, 3-22.

沈家煊 2009c, 汉语的主观性和汉语语法教学,『汉语学习』第1期, 3—12.

沈家煊 2009d, "计量得失"和"计较得失"—再论"王冕死了父亲"的句式意义和生成方式,『语言教学与研究』第5期, 15-22.

\* 沈家煊 2010a, 从"演员是个动词"说起—"名词动用"和"动词名用"的不对称,『当代修辞学』第1期, 1-12.

\* 沈家煊 2010b, "病毒"和"名词",『中国语言学报』第14期, 1-13.

\* 沈家煊 2010c, 英汉否定词的分合和名动分合,『中国语文』第5期, 387-399.

\* 沈家煊 2010d, 如何解决补语问题,『世界汉语教学』第4期, 435—445.

\* 沈家煊 2011a, 朱德熙先生最重要的学术遗产,『语言教学与研究』第4期, 7—19.

\* 沈家煊 2011b, 从"优雅准则"看两种"动单名双"说, 第三届两岸三地句法语义小型研讨会(北京)论文(修改稿).

\* 沈家煊 2011c, 从韵律结构看形容词,『汉语学习』第3期, 3-10.

\* 沈家煊 2012a, 关于先秦汉语的名词和动词,『中国语言学报』第15期, 100-113.

\* 沈家煊 2012b, 名动词的反思: 问题和对策,『世界汉语教学』第1期, 3-17.

\* 沈家煊 2012c, 怎样对比才有说服力—以英汉名动对比为例,『现代外语』第1期, 1-13.

\* 沈家煊 2012d, "零句"和"流水句"—为赵元任先生诞辰120 周年而作,『中国语文』第5期, 403-415.

\* 沈家煊 2012e, 名词和动词: 汉语、汤加语、拉丁语,『现代中国语研究』(日), 第14期, 1-14.

\* 沈家煊 2012f, 论"虚实象似"原理—韵律和语法之间的扭曲对应, CASLAR(*Chineseas a Second Language and Research*)1(1): 89-103, de Gruyter, Mouton.

* 沈家煊 2012g, 语言共性何处求,『中国社会科学报』, 7月2日B-03.
* 沈家煊 2013a, 谓语的指称性,『外文研究』第1期(创刊号), 1—13.
* 沈家煊 2013b, "单双区分"在汉语中的地位和作用, 日本中国语研究学会第63次年会(东京)主题报告.
* 沈家煊 2013c, 科斯学说对语言学的启示,『南开语言学刊』(第2期), 1-5.
* 沈家煊 2014a, 如何解决状语问题,『语法研究和探索』第17辑, 1—22.
* 沈家煊 2014b, 汉语的逻辑这个样, 汉语是这样的—为赵元任先生诞辰120周年而作之二, 第六届汉语方言语法国际学术研讨会(绵阳)论文.『语言教学与研究』第2期, 1-10.
* 沈家煊 2014c, 汉语"名动包含说",『英汉对比与翻译』第二辑, 1—28.
* 沈家煊 2015a, 形式类的分与合,『现代外语』第1期, 1—14.
* 沈家煊 2015b, 走出"都"的量化迷途: 向右不向左,『中国语文』第1期, 3-17.
* 沈家煊 2015c, 词类的类型学和汉语的词类,『当代语言学』第2期, 127-145.
* 沈家煊 2015d, 汉语词类的主观性.『外语教学与研究』第5期, 643—658.
沈家煊·王冬梅, 2000,"N的V"和"参照体—目标"构式,『世界汉语与教学』第4期, 25-32.
* 沈家煊·完 权 2009, 也谈"之字结构"和"之"字的功能,『语言研究』第2期, 1-12.
* 沈家煊·乐 耀 2013, 词类的实验研究呼唤语法理论的更新,『当代语言学』第3期, 253-267.
* 沈家煊·张姜知 2013, 也谈形式动词的功能,『华文教学与研究』第2期, 8-17.
* 沈家煊·柯 航 2014, 汉语的节奏是松紧控制轻重,『语言学论丛』第50辑, 47-72.
石定栩 2008, "的"和"的"字结构,『当代语言学』第4期, 298—307.
石定栩 2011,『名词和名词性成分』, 北京大学出版社.
石 锓 2010,『汉语形容词重叠形式的历史发展』, 商务印书馆.
史有为 2014, 第一设置与汉语的实词,『英汉对比与翻译』第二辑, 上海外语教育出版社, 40-70.
施关淦 1981, "这本书的出版"中"出版"的词性—从"向心结构"理论说起,『中国语文通讯』第4期, 8-12.
施关淦 1988, 现代汉语的向心结构和离心结构,『中国语文』第4期, 265-273.
施其生 1996 论"有"字句,『语言研究』第1期, 26-31.

施其生 1997, 论汕头方言中的"重叠",『语言研究』第1期, 72-85.

施其生 2011, 汉语方言中词组的"形态",『语言研究』第1期, 43—52.

顺 真 2015, 许慎『说文解字』的逻辑-认知构造.『哲学研究』第12期, 48—55.

司富珍 2002, 汉语的标句词"的"及相关的句法问题,『语言教学与研究』第2期, 36-42.

司富珍 2004, 中心语理论和汉语的DeP,『当代语言学』第1期, 26—34.

司富珍 2006, 中心语理论和"布龙菲尔德难题",『当代语言学』第1期, 60-70.

司富珍 2013, "简约"之问,『语言科学』第5期, 497-504.

司富珍 2014, 也说"汉语和印欧语差异的ABC",『英汉对比与翻译』第二辑, 上海外语教育出版社, 156-164.

宋洪民 2009, 也谈"名而动"结构,『中国语文』第2期, 184-187.

宋 柔 2009, 从语言工程看汉语词类,『语言学论丛』第四十辑, 23—38.

宋 柔 2013, 汉语篇章广义话题结构的流水模型,『中国语文』第6期, 483-494.

宋绍年 1998, 古汉语谓词性成分的指称化与名词化, 载『古汉语语法论集』, 语文出版社, 331-340.

宋文辉 2006, 上古汉语"N 之V"结构再考察, 中国语言学会第十三届年会论文, 秦皇岛.

宋玉柱 1980, 评"介词结构作补语",『语文战线』10 月号.另载『现代汉语补语研究资料』309-311.

宋作胤 1964, 论古代汉语主语和谓语之间的"之"字,『中国语文』第4期, 295-300.

苏晓青·万连增 2011,『赣榆方言研究』, 中华书局.

汤 双 2011, 反物质之谜,『读书』第2期, 64-69.

汤一介 2013, "天人合一"思想的现代价值,『北京日报』6 月8 日.

童燕齐 2008, 中国政府与百姓—政治学研究札记,『观察与交流』第22期, 北京大学中国与世界研究中心.

完 权 2010a,『"的"的性质与功能』, 中国社会科学院研究生院博士学位论文.

完 权 2010b, 语篇中的"参照体-目标"构式,『语言教学与研究』第6期, 38-45.

完 权 2011, 事态句中的"的",『中国语文』第1期, 51—61.

完 权 2015, 作为后置介词的"的",『当代语言学』第1期, 85—97.

* 完 权·沈家煊 2010, 跨语言词类比较的"阿姆斯特丹模型",『民族语文』第3期, 4-17.

王灿龙 2011, 试论"不"与"没(有)"语法表现的相对同一性,『中国语文』第4期, 301-312.

王冬梅 2001,『现代汉语动名互转的认知研究』, 中国社会科学院研究生院语言系博士学位论文.修改本2010, 中国社会科学出版社.

王冬梅 2014, 从"是"和"的"、"有"和"了"看肯定和叙述,『中国语文』第1期, 22-34.

王国拴·马庆株 2008, 普通话中走向对称的"有+VP+(了)"结构,『南开语言学刊』第2期, 87-91.

王洪君 1987, 汉语自指的名词化标记"之"的消失, 载『语言学论丛』第14辑, 商务印书馆, 158-196.

王洪君 1994, 从字和字组看词和短语,『中国语文』第2期, 102-112.

王洪君 2001, 音节单双、音域展敛(重音)与语法结构类型和成分次序,『当代语言学』第4期, 241-252.

王洪君 2011, 汉语语法的基本单位与研究策略(作者补记), 载『基本单位的现代汉语词法研究』, 商务印书馆, 441-420.

王洪君·李榕 2014, 论汉语语篇的基本单位和流水句的成因,『语言学论丛』第49辑, 11—40.

王 还 1983, All 与"都",『语言教学与研究』第4期, 24—28.

王 还 1988, 再谈谈"都",『世界汉语教学』第2期, 93—94.

王菊泉 2014, 沈家煊先生汉语词类问题新观点述评,『英汉对比与翻译』第二辑, 上海外语教育出版社, 117-133.

王克仲 1989,『古汉语词类活用』, 湖南人民出版社.

王 力 1954,『中国语法理论』, 中华书局股份有限公司.

王 力 2005,『汉语诗律学』第二版, 上海教育出版社.

王 力 1980,『汉语史稿』(中册), 中华书局.

王 力 1989,『汉语语法学史』, 商务印书馆.

王 路 2013, Being 与句式,『哲学动态』第2期, 51-58.

王 伟 2010, "了1"表"有"论: 汉英对比初探, 国际中国语言学学会第18 次学术年会(IACL-18)暨北美汉语语言学第22 次学术会议(NACCL-22, 哈佛大学)论文.

* 王 伟·沈家煊 2011, 汉语为什么没有真正的谓语—名动的"指称/述谓"不对称, 第三届两岸三地现代汉语句法语义小型研讨会(北京)论文.

王文斌 2013, 论英语的时间性特质与汉语的空间性特质,『外语教学与研究』第3期, 163-173.

王文斌 2014, 汉语对行为动作的空间化表征—以"大/ 小+V"格式为例,『英汉对比与翻译』第二辑, 上海外语教育出版社, 134-147.

王文斌·何清强 2014, 论英语"be"与汉语"是/ 有/ 在",『外国语』第5期, 2-10.

王 显 1959, 诗经中跟重言作用相当的有字式、其字式、斯字式和思字式,『语言研究』(北京: 科学出版社)第4期, 9-43.

王阳明 2012,『王阳明全集』, 上海古籍出版社.

王远杰 2008,『定语标记"的"的隐现研究』, 首都师范大学文学院博士学位论文.

汪国胜 1991, 大冶金湖话的"的""个"和"的个",『中国语文』第3期, 211-215.

文 炼·陆丙甫 1979, 关于新诗节律,『语文教学研究』第2辑, 云南人民出版社, 170—181.

吴长安 2006, "这本书的出版"与向心结构理论难题,『当代语言学』第3期, 193-204.

吴长安 2012, 汉语名词、动词交融模式的历史形成,『中国语文』第1期, 17-28.

吴长安 2013,『语言论稿』, 东北师范大学出版社.

吴春生·马贝加 2014, "名而动"结构补说,『中国语文』第2期, 116-126.

吴为善 1989, 论汉语后置单音节的粘附性,『汉语学习』第1期, 16—19.

吴延枚 1984, 在现代汉语中, 处所名词可以直接作补语,『语言学习』第1期, 另载『现代汉语补语研究资料』478-481.

伍蠡甫 1986,『伍蠡甫艺术美学文集』, 复旦大学出版社.

向 熹 2010,『简明汉语史』, 商务印书馆.

小野秀树 2001, "的"の「モノ化」机能,『现代中国语研究』第3期, 146-158.

肖治野·沈家煊 2009, "了2"的行、知、言三域,『中国语文』第6期, 518-527.

项梦冰 1991, 论"这本书的出版"中"出版"的词性: 对汉语动词、形容词"名物化"问题的再认识,『天津师范大学学报』第4期, 75-80.

谢序华 2014, 古汉语没有"为动双宾语结构",『古代汉语』第2期, 35-40.

熊十力 2009,『体用论』, 中国人民大学出版社.

熊仲儒 2005, 以"的"为核心的DP结构,『当代语言学』第2期, 148-165.

熊仲儒 2008, "都"的右向语义关联,『现代外语』第1期, 13-25.

徐烈炯 2014, "都"是全称量词吗?『中国语文』第6期, 498-507.

徐烈炯·刘丹青 1998,『话题的结构与功能』, 上海教育出版社.

徐通锵 2008,『汉语字本位语法导论』, 山东教育出版社.

徐时仪 2005, 汉语词汇双音化的内在原因考探,『语言教学与研究』第2期, 68-76.

徐 枢·谭景春 2006, 关于『现代汉语词典(第5 版)』词类标注的说明,『中国语文』第1期, 74-86.

许德楠 1984, 口语句子中"吞"掉语法成分的现象,『语文研究』第4期, 18-22.

许国璋 1991,『许国璋论语言』, 外语教学与研究出版社.

许绍早 1956, 略论补足语,『东北人民大学人文学科报』第2期, 另载『现代汉语补语研究资料』17-35.

许余龙 2014, 跨语言词类模型与汉语词类系统,『英汉对比与翻译』第二辑, 100-116.

薛凤生 1991, 试论连词"而"的语意与语法功能,『语言研究』第1期, 55-62.

严 复 1902, 与『外交报』主人书, 载王拭编『严复集』(第三册), 1986, 中华书局, 558-559.

杨成凯 2003, 关于"指称"的反思,『语法研究和探索』第12辑, 1—16.

杨国荣 2010, 意义世界的生成,『哲学研究』第1期, 56—65.

杨国荣 2014, 体用之辩与古今中西之争,『哲学研究』第2期, 36-42.

杨 静·董燕萍 2014, 汉语名词与动词的神经语言学研究,『英汉对比与翻译』第二辑, 上海外语教育出版社, 148-155.

杨荣祥 2008, 论"名而动"结构的来源及其语法性质,『中国语文』第3期, 239-246.

姚振武 1995, 现代汉语的N 的V 和古代汉语的N 之V,『语文研究』第2期、第3期, 2-9, 26-29.

叶祖贵 2014, 汉语方言中描摹性动词重叠的修辞学考察,『当代修辞学』第5期, 76-83.

尹斌庸 1986, 汉语词类的定量研究,『中国语文』第6期, 428-436.

游顺钊 2014,『视觉语言学概要』, 商务印书馆.

余霭芹 2009, 如何结合方言和古代文献研究汉语的历史—以"有"的用法为例, 在中国社会科学院语言研究所的演讲稿.

袁仁林[清] 1989,『虚字说』(解惠全注), 中华书局.

袁毓林 1996, 话题化及其相关的语法过程,『中国语文』第4期, 241—254.

袁毓林 1995, 词类范畴的家族相似性,『中国社会科学』第1期, 154—170.

袁毓林 2003, 从焦点理论看句尾"的"的句法语义功能,『中国语文』第1期, 3-16.

袁毓林 2005a, 基于隶属度的汉语词类的模糊划分,『中国社会科学』第1期, 164-177.

袁毓林 2005b, "都"的语义功能和关联方向新解,『中国语文』第2期, 99-109.

袁毓林 2010a, 汉语和英语在语法范畴的实现关系上的平行性—也谈汉语里名词/ 动词与指称/ 陈述、主语与话题、句子与话段, 载『汉藏语学报』第4期, 139-168.

袁毓林 2010b, 汉语不能承受的翻译之轻 —从去范畴化角度看汉语动词和名词的关系.『语言学论丛』第41辑, 15-61.

袁毓林·李 湘·曹 宏·王 健 2009, "有"字句的情景语义分析,『世界汉语教学』第3期, 291-307.

詹卫东 1998, 关于"NP 的VP"偏正结构,『汉语学习』第4期,24—28.

詹卫东 2012, 从语言工程看"中心扩展规约"和"并列条件",『语言科学』第5期, 449-462.

詹卫东 2013, 计算机句法结构分析需要什么样的词类知识—兼评近年来汉语词类研究的新进展,『中国语文』第2期, 178—190.

张 斌 主编 2010,『现代汉语描写语法』, 商务印书馆.

张 斌 2014, 指称和陈述,『对外汉语研究』第11期, 1-4.

张伯江 2009, 汉语限定成分的语用属性,『中国语文』第3期, 195—207.

张伯江 2011a, 汉语的句法结构和语用结构,『汉语学习』第2期, 3—12.

张伯江 2011b, 现代汉语形容词做谓语问题,『世界汉语教学』第1期, 3-12.

张伯江 2013, 汉语话题结构的根本性,『木村英樹教授還暦纪念中國語文法論叢…』(日), 白帝社, 130-141.

张东荪 1938, 思想言语与文化,『社会学界』第10 卷(6 月), 节选载『当代修辞学』2013年第5期, 38-47.

张和友·邓思颖 2010, 与空语类相关的特异型"是"字句的句法、语义,『当代语言学』第1期, 14-23.

张和友·邓思颖 2011, 空语类的允准及普通话、粤语话题类系词句的句法差异,『语言科学』第1期, 58-69.

张洪年 1972,『香港粤语语法的研究』, 香港中文大学出版社.

张姜知 2013,『体词谓语句和汉语词类』, 中国社会科学院研究生院博士学位论文.

张 劼 2011, 普通话副词"在"源流考辨,『语言教学与研究』第1期, 76-81.

张 敏 2003, 从类型学看上古汉语定语标记"之"语法化的来源,『语法化与语法研究』(一), 商务印书馆, 239-294.

张日昇 1959, 香港粤语阴平调及变调问题,『香港中文大学中国文化研究所学报』第2卷第1期, 81-107.

张世禄 1959, 古汉语里的偏正化主谓结构,『语文教学』(华东)第11期.另见『张世禄语言学论文集』, 学林出版社, 1984, 412-423.

张 雁 2001, 从『吕氏春秋』看上古汉语的"主·之·谓"结构,『语言学论丛』第23辑, 83-98.

张一鸣·张增一 2012, 论爱因斯坦逻辑简单性思想及其渊源,『自然辩证法研究』28/9：112-116.

张谊生 2005, 副词"都"的语法化与主观化—兼论"都"的表达功能和内部分类,『徐州师范大学学报』(哲学社会科学版)第1期, 56-62.

张玉金 2010, 出土战国文献中的语气词"也", 载张显成主编『简帛语言文字研究』第五辑, 巴蜀书社, 197-252.

张志公主编 1956,『汉语』(三), 人民教育出版社.

张中行 1992,『诗词读写丛话』, 人民教育出版社.

赵金铭 2010, 汉语句法结构与对外汉语教学,『中国语文』第3期, 277-286.

赵 嘉·陈岸瑛 2002, 谁之传统, 谁之使命—汤一介先生访谈录, 赵汀阳主编『论证』2, 广西师范大学出版社, 112-125.

赵汀阳 2007, "天下体系": 帝国与世界制度, 发布于2007-12-04 社会学视野网.

赵汀阳 2011,『天下体系: 世界制度哲学导论』, 中国人民大学出版社.

赵元任 1968,『汉语口语语法』, 1979 吕叔湘译本, 商务印书馆.

赵元任 1970, 国语统一中方言对比的各方面,『中研院民族学研究所集刊』第29期, 37-42.

赵元任 1980,『语言问题』, 商务印书馆.

郑敏惠 2009, 福州方言"有+VP"句式的语义和语用功能,『福建师范大学学报』(哲学社会科学版)第6期, 92-98.

征文平·曹 炜 2007,『水浒传』中并列连词用法分布计量考察,『常熟理工学院学报』(哲学社会科学版)第5期, 94-98.

中国社会科学院语言研究所词典编辑室编 2012,『现代汉语词典』第6版, 商务印书馆.

周国光 2005, 对『中心语理论和汉语的DeP』一文的质疑,『当代语言学』第期, 139-47.

周国光 2006, 括号悖论和"的X"的语感—以'的'为核心的DP结构"疑难求解,『当代语言学』第1期, 71-75.

周 韧 2012, "N 的V"结构就是"N 的N"结构,『中国语文』第5期, 447-457.

周 韧 2014, 汉语词类划分应重视"排他法",『汉语学习』第1期, 9—19.

周 韧 2015, 兼类说反思,『语言科学』第5期, 504-516.

周汝昌 2005, "诗化"的要义, 载『红楼十二层』, 书海出版社, 99—105.

朱德熙 1956, 现代汉语形容词研究,『语言研究』, 83-111.

朱德熙 1961, 说"的",『中国语文』第12期, 1-15.

朱德熙 1962, 论句法结构,『中国语文』8—9月号, 351—360.

朱德熙 1978, "的"字结构和判断句,『中国语文』第1、2期, 23—27, 104-109.

朱德熙 1980, 汉语句法中的歧义现象,『中国语文』第2期, 81-92.

朱德熙 1982,『语法讲义』, 商务印书馆.

朱德熙 1983, 自指和转指—汉语名词化标记"的、者、之"的语法功能和语义功能,『方言』第1期, 16-31.

朱德熙 1984, 定语和状语的区分与体词和谓词的对立,『语言学论丛』第13辑, 5-14.

朱德熙 1985a,『语法答问』, 商务印书馆.

朱德熙 1985b, 关于向心结构的定义,『语法研究和探索』第3辑, 19—23.

朱德熙 1985c, 现代书面汉语里的虚化动词和名动词,『北京大学学报』(哲学社会科学版) 第5期, 1—6.

朱德熙 1987, 句子和主语—印欧语影响现代书面汉语和汉语句法分析的一个实例,『世界汉语教学』(创刊号), 31-34.

朱德熙 1988, 关于先秦汉语里名词的动词性问题,『中国语文』第2期, 81-86.

朱德熙 1990, 关于先秦汉语名词和动词的区分的一则札记,『王力先生纪念论文集』, 商务印书馆, 161-171.

朱德熙 2010,『语法分析讲稿』, 商务印书馆.

朱德熙·卢甲文·马真 1961, 关于动词形容词"名物化"的问题,『北京大学学报·人文科学』第4期, 51-64. 又载朱德熙著『现代汉语语法研究』, 商务印书馆, 1980, 193-224.

朱晓农 1991,『秦人逻辑论纲』,『文化的语言视界』,上海三联书店.

朱晓农 1997,『秦人逻辑的任意性和旁推法的两种推理模式』,『走向新世纪的语言学』,万卷楼图书有限公司.

朱晓农 2015, 语言决定推理方式.『中国社会科学报』7月7日第3版.

朱晓鹏 2015, 从朱熹到王阳明: 宋明儒学本体论的转向及其基本路径,『哲学研究』第2期, 35-43.

Abney, S. 1987. *The English Noun Phrase in Its Sentential Aspect*. Doctoral dissertation, MIT, Cambridge, Mass.

Aitchison, J. 1994. *Words in the Mind: An Introduction to the Mental Lexicon*. 2nd ed. Oxford: Blackwell.

Anwood, J. 2000. A dynamic model of part-of-speech differentiation. In Vogel & Comrie eds. 3-46.

Arbib, M. A. 2012. *How the Brain Got Language*: The Mirror System Hypothesis. Oxford: Oxford University Press.

Baker, M. C. 2003. *Lexical Categories: Verbs, Nouns and Adjectives*. Cambridge: Cambridge University Press.

Baker, M. C. 2009. On some ways to test Tagalog nominalism from a cross linguistic perspective. *Theoretical Linguistics* 35/1: 63-71.

Beck, D. 2002. *The Typology of Parts of Speech Systems: The Markedness of Adjectives*. NewYork: Routledge.

Bejarano, T. 2011. *Becoming Human: From Pointing Gestures to Syntax*. Amsterdam:

John Benjamins.

Bhat, D. N. S. 2000. Word classes and sentential functions. In Vogel & Comrie eds. 47-64.

Bisang, W. 2008. Precategoriality and syntax-based parts of speech: The case of Late Archaic Chinese. *Studies in Language* 32(3): 568-589.

Bisang, W. 2013. Late Archaic Chinese: an LFLEXIBLE language whose G parameter cannot be addressed. In Rijkhoff & Lier eds., 278-287.

Boyd, R. 1993. Metaphor and theory change: What is " metaphor" a metaphor for? In Ortony, Andrew, ed. Metaphor and Thought, 2nd edition. Cambridge:

Cambridge University Press.481-532.

Broschart, J. 1997. Why Tongan does it differently: Categorial distinctions in a language without nouns and verbs. *Linguistic Typology* 1: 123-165.

Broschart, J. & C. Dawuda 2004. Beyond nouns and verbs: Typological studies in lexical categorisation. Unpublished manuscript.

Brown, K.( ed.) 2006. *Encyclopedia of Language & Linguistics*. 2nd edition. Amsterdam: Elsevier Ltd.

Bybee, J. 2005. The impact of use on representation: grammar is usage and usage is grammar. Keynote speech at the annual meeting of Linguistic Society of America. Published in 2006, From usage to grammar: The mind's response to repetition. *Language* 82(4):711-733.

Chafe, W. L. 1976. Givenness, contrastiveness, definiteness, subjects, topics and point of view. In Li, C. N. ed., *Subject and Topic*. New York: Academic Press. 25-55.

Chan, A. H. D., K. K. Luk, P. Li, V. Yip, G. Li, B. Weekes, L. H. Tan 2008. Neural correlates of nouns and verbs in early bilinguals. *Annals of the New York Academy of Sciences* 1145: 30-40.

Chan, C. C.Y., T. Tardif, J. Chen, R. B. Pulverman, L. Zhu, & X. Meng 2011.

English- and Chinese-learning infants map novel labels to objects and actions differently. *Developmental Psychology* 47/5: 1459-1471.

Chao, Yuen Ren 1948. *Mandarin Primer*. Cambridge, Mass.: Harvard University Press.

Chao, Yuen Ren 1955. Notes on Chinese grammar and logic. *Philosophy East and West* V/1: 31-41. Also in A. S. Dil ed. 1976, 237-249. 中译文『汉语语法与逻辑杂谈』, 白硕译, 载『赵元任语言学论文集』, 2002, 商务印书馆, 796-808.

Chao, Yuan Ren 1959a, Ambiguity in Chinese. In S. Egerod and E. Glahn eds. *Studia Serica Bernhard Karlgren Dedicata*, Copenhagen: Ejnar Munksgaard, 1-13. Also in A. S. Dil ed. 1976, 293-308. 中译文『汉语中的歧义现象』, 袁毓林译, 载『赵元任语言学论文集』, 2002, 商务印书馆, 820-835.

Chao, Yuen Ren 1959b. How Chinese logic operates. *Anthropological Linguistics* 1:1, 1-8. Also in A. S. Dil ed. 1976, 250-259.

Chao, Yuen Ren 1968. A Grammar of Spoken Chinese. Berkeley & Los Angeles: University of California Press. 丁邦新译本『中国话的文法』(增订版), 香港中文大学出版社, 2002.

Chao, Yuen Ren 1975. Rhythm and structure in Chinese word conceptions. *Journal of Archeology and Anthropology* Vols. XXXVII and XXXVIII. Also in A. S. Dil ed. 1976, 275-292. 中译文『汉语词的概念及其结构和节奏』, 王洪君译, 载『赵元任语言学论文集』2002, 商务印书馆, 890-908.

Chen, Ping 1996. Pragmatic interpretations of structural topics and relativization in Chinese. *Journal of Pragmatics* 3:1-17.

Cheng, Lisa & R. Sybesma 1999. Bare and not-so-bare nouns and the structure of NP. *Linguistic Inquiry* 30/4: 509-542.

Chierchia, G. 1985. Formal semantics and the grammar of predication. *Linguistic Inquiry* 16/3: 417-443.

Chierchia, G. 1998. Plurality of mass nouns and the notion of "semantic parameter". In S. Rothstein ed., *Events and Grammar*, Kluwer Academic Publishers. 53-103.

Chomsky N. 1965. *Aspects of the Theory of Syntax*. Cambridge, MA: MIT Press.

Clark, E. V., & H. H. Clark 1979. When nouns surface as verbs. *Language* 55/4: 767-811.

Comrie, B. 1981. *The Language of Soviet Union*. Cambridge: Cambridge University Press.

Coulthard, M. 1977. *An Introduction to Discourse Analysis*. London: Longman.

Croft, W. 1991. *Syntactic Categories and Grammatical Relations*. Chicago: University of Chicago Press.

Croft, W. 2000. Parts of speech as language universals and as language-particular categories. In Vogel & Comrie eds., 65-102.

Croft, W. 2002. *Typology and Universals*. 2nd edition. Cambridge: Cambridge University Press.

Crystal, David 1997. *A Dictionary of Linguistics and Phonetics*. 4th edition.

Blackwell Publishers Ltd. 中译本『现代语言学词典』, 沈家煊译, 2000, 商务印书馆.

Diessel, H. 1999. *Demonstratives: Form, Function, and Grammaticalization*. Amsterdam: John Benjamins.

Diessel, H. 2013. Where does language come from: some reflections on the role of deictic gesture and demonstratives in the evolution of language. *Language and Cognition* 5/2-3: 239-249.

Dil, A. S. ed., 1976. *Aspects of Chinese Sociolinguistics: Essays by Yuen Ren Chao*. Stanford:

Stanford University Press.

Dixon, R. M. W. 1977. Where have all the adjectives gone? *Studies in Language* 1: 19-80.

Dixon, R. M. W. 2004. Adjective classes in typological perspective. In Dixon, R. & A. Aikhenvald eds., *Adjective Class: A Cross-linguistic Typology*. Oxford: Oxford University Press.

Dryer, M. S. 2014. Why do languages have nouns and verbs? Notes of a lecture delivered at Insititute of Linguistics, Chinese Academy of Social Sciences.

Duanmu, San 1997, Phonologically motivated word order movement: Evidence from Chinese compounds. *Studies in the Linguistic Sciences* 27/1: 49-77.

Edmondson, W. 1981. *Spoken Discourse : A Model for Analysis*. London: Longman.

Evans, N. & S. C. Levinson 2009. The myth of language universals: Language diversity and its importance for cognitive science. *Behavioral and Brain Sciences* 32: 429-492.

Evans, N. & T. Osada 2005. Mundari: The myth of a language without word classes. *Linguistic* Typology 9/3: 351-390.

Fauconnier, G. & M. Turner 2003. *The Way We Think: Conceptual Blending and the Mind's Hidden Complexities*. New York: Basic Books.

Fillmore, C. J. 1968. The Case for Case. In Bach, E. & R. T. Harms, eds., *Universals in Linguistic* Theory. Holt, Rinehart and Winston, New York. 1-88.

Finegan, Edward 1995. *Subjectivity and subjectivisation*: An introduction. In D. Stein & S. Wright eds., Subjectivity and Subjectivisation. Cambridge: Cambridge University Press. 1-15.

Garcia, E. C. 1975. *The Role of Theory in Linguistic Analysis: The Spanish Pronoun System*. Amsterdam: North-Holland Publishing Company.

Givón, T. 1979. *On Understanding Grammar*. New York, San Francisco and London: Academic Press.

Givón, T. 2001. *Syntax: An Introduction*. Vol. 1. Amsterdam: John Benjamins.

Goffman, E. 1976. Replies and responses. *Language in Society* 5: 257-313.

Green, G. M. 1974. *Semantics and Syntactic Regularity*. Bloomington: Indiana University Press.

Greenberg, J. 1963. Some universal of grammar with particular reference to the order of meaningful elements. In Greenberg, J. ed., *Universals of Grammar*. 2nd edition. Cambridge, MA: The MIT Press. 73-113.

Greenberg, J. 1966. *Language Universals : With Special Reference to Feature Hierarchies*. The Hague: Mouton.

Grice, H. P. 1975. Logic and conversation. *Syntax and Semantics* 3: *Speech Acts*, ed. by P. Cole & J. L. Morgan, New York: Academic Press. 41-58.

Haiman, J. 1978. Conditionals are topics. *Language* 54: 564―569.

Haiman, J. 1985. *Natural Syntax: Iconicity and Erosion*. Cambridge: Cambridge University Press.

Halliday, M. A. K., 1994. *An Introduction to Functional Grammar*. 2nd edition. Edward Arnold Publishers Ltd.

Haryu, E., M. Imai, H. Okada, L. Li, M. Meyer, K. Hirsh-Pasek, & R. M. Golinkoff 2005. Noun bias in Chinese children: Novel noun and verb learning in Chinese, Japanese, and English preschoolers. In A. Brugos, M. R. Clark-Cotton, & S. Ha eds., *Proceedings of the 29th Annual Boston University Conference on Language Development*. Somer-ville, MA: Cascadilla Press. 272―283.

Heine, B. 1997. *Cognitive Foundations of Grammar*. Oxford: Oxford University Press.

Heine, B. & T. Kuteva 2002. On the evolution of grammatical forms. In Alison Wray ed., *The Transition to Language*. Oxford: Oxford University Press. 376-397.

Hengeveld, K. 1992. Parts of Speech. In M. Fortescue, P. Harder & L. Kristoffersen eds., *Layered Structure and Reference in a Functional Perspective*. Amsterdam: John Benjamins. 29-55.

Hengeveld, K. 2013. Parts-of-speech systems as a basic typological determinant. In Rijkhoff & Lier eds., 31-55.

Himmelmann, N. 2007. Lexical categories and voice in Tagalog. In P. K. Austin and S. Musgrave, eds. *Voice and Grammatical Functions in Austronesian Languages*. Stanford: CSLI.

Hopper, P. J., & S. A. Thompson 1984. A discourse basis for lexical categories in universal grammar. *Language* 60: 703-52.

Huang, Shi-Zhe 2006. Property Theory, adjectives, and modification in Chinese. *Journal of East Asian Linguistics* 15: 343-369.

Huddleston, R. & G. K. Pullum 2002. *The Cambridge Grammar of the English Language*. Cambridge: Cambridge University Press.

Hudson, R. 2003. Gerunds without phrase structure. *Language & Linguistic Theory* 21: 579-615.

Imai, M., L. Li, E. Haryu, H. Okada, K. Hirsh-Pasek, R. M. Golinkoff, & J. Shigematsu 2008. Novel noun and verb learning in Chinese-, English-, and Japanese-speaking children. *Child Development* 79: 979-1000.

Jakobson, R. 1932. Structure of the Russian verb. In Waugh, L. R. & M. Halle eds., 1984, *Russian and Slavic Grammar: Studies, 1931-1981*. The Hague: Mouton. 1-14.

Jakobson. R. 1939. Zero sign. In Waugh, L. R. & M. Halle eds., 1984, *Russian and Slavic Grammar: Studies, 1931-1981*. The Hague: Mouton. 151-160.

Jelinek, E. 1995. Quantification in Strait Salish. In Boch, E., E. Jenlinek, A. Kratzer & B. Partee eds., *Quantifiction in Natural Languages*. Kluwer. 487-540.

Jespersen, Otto 1924. *Philosophy of Grammar*. London: George Allen & Unwin Ltd.

Jo, Jung-Min 2000. Morphosyntax of a dummy verb" ha-"in Korean. *Studies in the Linguistic Sciences* 30/ 2: 77-100.

Kasher, A. & R. Sadka 2001. Constitutive rule systems and cultural epidemiology. *Monist* 84: 438-449.

Kaufman, Daniel 2009. Austronesian Nominalism and its consequences: A Tagalog case study. *Theoretical Linguistics* 35/1: 1-49.

Kemmerer, D. & A. Eggleston 2010. Nouns and verbs in the brain: Implications of linguistic typology for cognitive neuroscience. *Lingua* 120: 2686-2690.

Kempson, R. M. 1980. Ambiguity and word meaning. In S. Greenbaum, G. Leech and J. Svartvik eds. , *Studies in English Linguistics for Randolph Quirk*, London: Longman, 7-16.

Kita, Sotaro ed. 2003. *Pionting: Where Language, Culture, and Cognition Meet*. Lawrence Erlbaum Association Publication.

Kuhn, T. S. 1993. Metaphor in science. In A. Ortony ed., *Metaphor and Thought*. 2nd edition. Cambridge: Cambridge University Press. 533-42.

Lakoff, G. 1992. Metaphor and war: The metaphor system used to justify war in the gulf. In Pütz, Martin ed., *Thirty Years of Linguistic Evolution*. Amsterdam, Philadelphia:

John Benjamins. 463-81.

Lakoff, G., & M. Johnson 1980. *Metaphors We Live By*. Chicago, London: University of Chicago Press.

Langacker, R. 1987/1991. *Foundations of Cognitive Grammar*, Vol.1 & 2. Stanford: Stanford University Press.

LaPolla, R., & D. Poa 2006. On describing word order. In Ameka, F., A. Dench, & N. Evans, eds., *Catching Language: The Standing Challenge of Grammar Writing*. Berlin: Mouton de Gruyter. 269—295.

Larson, R. K. 2009. Chinese as a reverse ezafe language. 『语言学论丛』第39辑, 30-85.

Li, C. N. & S. A. Thompson 1976. Subject and topic: a new typology of language. In Li, Charles N. ed. Subject and Topic. New York: Academic Press. 457-490.

Li, C. N., & S. A. Thompson 1981. Mandarin Chinese: *A Functional Reference* Grammar. University of California Press.

Li, Ping, Zhen Jin, and L. H. Tan, 2004. Neural representations of Nouns and verbs in Chinese: an fMRI studty. *NeuroImage* 21: 1533—1541.

Li,Yen-hui Audrey 1985. *Abstract Case in Chinese*. Unpubished PhD thesis. University of Southern California.

Lin, Jo-wang 1998. Distributivity in Chinese and its implications. *Natural Language Semantics* 6: 201-243.

Lu, Bingfu & Danmu San 2002. Rhythm and syntax in Chinese: A case study. *Journal of Chinese Language Teachers Association* 37/2: 123-136.

Luuk, E. 2010. Nouns, verbs and flexibles: implications for typologies of word classes. *Language Sciences* 32: 349-365.

Lyons, J. 1968. *An Introduction to Theoretical Linguistics*. Cambridge: Cambridge University Press.

Lyons, J. 1977. *Semantics*. Vol. 2. Cambridge: Cambridge University Press.

Matthews, P. H. 1981. *Syntax*. Cambridge: Cambridge University Press.

McCawley, J. D. 1971. Prelexical syntax. In O'Brien, R. J. ed. *Linguistic Developments of the Sixties: Viewpoints for the Seventies*, Monograph Series on Languages and Linguistics, Georgetown University 24:19-33.

McCawley, J. D. 1988. *The Syntactic Phenomena of English*. Vol. 1. Chicago and London:

The University of Chicago Press.

Mithun, M. 2000. Noun and verb in Iroquoian languages: Multicategorisation from multiple criteria. In Vogel & Comrie eds. 397-420.

Morris, C. W. 1938. Foundations of the theory of signs. In Neurath, O., R. Carnap, & C. Morrriseds. 1939 *International Encyclopaedia of Unified Science*. Chicago: University of Chicago Press.

Newmeyer, F. J. 2003. Grammar is grammar and usage is usage. *Language* 79/4: 682-707.

Pinker, S. 1994. *The Language Instinct*. William Morrow.

Posner, M. I. 1973. *Cognition: An Introduction*. Glenview IL: Scott, Foreman & Co. Quirk, R., S. Greenbaum, G. Leech, J. Svartvik 1985. A *Comprehensive Grammar of the English Language*. London and New York: Longman.

Radford, A. 1988. *Transformational Grammar*: A First Course. Cambridge: Cambridge University Press.

Radman, Z. 1997. *Metaphors: Figures of the Mind*. Boston: Kluwer Academic Publisher.

Rawls, J. 1955. Two concepts of rules. *Philosophical Review* 64: 3─32.

Rijkhoff, J. & E. van Lier eds. 2013. *Flexible Word Classes*. Oxford: Oxford University Press.

Sapir, E. 1921. *Language*. New York: Harcourt, Brace & World.

* Shen, Jiaxuan 2011. Nouns and Verbs in Chinese-Cognitive, Philosophical, and Typological Perspectives. Keynote speech at the 11th International Cognitive Linguistics Conference( Xi'an).

* Shen, Jiaxuan 2013. Nouns and verbs: Evolution of grammatical forms. Keynote speech at the 5th Internatioanl Conference in Evolutionary Linguistics (CIEL-5), The Chinese University of Hong Kong.

Shen, J. & Y. Gu 1997. Conversation and sentence-hood. *Text* 17/4: 477-490.

Simon, Walter 1951ʹ *Der erl jiann*( 得而见) and *der jiann*( 得见) in *Luenyeu*(论语) VII, 25. *Asia Major* 2/1: 46-67.

Simon, Walter 1952 &1954, Functions and meanings of erl( 而). I-IV. *Asia Major* 2/2: 179─202; 3/1:7─18; 3/2: 117─131; 4/1: 20─35.

Sperber, D., & D. Wilson 1986. Relevance: *Communication and Cognition*. Oxford: Basil

Blackwell.

Steinitz, R. 1994. Lexikaische Kategorisierung: Ein Vorschlag zur Rivision. Unpublished manuscript, Forschungsschwerpunkt Allgemeine Sprachwissenschaft, Berlin. Rivised version to appear in Elisabeth Löbel & Gisa Rauh eds., *Lexikalische Kategorien und Merekmale*. Tübingen: Niemeyer.

Taylor, J. R. 1994. "Subjective"and"objective"readings of possessor nominals. *Cognitive Linguistics* 5/3: 201-242.

Tchekhoff, C. 1981. *Simple Sentence in Tongan*( Pacific Linguistics: Series B81). Canberra: Australian National University.

Teng, S. H. 1975. Negation in Chinese. *Journal of Chinese Linguistics* 2/2: 125-140.

Thomas, E. 1995. Negation in Mandarin. *Natural Language and Linguistic Theory* 13: 665-707.

Tiersma, P. 1982. Local and general markedness. *Language* 58: 832-849.

Trubetzkoy, N. S. 1939. *Principles of Phonology*. 1st edition. C. A. M. Baltaxe (trans.), California University Press, Berkeley, California, 1969.

Ungerer, F., & H.-J. Schmid 1996. *An Introduction to Cognitive Linguistics*. London and NewYork: Longman.

von Humboldt, W. 1836. *On Language: the Diversity of Human Language-structure and its Influence on the Mental Development of Mankind*. P. Heath( trans.) , Cambridge: Cambridge University Press.

Vogel, P. M. 2000. Grammaticalisation and part-of-speech systems. In Vogel & Comrie eds. 259-284.

Vogel, P. M. , & B. Comrie eds. 2000. *Approaches to the Typology of Word Classes*. Berlin & New York: Mouton de Gruyter.

Vonen, A. M. 1997. *Parts of Speech and Linguistic Typology: Open Classes and Conversion in Russian and Tokelau*(Acta Humaniora 22). Oslo: University of Oslo, Faculty of Arts/ Scandinavian University Press.

Ward, Gregory 2004. Equatives and deferred reference. *Language* 80: 262-289.

Wierzbicka, A. 1980. *The Case for Surface Case*. Ann Arbor: Karoma. Witkowski, S. & C. Browns 1983. Marking reversal and cultural importance. *Language* 59: 569-582.

Xu, Dan 1999. Syntactical distribution of negative markers in Mandarin Chinese. *Cahiers de Linguistique de l'INALCO* 1/2: 71-79.

Yang, J., L. H. Tan, P. Li 2011. Lexical representation of nouns and verbs in the late bilingual brain. *Journal of Neurolinguistics* 24/6: 674-682.

Yeh, Ling-hsia, 1995. Focus, metalinguistic negation and contrastive negation. *Journal of Chinese Linguistics* 23/2: 42-75.

Yue, Anne O. 1998, *Zhi* 之 in Pre-Qin Chinese, *T'oung Pao* 84/4-5: 239-292.

# Abstract

*Mingci he Dongci* 名词和功同 (*Noun and Verb*) by SHEN Jiaxuan is more than a book on grammatical categories. Rather, it is a continuation of a century's relentless endeavors of Chinese linguists in their painstaking exploration and experimentation. The first real grammar written by a Chinese scholar was *Mashi Wentong* 马氏文通 (Basic *Principles for Writing Clearly and Coherently* 1898) by MA Jianzhong 马建忠 (1845-1900), which was done with a strong adaption of the Indo-European framework and had a dominant impact on the studies of Chinese gram mar for more than a century. The author of this book argues, like many scholars before him, the study of Chinese can only be advanced by following the true nature of the language itself and blindly following and copying Western theories and neglecting the language under examination only divert researchers from studying their target language.

Before the publication of *Mashi Wentong*, most Chinese had no idea of a noun-verb division. The categories such as *shizi* 实字 (full words), *xuzi* 虚字 (empty words), *huozi* 活字 (living words) and *sizi* 死字 (dead words) were more familiar than nouns and verbs. In fact, nouns and verbs are linguistic categories transposed from the West when Western linguistic theories were introduced to China in order to describe the Chinese language to Western readers. But these Western categories, together with many other concepts and theories, pose great difficulties in accounting for a language that is so different in phonology, morphology and syntax.

The book contains 12 chapters. The first two review the history of grammar study and list disputable problems that Chinese grammarians have encountered since the outset. While reflecting on past history, the author gives high praise to ZHU Dexi 朱德熙 and his contributions. With sharp sensitivity to the Chinese language and adhering to the Principle of Simplicity in research, Zhu insightfully pointed out that Chinese verbs can act as subjects and objects in sentences without undergoing nominalization as in English, as *fly* being realized as *flying*, to *fly* or other nominalized forms. This view has long been a controversial topic due to the difference between English and Chinese, i.e. English has declensions not found in Chinese. Unfortunately, the inability of many scholars to see through the true nature of Chinese has caused many unsettled problems, such as the definition of nouns, cross-boundary use of word classes, vio lation of Head Feature

Extension, breach of Coordination Test, etc. And attempts to solve these puzzles under Indo-European framework turn out to generate new and more challenging difficulties.

In Chapter 3, furthering Zhu's point, the author states that the reason why verbs do not undergo nominalization is because they are nouns. In other words, Chinese nouns constitute a super-noun category with verb as a sub-category. To make it easier, he maintains that the noun verb relation in English and other Indo-European languages is of the male-female type, whereas in Chinese it is of the man-woman type. In terms of the Markedness Theory (Jakobson I 932, 1939), in the male female type the unmarked item male is 'specified as lacking the feature [female]', but in the man-woman type the unmarked item man is 'not specified whether it has the feature [female]'. The two types of opposition also exist in the noun-verb relation, because noun in Chinese is zero value in the feature [predicate] rather than minus value as in Western languages. Besides Zhu, another great linguist Yuen Ren CHAO 超元任 (1892-1982) has distinguished himself by recognizing the phenomenon that Chinese S-V structure can act as predicate. That pinpointed a fundamental mechanism in sentence construction in Chinese: 'The full sentence is made up of minor sentences and minor sentences are ad equate and more primary than full sentences.' Based on Chao's notion of minor sentence, sentence without a subject or a predicate, the author develops his bold claim of super-noun category. And in turn, his super noun concept proves the primacy of minor sentence in Chinese. The super-noun model for Chinese word classes solves the apparent problem of Chinese grammar violating the Head Extension Principle and maintains the universal noun-verb distinction. In this chapter the author also points out that his super-noun concept is echoed by Kaufman (2009) and Larson (2009) both working in the framework of generative grammar. According to Kaufman (2009), all verbs and verb roots in Tagalog (Philippine) should be reanalyzed as nouns and noun roots. And Larson (2009), through comparison of the particle de 的 in Chinese and the corresponding ezafe in Iranian languages, also claimed a super-noun category.

The unusual claims are then approached from three different theoretical perspectives and supported with a lot of case studies. Chapter 4 presents a cognitive perspective with a realizational vs. constitutive distinction among conceptual metaphors. While realizational metaphors help us explain or realize abstract concepts, in constitutive metaphors, a concrete concept itself constitutes the abstract one which cannot be ex pressed or understood without the former. Just like the metaphor of virus in computer science, the abstract concepts nounand verbare realized with the help of the pragmatic concepts *reference* and *predication* in the grammar of Western languages. In Chinese, however, these two concrete concepts themselves constitute the syntactic categories *noun* and *verb*. In addition, the ontological metaphor deeming activities and events as things is also constitutive in Chinese. The author concludes that while nouns and verbs are two separate syntactic categories in Western languages, in Chinese they are pragmatic categories and are not separate from each other. In other words, Chinese is a genuine usage-based language whose syntax is seen as part of pragmatics.

Chapter 5 is concerned with the asymmetry between nouns and verbs. In Chinese, a verb can be used freely as a noun or a reference phrase in a sentence without any morphological change. On the other hand, a noun can occasionally be used directly as a predicate in Chin ese. When nouns surface as verbs and are followed by objects all native speakers know it is rhetorical use and that the verbal meaning of the noun must be judged from the context. In this respect, Chinese is not different from English (Clark & Clark 1979) and other languages. This asymmetry between nouns and verbs results from the difference in hu man cognition towards events and things. Therefore one can conclude that while nouns may encompass verbs, the opposite does not exist. The claim by some Western scholars that Archaic Chinese is a pre-categorial language without noun-verb division, or its noun is a subcategory of verb (classificatory verb), is untenable .

Starting from the fact that nouns can act as predicates in Chinese, the author shows in Chapter 6 that the underlying reason is not that nouns have predicatability but that predicates are indeed reference phrases. This assertion is based on the loose relationship between subject and predicate in Chinese, the grammatical meaning of which is literally topic and comment. There is no pure predicate in Chinese. Predicates are rather the comment to the topic and they have referentiality, because a Chinese discourse is normally made up of a series of 'run-on sentences' as defined by Lü(呂叔湘 1979). The author further specifies two characteristics of run-on sentences, namely juxtaposition and referentiality, challenging the universality of structural recursion and a noun-verb dichotomy. Viewing English from the perspective of Chinese nominalism, the author, in accordance with Jespersen (1924)'s analysis of English progressive and perfective tenses, also finds that referentiality is a latent feature of English predicates.

In Chapter 7, the author once again proves that the super-noun category can well account for the 'absurd' cases of multifunctionality of word classes in Chinese. For example, verbs and adjectives can act directly as subjects and objects. Nouns can freely function as attributes, and under some circumstances become predicates and adverbials. Adjectives can function as predicates and adverbials. Chapter 8 tries to solve other disputable questions, like *zhi*之 and *dou*都. Due to the misconception of the distinction between syntax and pragmatics, noun and verb, subject and topic, the quantifying direction of the universal quantification operator *dou* has long been a topic of disputes and leads to redundancy and contradiction in theories. The author argues for a unified Rightward Government Rule which is a unique design feature of Chinese different from Indo-European languages. So *dou* is not equivalent to the English *all*. And *zhi*, the most frequently used particle in Old Chinese, has the function of raising the degree of referentiality of its following words, no matter whether they are nouns or verbs. So zhiand its modem counterpart de are not equivalent to the English *of* or *'s*.

Chapter 9 offers a typological perspective by referring to the difference between Chinese, Tongan and Latin. Latin is a highly grammaticalized system with verbs separated from nouns whereas Chinese a non-grammaticalized system with verbs included in noun s. And Tongan, often defined as a type-token language (Broschart 1997), represents a transitional state between Chinese and Latin in terms of grammaticalization. Since English, in comparison with Latin or German, is a de grammaticalized language (Vogel 2000), and Proto-Chinese is probably a language with some N/V morphology, one can reasonably assume that the word class systems of world languages are changing cyclically in types and Chinese represents an indispensable stage in the cyclic change. In Chapter 10, the author goes deep down into the philosophical rationale in trying to disentangle the Chinese puzzles. While the most important division of negatives in English is between negation of nouns and negation of verbs, in Chinese the most important division is between indicative negation and non-indicative negation, or between the nega tion of *you*有( there be ) and the negation of *shi*是 (be). In Chinese beand there beare two separate words representing two separate concepts. The concept of there be and the concept of have are covered by the same word you (originally meaning 'to own') which has nothing to do with the word shi. The distinction between shiand you accounts for the fact that 'the problem of being' does not even exist in Chinese philosophy and Chinese nouns are not to be negated in grammar. To summarize the difference, the author states that 'the Western way of categorization tends to think of there being two categories only in the male-female type, but the Chinese mind tends to think of having two categories already in the man-woman type'. This difference in categorization between West and East is reflected both in philosophical thinking as well as in language, especially in the noun-verb relation.

In the last two chapters, the author broadens his study to prosody and subjectivity. In Chapter 11, he points out that in Chinese, the distinction between monosyllabic and disyllabic characters has not received enough attention. Based on the super-noun category that includes verbs, the mono- vs. di-syllable division and the related prosodic

[2+1 ] vs. [1+2] distinction in syllable alignment are the reliable morphosyntactic criteria for differentiating various grammatical relations in Chinese. As a matter of fact, the author notes that a projection theory works better than interface theory in explaining the interaction among sound, meaning and grammar. Chinese grammar is in essence a 'big' grammar which has phonology, semantics and pragmatics integrated as a whole. Chapter 12 can be seen as a test of the proposition of super-noun category by the examination of markedness reversal in adjectives. Adjectives, as well as verbs, are included by the super-noun category. Since they can all become depictive through reduplication, an emphasis should be put on the distinction between depictive and non-depictive. The past argument whether adjectives are closer to verbs or nouns doesn't seem so important any more.

Finally, in the epilogue, the author calls for the necessity to realize the diversity in languages. Each type of differentiation should be pertinent to the language. What is important in one language may not seem so in another. So it's not surprising that one cannot find a strict nounverb dichotomy in Chinese that is analogous to that in English. The author looks forward to rewriting Chinese grammar with a new word class system which is outlined as follows. In the first place, reduplication and the mono- vs. di-syllabic opposition are used as morphological means to differentiate depictives (adjectives or adverbs depicting STATE) from nouns, the latter being a super-noun category which includes verbs and property adjectives. Unlike English *be*and *there be,* you (there be, have) and shi (be) represent two separate words and conceptions in Chinese. Thus, subjective assertion and objective narration is a major grammatical division which cuts across nouns, verbs, and adjectives in the predicate. Secondly, within the super-noun category, the division of nouns and verbs on one side and adjectives on the other is more important than the noun-verb division. Thirdly, the subdivision of adjectives into property defining and state depicting is also based on the mono- vs. di-syllabic opposition. Lastly, the so-called 'unaccusitive' and 'unergative' division within the verb category is in essence a subjective-objective division rather than a syntactic division.

According to the author, the views in this book may seem 'a radical shift' to some people, but they are indeed based on his thorough under standing of those great scholars before him, like Yuen Ren CHAO, LÜShuxiang and ZHU Dexi. He acknowledged that Zhu's contribution was a significant step in exploring an independent model to understand the nature of Chinese. And what he has done so far is just a half step further based on Zhu's work.

The book contains five appendices all connected with a man-worn an type categorization in other fields, such as the 'noun bias' in child language acquisition, ±MRI study of neural representation of nouns and verbs, Ronald Coase's 'transaction costs' in economics, the Tianxia 天下 theory in the philosophy of international politics, and the Uncertainty Principle in quantum physics.

# 주제어 색인

A
ART구  144, 145, 148, 151
AABB식  289, 291, 292
ABAB식  289, 291
ABCC식  290, 292

N
N-ness  266

T
TAM구  144, 145, 148, 151, 155

V
V-ing  156, 172, 266, 308

X
X-bar  352, 354

ㄱ
가정절  169, 170
간결성  27, 48, 311
간결성 원칙  25, 52, 136
강성(rigid, 剛性) 언어  151
강세  95, 112, 113, 249, 258

강약격  249, 250, 260, 263
개체-집합  274, 275, 276
개체화  43
격률시  262
결과목적어  29, 41, 42, 43, 44, 309
결과보어  25, 26, 45, 48, 313
겸류사  72, 321
공시  264, 266, 293, 312, 320
관대  64
관사  131, 134, 135, 136, 137, 139, 141, 143, 145
관할구역  111, 112, 116, 118
관형어-중심어 구조  228, 229, 230, 232, 241, 248, 250, 252, 259, 264, 265, 271, 272, 277, 278, 279, 280, 281, 282, 299
관형어표지  65, 82, 83
광의의 형태  312
구단어  246, 247
구동사  32, 38
구성관계  267, 308
구조의 평행성  39
국부적 유표성  257, 271, 272
기능 전문화  152
긴밀도상성  248, 278, 282, 283

## ㄴ

내포 8, 100, 264, 285, 307
논항 114, 122, 323, 330

## ㄷ

다의어 133
단쌍구분 225, 227, 228, 236, 244, 247, 258, 259, 260, 266, 300, 303
단쌍조합 228, 241, 244, 247, 248, 256, 257, 258, 260, 261, 264, 271, 278, 279, 282, 301, 303
단언성 191
'단음-쌍음'형 언어 236
단일방향 함축식 75, 264
대립-대응 224, 271, 278, 312, 313, 315, 316, 318, 319, 320
대명사 67, 68, 72, 73, 103, 199, 282, 303, 304, 307, 312
대문법 199, 200, 208, 266, 310, 311
대상목적어 29, 43, 44
대상보어 45, 48
대조성 191
대칭성 83, 265
대화협력의 원리 117
동보식(동결식) 26, 249, 262
'동사之명사'구조 97
동사에서 명사로의 이동 242, 243
동사와 형용사의 겸류 72
동사 친화 330, 331
동사 편향 332

## 동사화 157

동일률 124, 217, 315
동태관형어 62, 63, 64, 66, 67, 71, 284, 309, 313
동태적인 결과목적어 45

## ㄹ

리듬의 정상적인 형태 229, 248

## ㅁ

명동분립 21, 61, 79, 84, 86, 104, 125, 196, 206, 223, 224, 236, 241, 244, 302, 303, 307, 309, 310, 313, 332
명동불분 62
명동사 51, 72
명동포함 49, 61, 67, 71, 72, 147, 150, 157, 195, 196, 224, 234, 242, 244, 277, 278, 282, 301, 303, 307, 308, 309, 310, 320, 321, 332, 347
명동포함 이론 336
명물화 52
'명사·동사'형 언어 140, 142, 145, 146
명사술어 52, 60
명사와 동사의 비대칭 143, 308
명사의 근본성 68, 140, 308
명사중심 307, 309, 312
명사 편향 329, 332, 333
명사화 52, 80, 81, 85, 136, 137, 139, 156, 236, 239, 241, 308, 310, 322
모순율 124

묘사사 187, 190, 281, 282, 298, 299, 303, 310, 312
무성음 272
무에서 유로 190, 202, 212, 314
무종지문 74, 309, 311
문법범주 275, 308, 318, 319
문법화 152, 153, 154, 155, 156, 241, 287, 312
미래시제 131, 135
미정이론 352, 353
미표 143, 146, 150, 271, 273, 274

ㅂ

방식부사 74, 130
배면적인 정의 321
베르니케(Wernicke) 실어증 334
변수 129
변조 248, 249
변화상 214, 216
병렬조건 308
병치 68, 69, 71, 303, 309, 311, 323
보어 문제 19, 21, 22, 25
보조성분 강조 원칙 279
보편성 27, 38, 49, 54, 68, 130, 149, 313, 324, 326
복지어 89
부사어-중심어 구조 64, 71, 256
부수식사 72, 73, 74
부정사 분합 161, 180
분류성 동사 56

분립관계 49, 72, 343, 347
분배 122, 230
분사형식 220
불완전문 15, 311
불확정성 원리 348, 349
브로카(Broca) 실어증 334
비교문 164
비대칭 관계 143, 144, 146, 147, 149, 152, 222
비대칭 대응 168, 263, 264, 267, 312
비세계 344, 346
비술어형용사 65, 66, 72, 244
비한정형식 22

ㅅ

상보적 원형 273
상태묘사사 187, 190, 282, 299
상태사 294
생략이론 52
선진중국어 97
성상보어 48
소명사 67, 321
소유격표지 136, 139, 140
속성사 294, 298, 299, 301
수량도상성 276, 285, 287
수화 95
술어논리 144
시간순서원칙 23, 32
시제표지 134, 135, 136, 137, 138, 139, 140, 144, 145, 155

식별도  84, 86, 89, 94, 95, 96, 97, 98, 99, 101, 102, 103, 104
실현관계  267, 308
쌍음절화  227, 236, 238, 239, 240, 241, 242, 243, 244, 258, 261, 262, 266, 284, 289, 294, 298, 302, 310, 312

## ㅇ

아래에서 위로  311
약강격  249, 250, 260, 263
양의 격률  117
양자론  348, 349, 351
양화 방향  104, 110, 113, 119, 122, 309
양화역  104, 111, 114, 123
어근  173, 319
어근어  319
어휘판정법  335
어휘화  50, 287, 312
언어습득  336
연성(flexible, 柔性) 언어  151
연속체  313
외연  8, 100, 285, 307
요약적 파악  260
우방향 관할규칙  110, 111, 114, 115, 116, 117, 118, 119, 124
우방향 양화  106, 107, 110, 111
원형단어  148, 151, 154, 155, 246
원형이론  273
위에서 아래로  311, 353
위치지정어  101, 102

유성음  272
유추  218, 353
유표성 역전  257, 269, 271, 272, 273, 274, 275, 276, 277, 278, 279, 281, 282, 283, 301, 303, 304
유표성 이론  143, 150, 271, 272, 275
의미의 긴밀성  254, 255, 257, 301
의미 한정영역  111, 112, 122
일괄적 파악  260

## ㅈ

자기일관성  22, 27, 38, 48, 311
자기지시  80
자동사  312
자연적 결합  272, 273, 275, 276, 278, 282
전두엽  334, 337
전형적인 기능  285
전환지시  98
접근성  94, 95, 96, 97, 99, 101
접면  267, 347
접사  157, 173, 174, 319
정도목적어  37, 39, 41
정도보어  25
정보량  261
정보초점  105
정태명사  64, 72, 240, 241, 243, 244
제로목적어  23, 29
존재  182, 183, 190
좌방향 양화  107, 110, 111, 114, 117, 123
준술어성 구조  57, 58, 59, 60, 61, 63

준중첩 284, 287
중국어의 논리 119, 123, 124, 324
중심확장 원칙 53, 62, 308
중첩 188, 190, 282, 284, 287, 289, 290, 291, 292, 294, 298, 299, 303, 310, 312, 348, 353
중첩과 첨가 293
증명감동 239, 243
지술포함 149
지칭성 62, 67, 68, 74, 81, 134, 137, 138, 139, 140, 144, 146, 151, 195, 221, 302, 303, 308, 309, 311, 312, 322, 337
지칭포화 144
지칭화 80, 81, 85, 308, 322
집합 112, 113, 118, 119, 274

### ㅊ

참조체-목표 99, 100
천하무외 319, 344, 346, 347
천하이론 319, 344, 345
체용불이 317
초기 개념 121
초점 106, 110, 111, 112, 116, 118, 119
최대투사 352, 353
최소 대비쌍 209
추상 140, 239
추상과 구체 140, 239
측두엽 334, 337
측두엽-후두엽 334

측정 불확실성 원리 349

### ㅌ

타동사 312
타입 140, 141, 142, 143, 144, 145, 146, 147, 148, 149, 150, 151, 152, 153, 154, 227
'타입·토큰'형 언어 140, 145, 147, 151
토큰 140, 141, 142, 143, 144, 145, 146, 147, 148, 149, 150, 151, 153, 154, 227
통사어 280
통시 264, 266, 312

### ㅍ

파동-입자 이중성 350
파생 69, 176, 186, 223, 228, 239, 261, 262, 297, 318, 319
포함관계 316, 343, 347
포함구도 269
품사 분열 155
품사 순환모델 155, 157
품사 습득 329, 330
품사유형론 75
품사의 대뇌 반응 334
품사전환 136
품사체계 131, 140, 152, 153, 154, 156, 157, 309

## ㅎ

허실도상성 258, 262, 263

허화 95, 101, 103, 155, 157, 187, 236, 237, 238, 241, 243, 244, 296, 310

형식동사 244

형태표지 155, 156, 302, 330

화용범주 155, 308

화용형 언어 70

화제표지 131

후치부사어 23, 24, 25, 29, 30, 31, 32, 33, 36, 38, 48


## 기타

'是'와 '有' 159, 199, 203, 207, 218

2차술어 22, 24, 29, 30, 36, 38, 48, 69

非有부정 174, 175, 177

N和V의 353

## 언어(방언) 색인

**ㄱ**

갑골문 169, 170
고대중국어 16, 32, 98, 122, 124, 136, 156, 196, 213, 237, 238, 240, 280, 293, 294, 295, 298, 309
고대프랑스어 72

**ㄴ**

나일-사하라어 274
누트카어(Nootkan) 129
니제르콩고어족 184

**ㄷ**

독일어 154, 155, 241, 323

**ㄹ**

라틴어 127, 145, 157, 241
러시아어 274

**ㅁ**

메이셴(梅县)어 187
민난어 136

**ㅅ**

살리시어(Salishan) 129
샤먼(厦门)어 187
선진중국어 97
셈어 274
수화 95
스와힐리어 184
슬라브 여러 언어 214
실루크어(Shilluk) 276

**ㅇ**

알타이어 274
영어 17, 22, 23, 32, 38, 51, 67, 68, 72, 73, 74, 84, 85, 100, 101, 120, 121, 122, 153, 167, 168, 329, 330, 331, 332, 334, 335, 336, 338, 350
오스트로네시아어 129
와카시어(Wakashan) 129
우(吴)방언 186
이란어 157
일본어 329, 330

**ㅈ**

주(周)·진(秦) 시기 중국어 168
지시(绩溪)방언 206
징포어(景颇语) 214

## ㅊ

치마쿰어(Chimakum) 129

## ㅋ

코이산(Khoisan)어족 184
쿵(!Xun)어 184

## ㅌ

타갈로그어 15, 129, 157
타이완(台湾)어 187
타타르어 274
통가어 100, 127, 129, 131, 132, 133, 134,
    135, 136, 137, 138, 139, 140, 141,
    142, 143, 144, 145, 146, 147, 148,
    149, 150, 151, 152, 153, 154, 155,
    156, 157, 227, 241, 246, 309, 338
투르카나어 274

## ㅍ

폴리네시아어 129
푸저우(福州) 136
프랑스어 166, 167, 323
피지어 129

## ㅎ

한국어 330

## 지은이 소개

### 선쟈쉬안(沈家煊)

1946년 상하이 출생.
중국사회과학원 언어연구소 소장, 국제중국언어학회 회장 등 역임. 영중(英中)문법 비교, 문법이론, 중국어 문법의 화용과 인지 영역에 많은 논저를 내고 있다. 주요 저서로는 『不对称与标记论』(1999), 『现代汉语语法的功能、语用、认知研究』(2005), 『认知与汉语语法研究』(2006), 『语法六讲』(2011), 『名词和动词』(2016), 『从语言看中西方的范畴观』(2021) 등이 있고, 주요 논문으로는 「汉语动补结构的类型学考察」, 「再谈"有界"与"无界"」, 「也谈能性述补结构"V得C"和"V不C"的不对称」 등이 있다.

## 옮긴이 소개

### 이선희(李善熙)

현 계명대학교 중국어중국학과 교수.
이화여자대학교 중어중문학과 졸업.
북경사범대학교 대학원 중어중문학과 석사.
중국사회과학원 언어연구소 박사.
영국 University of Cambridge 방문학자.
주로 중국어 인지언어학, 중국어 통사론, 중한 한중 번역, 한중비교언어학에 관심을 가지고 연구하고 있다.

한국연구재단 학술명저번역총서
동양편 340

## 중국어 명사와 동사 2
名词和动词

초판 1쇄 인쇄 2025년 6월 10일
초판 1쇄 발행 2025년 6월 25일

지 은 이    선쟈쉬안(沈家煊)
옮 긴 이    이선희(李善熙)
펴 낸 이    이대현

편     집    이태곤 권분옥 임애정 강윤경
디 자 인    안혜진 최선주 김다윤
기획/마케팅    박태훈

펴 낸 곳    도서출판 역락
주     소    서울시 서초구 동광로46길 6-6 문창빌딩 2층 (우06589)
전     화    02-3409-2055(대표), 2058(영업), 2060(편집) FAX 02-3409-2059
이 메 일    youkrack@hanmail.net
홈페이지    www.youkrackbooks.com
등     록    1999년 4월 19일 제303-2002-000014호

ISBN 979-11-7396-112-0 94720
ISBN 979-11-6742-443-3 94080(세트)

*정가는 뒤표지에 있습니다.
*잘못된 책은 바꿔 드립니다.

이 저서는 2022년 대한민국 교육부와 한국연구재단의 지원을 받아 수행된 연구임
(NRF-2022S1A5A7080002)